财会人员
实务操作丛书

商品流通企业会计

实操技能

主编 张 全 陈 超

中国人民大学出版社
·北京·

图书在版编目（CIP）数据

商品流通企业会计实操技能 / 张全，陈超主编 . --
北京：中国人民大学出版社，2021.1
（财会人员实务操作丛书）
ISBN 978-7-300-28798-0

Ⅰ.①商… Ⅱ.①张… ②陈… Ⅲ.①商业会计
Ⅳ.①F715.51

中国版本图书馆 CIP 数据核字（2020）第 228239 号

财会人员实务操作丛书
商品流通企业会计实操技能
主　编　张　全　陈　超
Shangpin Liutong Qiye Kuaiji Shicao Jineng

出版发行	中国人民大学出版社		
社　　址	北京中关村大街 31 号	邮政编码	100080
电　　话	010 - 62511242（总编室）	010 - 62511770（质管部）	
	010 - 82501766（邮购部）	010 - 62514148（门市部）	
	010 - 62515195（发行公司）	010 - 62515275（盗版举报）	
网　　址	http://www.crup.com.cn		
经　　销	新华书店		
印　　刷	北京宏伟双华印刷有限公司		
规　　格	185 mm×260 mm　16 开本	版　　次	2021 年 1 月第 1 版
印　　张	15.25	印　　次	2022 年 8 月第 2 次印刷
字　　数	355 000	定　　价	42.00 元

前　言

　　企业会计工作烦琐而复杂，不同行业的经济业务又各有其特点，我国企业会计准则的制定，虽然统一了企业的一般性、共同性会计核算的标准和规范，但对于不同行业、不同的经济业务，则需要会计工作者，根据行业发生的具体业务，按照企业会计准则的要求做出专业的职业判断和会计处理。为了方便学习者了解不同行业的业务特点，快捷地熟悉不同行业会计核算的业务内容，编制分行业企业会计实训教材就显得尤为必要。

　　我们编写的商品流通企业会计实训教材，就是根据商品流通企业自身的业务特点，将其划分为零售类商品流通企业、批发类商品流通企业以及批零兼营类商品流通企业，并在此基础上根据各类型企业的业务特点，设计了商品流通企业会计实训的主要经济业务，从而反映商品流通企业会计实训的主要知识点。通过商品流通企业的会计实训，学习者可以了解商品流通企业中零售商品、批发商品以及零售与批发商品兼营的主要工作内容，熟悉其发生的各类主要经济业务，掌握商品流通企业会计的主要核算内容和方法，为顺利实现商品流通企业的会计上岗服务打下良好的基础。

　　本书具有以下特点：

　　1. 以提高职业能力为主线，强化执业能力的培养。

　　本书以商品流通企业的业务内容为主导，通过对企业全年经济业务持续经营的实训，介绍了商品流通企业会计核算的基本内容，学习者可掌握商品流通企业会计核算的相关知识点，提高其会计核算的执业能力。

　　2. 突出商品流通企业会计核算的特点，实训步骤清晰，可操作性强。

　　本书的案例采集于商品流通企业经常发生的典型经济业务，反映了零售类商品流通企业、批发类商品流通企业以及零售与批发兼营类商品流通企业会计核算的不同点，目的就是让学习者了解商品流通企业中不同类型商品流通业务的内容，从而在实训中熟悉不同类型的商品流通业务的会计核算及其工作步骤。通过真实业务的模拟练习，营造了一个会计核算的工作环境，让学习者认识到商品流通企业会计实训的必要性及实用性，也为学习需求者上岗工作奠定了基础。

　　3. 业务丰富，便于掌握。

　　对商品流通企业经常发生的经济业务，我们通过多种不同经济业务的实训练习，让学习者全面练习，丰富其理论知识，并掌握实践知识。

　　本书共分为上、下两篇。上篇为概述，分为两个项目，项目一商品流通企业会计核算概述，主要介绍商品流通企业的类型与会计核算特点；项目二商品流通企业会计核算的内容与方法，主要介绍商品流通企业会计核算的内容和方法。下篇，项目三为企业期初资料概况，主要介绍企业基本情况、企业上月末有关账户余额表、企业上年末有关报表资料、企业常用科目、商品流通企业财务制度和会计核算方法等；项目四为第一季度经济业务的会计处理，主要介绍商品流通企业一般的会计业务处理事项和预交企业所得税的核算；项目五为第二季度经济业务的会计处理，主要介绍商品流通企业商品采购、拒付货款、拒收商品、进货退补价、进货退出、出租商品的核算，以及企业所得税的汇算清缴等；项目六为第三季度经济业务的会计处理，主要介绍直运商品、销货退补价、委托代销、受托代销及特殊销售业务的会计处理；项目七为第四季度经济业务的会计处理，主要介绍买一送一、返券销售、以旧换新、销售退回及年终奖计提和发放等会计业务的处理；项目八为企业所得税汇算清缴实务，主要介绍企业纳税申报，纳税调整的方法以及报表的填报方法等；项目九主要介绍商品流通企业税务问题汇编等。

本书编写人员及分工如下：上篇，项目一由陈超编写，项目二由张全编写；下篇，项目三、四由张全、韩贤共同编写，项目五由陈超编写，项目六由李欣怡编写，项目七、八、九由张全编写。陈超负责全书的票据和图表的制作，李欣怡负责本书的排版及校对，全书由张全统撰定稿。

本书可作为高职高专会计专业的配套实训教学用书，也可作为会计培训机构的实训教材，还可作为企业会计上岗培训的教学用书。

本书在编写的过程中，得到了众多专家、学者的帮助与指导，同时，得到了中国人民大学出版社编辑的大力支持，在此深表谢意。

由于我们的时间和精力有限，教材中难免存在缺点乃至谬误，我们恳请广大读者批评指正。

编者

目 录

上篇　基础知识

下篇　实训操作

上篇　基础知识

商品流通企业会计核算概述

商品流通企业会计是企业会计的一个分支。它是运用价值管理的形式，核算和监督商品流通企业的经济活动，预测经济前景，参与经济决策，旨在提高商品流通企业经济效益的经济管理活动。具有企业会计的共性，比如：主要计量单位相同，会计目标相同、基本职能相同等。但是商品流通企业的主要经济活动是组织商品流通，即商品的购进、储存、销售，将产品从生产领域转移到消费领域，以促进工农业生产的发展和满足人民生活的需要，从而实现商品的价值并获取盈利。

商品流通企业的特征如下：

（1）经营活动的主要内容是商品购销，几乎没有生产过程。

（2）商品资产在企业全部资产中占有较大的比例，是企业资产管理的重点。

（3）企业营运资金运动的轨迹是"货币—商品—货币"。

一、商品流通企业类型

▶▶▶ （一）零售企业

零售企业是指向批发企业或生产企业购进商品，销售给个人消费者，或销售给企事业单位等用以生产和非生产消费的商品流通企业。零售企业处于商品流通的终点，直接面向广大消费者，是直接为人民生活服务的基层商品流通企业。

零售企业商品流通与批发企业商品流通在业务经营和管理上不尽相同，它有自己的特点，主要有：零售企业经营的商品品种繁多；交易次数频繁而数量零星，销售的对象主要是广大消费者；销售时一般是"一手交钱，一手交货"，并不一定都要填制销货凭证；售货部门对其所经销的商品负有物资保管责任。因此，零售企业在进行会计核算时，不需要按照商品的品名、规格、等级设库存商品明细账来控制每种商品的数量和金额。

▶▶▶ （二）批发企业

批发企业是指以批量从生产企业或其他企业购进的商品，销售给其他商业企业继续流通，或销售给其他生产企业进一步加工的商品流通企业。它处于商品流通的起点或中间环节，是组织商品流通的桥梁。

批发企业大批地向工农业生产部门采购商品，又成批地销售出去，将社会产品从生产领域转入流通领域和再生产领域，它是联系工业与农业、地区与地区、生产企业与零售企业之间的纽带。批发企业需要储备一定数量的商品，随时掌握各种商品进、销、存的数量和结存金额；同时，批发企业经营的是大宗的商品购销活动，交易次数较少，而每次的成交额却较大，且每次交易都必须填制各种有关凭证，以反映和控制商品的交易活动。

▶▶▶ （三）批零兼营企业

批零兼营企业是兼有批发交易与零售交易的商品交易企业。按主要业务划分，有批兼零单位和零兼批单位两种。批零兼营单位分别按经营的不同内容，执行不同的价格。

二、商品流通企业会计核算的特点

商品流通企业会计作为企业财务会计的一个分支，在会计方面与其他企业会计一样具有核算和监督的共同职能，但从商品流通运行规律与会计的结合来看，商品流通企业会计以商品流通业务为中心，对商品资金的筹集、运用和资金的收回进行核算和管理，其核算重点和管理方法显然与其他行业不同。

▶▶▶ （一）商品流通企业会计对象的特殊性

在商品流通企业，资金循环运动的形式是"货币—商品—货币"。在购进过程中，通过商品购买，支付货款及费用，使货币资金转化为商品资金；在销售过程，通过商品出售，取得收入和盈余，使商品资金又转化为货币资金，并获取增值。从这里可以看出，商品流通企业会计是以商品流通的资金运动为中心，对商品资金的筹集、运用和资金的循环进行核算和管理。

▶▶▶ （二）存货核算与管理的特殊性

➤ 1. 存货类别

商品流通企业的存货主要是商品存货，存货类别比较单一，但存货品种、规格特别多。按照用途不同，可以分为：商品、原材料、在产品、产成品、低值易耗品、委托加工物资等。

➢ **2. 存货日常核算**

在商品流通企业中，经营鲜活商品的零售企业一般采用进价金额核算，批发企业一般采用数量进价金额核算，综合性的零售企业一般采用售价金额核算，专业性的零售企业一般采用数量售价金额核算。当然，也可以将数量进价金额核算和售价金额核算、售价金额核算与数量售价金额核算方法结合起来运用。对采用售价金额核算的零售企业，还应将售价与进价的差额在"商品进销差价"账户核算。期末运用"综合差价率推算法"或"实际进销差价计算法"等方法，将进销差价在已销商品与期末结存商品之间分配，以确定本期已销商品成本和期末结存商品成本。对采用数量进价金额核算的批发企业，则可以采用毛利率法并结合加权平均法等方法计算结转已销商品成本和期末结存商品成本。

➢ **3. 成本范围、成本计算方法的特殊性**

（1）存货采购成本。

《企业会计准则第 1 号——存货》第六条规定，存货的采购成本包括购买价款、进口关税和其他税费、运输费、装卸费、保险费以及其他可归属于存货采购成本的费用，并没有对商品流通企业的采购成本做出另外的规定。《企业会计准则第 1 号——存货》应用指南中指出，商品流通企业在采购商品过程中发生的运输费、装卸费、保险费以及其他可归属于存货采购成本的费用等进货费用，应当计入存货采购成本，也可以先进行归集，期末根据所购商品的存销情况进行分摊。对于已售商品的进货费用，计入当期损益；对于未售商品的进货费用，计入期末存货成本。企业采购商品的进货费用金额较小的，可以在发生时直接计入当期损益。

（2）存货加工成本。

由于商品流通企业没有生产加工的过程，不存在为生产加工商品而发生的人力、物力消耗，仅有购进商品时垫支的进价以及企业在组织商品购进、销售、储存各环节中消耗的人力、物力、财力等附带成本。其中，进价可以直接认定，至于其他附带成本，由于商品品种、规格繁多，流转频率快，不可能将其合理且精确地对象化到每件商品中去。

▶▶▶ **（三）采用实地盘存制进行期末盘点**

实地盘存制是"永续盘存制"的对称，是在期末通过盘点实物，来确定库存品数量，并据以计算出库存成本和销售或耗用成本的一种方法。对于商品、原材料、在产品、产成品和消耗物资等均能适用。采用这种方法，平时对库存品只记购进或收入，不记发出；期末通过实地盘点确定数量后，据以计算库存成本和销售或耗用成本。其计算公式为：

期末库存成本＝库存数量（实地盘存数）×进货单价（仅包括进货价格和分摊的进货费用）

本期销售（或耗用）成本＝期初库存成本＋本期购进（或收入）金额－期末库存成本

实地盘存制的优点是：（1）平时对销售或发出和结存的数量可以不作明细记录；（2）库存品账户可不按品种设置，每一品种的结存单价可直接根据进货凭证求得，因而可以简化核算工作。缺点是：（1）不能随时反映库存品的收入、发出、结存动态；（2）由于以存计销或以存计耗，倒算销售成本或耗用成本，就把非销售或非生产耗用的一些库存品损耗、差错损失和人为短缺等，全部计入销售或耗用成本之中，从而削弱了对库存商品的控制和监督作用，影响了成本计算的正确性；（3）它只适用于定期结转销售或耗用成本，而不随时结转销售或耗用成本的企业。所以在商品流通企业，一般也只适用于一些价值低、品种杂、交易频繁的商品和一些损耗大、数量不稳定的鲜活商品，对其他商品也较少采用。

商品流通企业会计核算的内容与方法

一、商品购进时的会计核算

>>> ┌ （一）商品采购成本的核算 ┐

（1）国内购进用于国内销售和出口的商品，以进货时所支付的价税款扣除按规定计算的进项增值税款后的数额作为采购成本。

商品购进环节采购费用的会计核算，分为三种情况进行处理：第一种，直接计入商品采购成本。该方法同工业企业原材料采购时采购费用的处理方法相同。第二种，先在"库存商品——进货费用"项下进行归集，期末按照商品的存销比例进行分摊，摊销已销部分的进货费用，转入"主营业务成本"中。第三种，将进货费用，直接作为费用计入当期损益，商品流通企业将其归入"销售费用"中进行核算。本书采用第三种方法，将购进商品所发生的进货费用作为期间费用列入当期损益。自2013年8月1日起，在全国范围内推行交通运输业和部分现代服务业营业税改增值税试点，营改增后，交通运输业一般纳税人的增值税税率为11％。2018年5月1日起，原适用17％和11％税率的，税率分别调整为16％、10％，2019年4月1日起，再次将税率分别降为13％、9％。

（2）企业进口的商品，其采购成本包括进口商品的国外进价、应分摊的外汇价差、关税和佣金等。如以离岸价格成交的，其离岸后应由企业负担的运费、保险费等，也应计入采购成本。

（3）企业委托其他单位代理进口的商品，其采购成本为实际支付给代理单位的全部价税款，扣除按规定计算的进项税额后的数额。

（4）企业购进免税农业产品，其采购成本为支付的价款扣除按规定计算的进项税款后的数额。

（5）小规模纳税企业购进的商品，无论是否取得增值税专用发票，其支付的增值税额均计入商品采购成本，不得从销项税额中抵扣。

同城购进的核算：

同城商品购进，主要是批发企业从当地的生产企业或其他商品流通企业购进商品。商品的交接方式一般采用"送货制"或"提货制"。货款的结算方式通常采用转账支票和商业汇票结算，也可以采用银行本票、信用卡等结算方式。

同城商品购进，由于企业与供货单位在同一城市，商品验收与货款结算一般在同一天办理。

（假设：本教材中实训企业取得的增值税专用发票作账务处理前均已认证通过。）

同城购进商品，作会计分录如下：

借：库存商品
　　应交税费——应交增值税（进项税额）
　贷：银行存款

如果采用商业汇票结算，则应作如下会计分录：

借：库存商品
　　应交税费——应交增值税（进项税额）
　贷：应付票据

如果是小规模纳税企业，所支付的不可抵扣的增值税进项税额计入所购商品的成本。其会计分录如下：

借：库存商品
　贷：银行存款

异地购进的核算：

异地商品购进，由于企业与供货单位不在同一城市，商品由供货单位委托运输部门发运，而托收凭证由银行通过邮寄传递，因此，商品与托收结算凭证到达企业的时间可能会出现三种情况：一是托收凭证先到，商品后到；二是商品先到，托收凭证后到；三是托收凭证和商品同日到达。这三种情况的会计核算方法有所不同。同时，按"发货制"的要求，购进商品的运费由供货单位垫付，并随同货款一并向企业托收。

（1）托收凭证先到，商品后到。

这是指托收承付结算凭证已到而商品尚在运输途中的情况。财会部门应根据银行转来的托收凭证和增值税专用发票，经业务部门与合同核对无误后承付货款。

1）接到银行转来外地服装厂的托收凭证、发货单结算联和代垫运费清单，经审核无误，支付货款，作会计分录如下：

借：在途物资

　　应交税费——应交增值税（进项税额）

　　销售费用——进货运费

　贷：银行存款

2）商品运到，经仓库点验入库，根据仓库送来的收货单和供货单位的专用发票，审核无误后，作会计分录如下：

借：库存商品

　贷：在途物资

（2）商品先到，托收凭证后到。

这是指商品已到而托收凭证未到，尚不能承付货款的情况。在会计核算上，按制度规定，这种情况暂不作账务处理；月末按暂估进价，作会计分录如下：

借：库存商品

　贷：应付账款——暂估应付账款

下月初对月末尚未付款的商品用红字冲回。

借：库存商品（红字）

　贷：应付账款——暂估应付账款（红字）

接到银行转来托收凭证、增值税专用发票和代垫运费清单，经审核无误。承付货款作会计分录如下：

借：库存商品

　　应交税费——应交增值税（进项税额）

　　销售费用

　贷：银行存款

（3）托收凭证与商品同日到达。

所谓托收凭证与商品同日到达，是指承付货款和商品点验入库手续可以在同一天内办完，不存在商品在途和不能承付货款的情况，可以按本地商品购进核算方法作库存商品处理。财会部门在接到银行转来的托收凭证、增值税专用发票、代垫运费清单和仓库送来的收货单，经审核无误承付货款，作会计分录如下：

借：库存商品

　　应交税费——应交增值税（进项税额）

　　销售费用——进货运费

　贷：银行存款

▶▶▶ （二）拒付货款和拒收商品的会计处理

商业企业从异地购进商品，采用发货制和托收承付结算方式。在承付货款和商品验收过程中，如发现发票和商品与合同规定的品种、规格、数量、质量不符，按合同规定，有权拒付全部或部分货款；拒收全部或部分商品。拒付货款和拒收商品一般有以下两种情况，应分别进行处理。

▶ 1. 货款未付的处理

企业接到银行转来的托收凭证和发票联、结算联等单据，经与合同核对，如发现商品的品种、规格、数量、质量与合同规定不符，可向银行提出"拒绝承付理由书"，拒付全部或部分货款，在会计核算上不作处理。当拒付货款的商品到达时，作为拒收商品，代供货单位暂行保管，与库存商品分别存放，不能动用。在会计核算上，未付货款的拒收商品，作代管商品处理记录备查。

如果托收凭证未到，商品先到，验收时发现商品的品种、规格、数量、质量与合同规定不符，应予拒收。待收到银行转来托收凭证时，再填制"拒绝付款理由书"，通过银行予以拒付。在会计核算上，也均不作处理。

（1）商品先到，发现其中有与合同规定不符的商品，拒绝收货，暂作代管，其余符合合同规定的商品，均已验收入库，待收到银行转来托收凭证，办理部分拒付手续，同时要求供货单位将原发票冲红，重新开具发票。暂作会计分录如下：

借：库存商品

　　贷：应付账款

（2）供货单位函告不符合合同规定的商品错发，要求企业购进其余符合规定的商品。企业同意寄去红字发票证明单办理发票冲红手续。今收到供货单位寄来红字专用发票及重开的销货发票并据以转账，作会计分录如下：

借：应付账款

　　应交税费——应交增值税（进项税额）

　　贷：银行存款

同时，注销代管商品记录。

> **2. 货款已承付的处理**

企业接到银行转来托收凭证、发票联和结算联等单据，经与合同核对无误，已全数承付货款，并已入账。待商品到达后，在验收时发现商品与合同规定的品种、规格、数量、质量不符，可以向供货单位提出拒收全部或部分商品，代管商品处理记录备查。

（1）接到银行转来的托收凭证及附来专用发票的发票联、结算联、运费凭证等单据，经与合同核对无误后，予以承付，作分录如下：

借：在途物资

　　应交税费——应交增值税（进项税额）

　　销售费用——进货运费

　　贷：银行存款

（2）商品运到后，发现其中有与合同规定不符，拒绝收货，暂作代管，并相应扣减进项税额，经与供货单位联系，同意退回拒收商品。其余符合合同规定的商品，均已验收入库。根据供货单位红字专用发票和重开的正确的销货发票，作会计分录如下：

借：在途物资（红字）

　　应交税费——应交增值税（进项税额）（红字）

　　应付账款

借：库存商品

　　应交税费——应交增值税（进项税额）

　　贷：应付账款

收到供货单位退回的货款时，作会计分录如下：

借：银行存款

　　贷：应付账款

▶▶▶ （三）进货退补价的核算（以购销合同为依据）

企业购进商品，有时因供货单位的计价错误或按暂估价计算等原因，商品的进价与实际进价发生差异。退价或补价时，应由供货单位填制专用发票及附件"销货更正单"据以办理退、补价手续。

➤ 1. 进货退价

进货退价是指应计的进价低于已结算的进价，应由供货单位退还给进货单位的差价款。在会计核算上，当收到退价通知时，应区分以下两种情况。

（1）商品尚未售出或虽已售出但尚未结转商品销售成本。根据供货单位的红字专用发票、重开的正确发票及销货更正单，作会计分录如下：

借：银行存款

　　应交税费——应交增值税（进项税额）（红字）

　　贷：库存商品

（2）商品已售出，并已结转商品销售成本，根据供货单位的红字专用发票、重开的正确发票及销货更正单，作会计分录如下：

借：银行存款

　　应交税费——应交增值税（进项税额）（红字）

　　贷：主营业务成本

➤ 2. 进货补价

进货补价是指应计的进价高于已结算的进价，应由进货企业补付货款差额。在会计核算上，也有两种不同的账务处理。

（1）商品尚未售出，或已售出但尚未结转商品销售成本，根据供货单位专用发票及"销货更正单"补付货款时，作会计分录如下：

借：库存商品

　　应交税费——应交增值税（进项税额）

　　贷：银行存款

（2）商品已售出，并已结转商品销售成本，根据供货单位的专用发票及"销货更正单"补付货款时，作会计分录如下：

借：主营业务成本

　　应交税费——应交增值税（进项税额）

　　贷：银行存款

▶▶▶ （四）进货退出

进货退出是指商品购进验收入库后，因质量、品种、规格不符，再将商品退回原供货单位。

批发企业对于原箱整件包装的商品，在验收时只作抽样检查。因此，在入库后复验商品时，往往会发现商品的数量、质量、品种、规格不符，批发企业应在及时与供货单位联系后，调换或补回商品，或者作进货退出处理。在发生进货退出业务时，由供货单位开出红字专用发票，企业收到后由业务部门据以填制进货退出单，通知储运部门发运商品；财会部门根据储运部门转来的进货退出单，据以进行进货退出的核算。

（1）收到退货的红字专用发票，并收到业务部门转来的进货退出单，作分录如下：

借：应付账款

　　应交税费——应交增值税（进项税额）（红字）

　　贷：库存商品

（2）收到对方退来货款及增值税额的转账支票，存入银行，作会计分录如下：

借：银行存款

　　贷：应付账款

二、商品流通企业存货的会计核算

根据商品流通企业的特点，可供商品流通企业选择的存货核算方法主要有四种：进价金额核算法、数量进价金额核算法、售价金额核算法和数量售价金额核算法。一般来说，经营鲜活商品的零售企业较多采用进价金额法核算，也就是说，库存商品的总账和明细账均按进价金额记账，已销售商品的数量通过实地盘存制来计算。大中型批发企业一般采用数量进价金额法核算，也就是对库存商品以实物数量和进价金额两种计量单位来记账。综合性的零售企业一般采用售价金额法核算，即按照售价金额来记录库存商品的增减变动情况。小型批发企业和专业性的零售企业一般采用数量售价金额法核算，同时用实物数量和售价两种计量单位来对商品的增加减少和结存情况进行记录。

商品流通企业存货的会计核算方法比较如表2-1所示。

表2-1　商品流通企业存货的会计核算方法比较

方法	概念解释	优、缺点	适用情况
进价金额核算制	以进价金额控制商品的进、销、存的核算方法	手续简便，工作量小，但管理手续不严密，平日无法掌握库存情况，不利于对损耗和差错的控制	鲜活商品的核算
数量进价金额核算制	以实物数量和进价金额为计量单位，反映商品进、销、存情况的核算方法	全面反映商品收付存的数量和金额，便于管理控制，但工作量大，手续烦琐	规模和批量较大而交易次数不多的大中型批发企业的核算
售价金额核算制	在建立实物负责制的基础上以售价金额记账、控制商品进、销、存的核算方法	简化核算手续、减少工作量，但平日无法控制进、销、存数量，盘点发现差错不易查明原因	除鲜活商品、贵重商品外的传统零售业务的核算
数量售价金额核算制	以实物数量和售价金额为计量单位，反映商品进、销、存情况的核算方法	便于商品日常管理和控制，但核算工作量较大	经营规模小、业务量少的批发企业及零售企业中贵重商品核算

续表

方法	概念解释	优、缺点	适用情况
数量、进价金额、售价金额核算制	运用商品进销存管理软件对商品数量、进价金额、售价金额等多项指标进行管理和控制	节省成本，提高效率，管理和控制严密	现代商业批发企业和现代连锁超市

　　批发企业和零售企业商品流转的情况有所不同，因而对库存商品的核算方法也就不同。一般地讲，批发企业商品流转的特点决定了用于组织批发业务的库存商品宜采用商品进价核算。零售企业商品流转的特点决定了用于组织零售业务的库存商品宜采用商品售价核算。由此可见，两类商品流通企业在会计核算方法上具有自身的特殊性。二者区别比较如表 2－2 所示。

表 2－2　批发企业与零售企业的业务核算比较

企业类型		批发企业	零售企业
核算方法		数量进价金额核算法	售价金额核算法
账务处理	购进	通过"在途物资""库存商品""应交税费——应交增值税（进项税额）"等账户核算	除通过"在途物资""库存商品""应交税费——应交增值税（进项税额）"账户，还要通过"商品进销差价"账户核算
	销售	按不含税的销货款确认收入，结转成本反映已销商品进价成本	平时，按含税的零售价确认收入与结转成本。月终，将含税的售价调整为不含税的销售额并把按售价结转的"主营业务成本"账户调整为按进价反映的已销商品
	储存	商品盘点发生溢缺时，通过"待处理财产损溢——待处理流动资产损溢"账户核算	商品盘点发生溢缺时，除通过"待处理财产损溢——流动资产损溢"账户核算外，还要通过"商品进销差价"账户反映溢余商品或短缺商品的进销差价

三、商品出租的会计核算

　　为方便顾客，有些商品流通企业附营商品租赁业务。对于一些耐用商品，顾客只需支付少量租费，就能满足此类物品的临时需要。为了避免出租商品与经营商品的混淆，企业在开展出租业务之前，应将用于出租的商品进行单独核算。可设置"出租商品"进行核算。该账户属于流动资产类，用来核算企业附带经营租赁业务而租出的商品的进价。该账户借方登记出租商品的进价，贷方登记出租商品的摊销、出售和报废，期末借方余额表示出租商品的净值。本账户设置"出租商品原价"和"出租商品摊销"两个明细账，再按出租商品的类别、品名、规格设置三级明细账。

　　▶▶▶ （一）出租商品的购进

　　购进出租商品，支付货款，按进价借记"商品采购"，购进过程中发生的运杂费等记入"销售费用"。作如下会计分录：

借：在途物资（进价）

　　销售费用

　　贷：银行存款

购进的出租商品到达验收入库后，作如下会计分录：

借：库存商品——出租商品（出租商品原价）

　　贷：在途物资

如果是将库存商品转作出租商品时，采用进价核算的商品，作如下会计分录：

借：库存商品——出租商品（出租商品原价）

　　贷：库存商品

采用售价核算的商品，要同时结转商品进销差价，作如下会计分录：

借：库存商品——出租商品［出租商品原价（商品进价）］

　　商品进销差价（商品售价与进价的差额）

　　贷：库存商品（商品售价）

▶▶▶ （二）出租商品租金收入的核算

出租商品要根据商品价值和出租时间收取租金。收到的出租商品租金收入作为"其他业务收入"处理。

▶▶▶ （三）出租商品的摊销

出租的商品由于使用而损耗的价值，应按规定的方法计算摊销。

摊销的价值应作为"其他业务支出"处理，摊销金额在"出租商品摊销"专户进行核算。

四、商品出售的会计核算

▶▶▶ （一）商品销售成本的会计核算

商品销售成本是指已销商品的进价成本，即购进价格。由于批发商品的进货渠道、进货批量、进货时间和付款条件的不同，同种规格的商品，前后进货的单价也可能不同。除了能分清批次的商品可以按原进价直接确定商品销售成本外，一般情况下，出售的商品都要采用一定的方法来确定一个适当的进货单价，以计算商品销售成本和确定库存价值，据以核算商品销售损益，以反映经营成果。

商品销售成本的计算程序，有顺算和倒算两种方法。顺算法先计算商品销售成本，再据以计算期末结存金额；倒算法先计算期末结存金额，再据以计算商品销售成本。

顺算法的计算公式为：

　　本期商品销售成本＝本期商品销售数量×进货单价

　　期末结存商品金额＝期末结存数量×进货单价

倒算法的计算公式为：

　　期末结存金额＝期末结存数量×进货单价

　　本期商品销售成本＝期初结存金额＋本期增加金额－本期非销售减少金额－期末

结存金额

按照以上计算方法和商品的不同特点，商品销售成本的计算方法有以下几种：

➤ **1. 先进先出法**

先进先出法是假定按最早购入的商品进价作为出售或发出商品成本的一种方法，即先购入先销售。因此，每次发出的商品都假定是库存最久的存货，期末库存则是最近购入的商品。这种方法一般适用于先入库必须先发出的商品，如易变质的鲜活商品。

【例 2-1】20××年 3 月 3 日某商品流通企业 W 商品的期初结存和本期购销情况如下：

6 月 1 日，期初结存 150 件，单价 60 元；

6 月 8 日，销售 70 件；

6 月 15 日，购进 100 件，单价 62 元；

6 月 20 日，销售 50 件；

6 月 24 日，销售 90 件；

6 月 28 日，购进 200 件，单价 68 元；

6 月 30 日，销售 60 件。

那么本期发出商品的成本＝70×60＋50×60＋30×60＋60×62＋40×62＋20×68＝16 560（元）。

采用先进先出法计算商品销售成本，可以逐笔结转，不需计算商品单价，但工作量较大，如购进批次多，而单价又各异，则计算工作较为复杂，一般适用于经营品种简单的企业。

➤ **2. 加权平均法**

加权平均法是以每种商品库存数量和金额计算出加权平均单价，再以平均单价乘以销售数量和期末库存金额的一种方法。其计算公式为：

加权平均单价＝（期初库存金额＋本期购入金额）/（期初库存数量＋本期购入数量）

本期商品销售成本＝本期销售数量×加权平均单价

期末库存金额＝期末库存数量×加权平均单价

【例 2-2】题目同【例 2-1】

利用加权平均法计算如下：

加权平均单价＝（9 000＋6 200＋13 600）/（150＋100＋200）＝64（元/件）

本期发出商品的成本＝（70＋50＋90＋60）×64＝17 280（元）

期末结存商品的成本＝（150＋100＋200－70－50－90－60）×64＝11 520（元）

采用加权平均法计算的商品销售成本比较均衡，计算结果亦较准确，但工作量较大，一般适用于经营品种较少，前后进价相差幅度较大的商品。

➢ 3. 移动加权平均法

移动加权平均法是在每次购入商品以后，根据库存数量及总成本算出新的平均单位成本的一种方法。其计算公式如下：

移动加权平均单价＝（本次入库前结存成本＋本次入库存货成本）／（本次入库前存货数量＋本次入库存货数量）

【例 2-3】题目同【例 2-1】

用移动加权平均法计算本期销货成本和期末存货成本如下：

第一批商品购入后的平均单价＝（80×60＋100×62）／（80＋100）

＝61.11（元/件）

第二批商品购入后的平均单价：

移动加权平均单价＝（61.11×40＋200×68）／（40＋200）

＝66.85（元/件）

本期发出商品的成本＝70×60＋50×61.11＋90×61.11＋60×66.85

＝16 766.4（元）

采用移动加权平均法计算商品销售成本比较均衡，但也存在企业经营商品品种多，每月进销业务频繁时计算工作量较大的问题。一般适用于品种简单，前后进货单价相差幅度较大的商品。

➢ 4. 个别计价法

个别计价法是以每一批商品的实际进价作为计算销售成本的一种方法。计算公式如下：

每批商品销售成本＝每批商品销售数量×该批商品实际进货单价

【例 2-4】题目同【例 2-1】

通过计算确定销售商品的批别：

6 月 8 日出售的 70 件商品是期初结存的存货；

6 月 20 日出售的 50 件商品是 6 月 15 日的进货；

6 月 24 日出售的 90 件商品中有 60 件是期初结存的存货，有 30 件是 6 月 15 日的进货；

6 月 30 日出售的商品中有 5 件是期初结存的存货，有 10 件是 6 月 15 日的进货，有 45 件是 6 月 28 日的进货。

本期发出商品的成本＝70×60＋50×62＋60×60＋30×62＋5×60＋10×62＋

45×68＝16 740（元）

期末结存商品成本＝150×60＋100×62＋200×68－16 740＝12 060（元）

采用个别计价法，会计部门应按进货批次设置商品明细账；业务部门应在发货单上注明进货批次；仓库部门应按进货批次分别堆放商品。

这种方法便于逐笔结转商品销售成本，计算比较正确，但工作量较大，适用于直运商品和进货批次少、销售能分清进货批次的商品。

▶ 5.毛利率法

毛利率法是一种对商品销售成本估算的方法。即用估计的毛利率（按上季实际毛利率或本季计划毛利率）计算商品销售成本。其计算公式如下：

销售净额＝主营业务收入－销售退回与折让

毛利率＝销售毛利/销售净额×100％

销售毛利＝销售净额×毛利率

销售成本＝销售净额－销售毛利＝销售净额×（1－毛利率）

期末结存存货成本＝期初结存存货成本＋本期购货成本－本期销售成本

【例2-5】某商场采用毛利率法进行核算，2019年4月1日，日用品存货1 800万元，本月购进4 000万元，本月销售收入4 000万元，销售折让500万元，上季度该类商品毛利率为20％。计算本期销售商品的成本和月末库存商品的成本。

采用毛利率法计算本期销售商品成本和月末库存商品成本如下：

销售成本＝销售净额－销售毛利

销售净额＝4 000－500＝3 500（万元）

销售毛利＝3 500×20％＝700（万元）

销售成本＝3 500－700＝2 800（万元）

或　　销售成本＝销售净额×（1－毛利率）＝3 500×（1－20％）＝2 800（万元）

期末存货成本（关键点）＝期初存货成本（已知）＋本期购货成本（已知）－

本期销售成本（计算）

＝1 800＋4 000－2 800＝3 000（万元）

这一方法常用于商品批发企业计算本期商品销售成本和期末库存商品成本。商品流通企业由于商品种类多，一般来讲，其同类商品的毛利率大致相同，采用毛利率法能减轻工作量。

毛利率法适用于经营品种较多，月度计算成本确有困难的企业。它是一种简化的成本计算方法，但是全部（或大类）商品的综合毛利率受影响的因素较多，计算结果往往不够精确，因为这种方法是按照企业全部商品或大类商品计算的。在采用该法时，一般只在季度的头两个月使用，季末则必须用"加权平均法"等其他成本计算方法来计算和调整，以便在一个季度范围内使商品销售成本和期末结存商品金额符合实际。

以上五种商品销售成本的方法各有特点，企业应结合业务情况选择采用。但一经选定，在一个年度内不能随意更换，以保持年度商品销售成本计算口径一致。

▶▶▶ （二）直运商品的会计核算

▶ 1.直运商品销售的概念及特点

直运商品销售是指企业将商品由供货单位直接发给购货单位，不经过企业仓库的一种销售方式。这种方式节省了商品的流通费用，有利于加速商品流转。

直运商品销售有如下特点：

（1）商品的购进和销售业务同时发生。

（2）会计核算上可以不通过"库存商品"账户，直接通过"在途物资"账户核算。

（3）随时结转成本。

（4）运杂费由批发企业和供货方共同承担。

> **2. 直运商品销售的会计核算**

（1）直运商品销售"分别结算"的会计处理。

由于直运商品销售不通过批发企业仓库或门点收发，所以无须通过"库存商品"科目核算，而直接通过"在途物资"科目或直接以购进价结转销售成本进行商品购销的会计处理。直运商品销售分别核算可按"先进后销""先销后进""购销同时"三种不同情况或称为不同假定来分别进行会计处理。

1）先结算购进货款，后结算销售货款（先进后销）。

a. 企业直运商品购进入账时，按税法规定可以抵扣进项税额，借记"应交税金——应交增值税（进项税额）"科目，按商品购进时不含税价款或不能抵扣时的含税价款，借记"在途物资"科目，按已付或应付给供货方的全部货款，贷记"银行存款""应付账款"等科目。如果直运时应由批发单位承担运费并取得运费发票，借方科目还应增加"经营费用"科目，而进项税额中还应包含运费的抵扣税额。

b. 企业直运主营业务收入入账时，按已收或应收购货方的全部货款，借记"银行存款""应收账款"等科目，按计算的增值税，贷记"应交税金——应交增值税（销项税额）"科目，按不含税价款，贷记"主营业务收入"科目。如果按合同规定应由购货方支付运输费用等并由批发企业代垫（指将其他单位开具的费用发票交购货方入账），则应在上述分录的贷方再加上"银行存款""应付账款"等科目，其借方科目"银行存款"或"应收账款"中则应包含应收垫支款。

c. 企业结转直运商品销售成本时，按记入"在途物资"科目的金额，借记"主营业务成本"科目，贷记"在途物资"科目。

2）先结算销售货款，后结算购进货款（先销后进）（暂估入账）。

对同一批商品先销后进，从逻辑上讲似乎不存在，但实践中却屡有发生，其主要原因多由批发企业与供、求双方结账时间倒置所引起，特别是当已与购货方结账但至月终甚至年底仍无法向供货方取得发票账单时，"先销后购"的会计处理则在所难免。"先销后购"的会计处理方法如下：

a. 销售收入入账。企业与购货方结算，货款已经收到或取得收取货款的凭证、发票账单和提货单已交给购货方时，无论直运商品是否已运到，均作为销售处理。销售分录同上述先进后销的销售分录。

b. 结转销售成本。"销先于购"时，结转销售成本应持谨慎态度，因为出于发票账单未到，应计入采购成本和进项税额的数额都存在一定的不确定因素。因此，本书认为：第一，如果供货合同已明确规定供货方必须提供一般纳税人的专用发票并在合同中承诺不能提供专用发票时给予补偿，或供应商品可凭普通或收购凭证抵扣增值税时，可按合同规定价格以不含税价估价结转销售成本；第二，供货方是小规模纳税人或个体经营者，不可能取得税率为13%或9%的专用发票，或者合同对发票规定含糊或未作规定时，可按含税价估价结转销售成本；第三，结转的销售成本与事后双方结算的价款不一致，其差额可在与供货方结算后调整原结转成本。直运商品先销后进销售时结转销售成本的具体分录为：按估价结转的成本金额，借记"主营业务成本"科目，贷记"在途物资"科目。

c. 登记商品采购。直运商品先销后进登记购进的分录，与先进后销的分录相同。

d. 调整销售成本。批发企业与供货方结算后，如果发现原结转的销售成本高于实际采购成本，则按其差额，借记"在途物资"科目，贷记"主营业务成本"科目；如果原结转的销售成本低于实际采购成本，则作相反分录；若调整销售成本时已与原结转成本隔年，上述分录的"主营业务成本"科目则改为"以前年度损益调整"科目。

3）购销同时发生。

购销同时发生是指批发企业与供货方、购货方同时结算完毕，同时入账。实践中多有将在同一月份与供、求双方结账完毕作为购销同时发生处理的。购销同时发生的入账特点是不再通过"在途物资"科目过渡，而直接将购进结算凭证作为销售成本处理。具体操作时可为：

a. 计算销售收入。与"先购后销"计算销售收入相同，即借记"银行存款""应收账款"等科目，贷记"应交税费——应交增值税（销项税额）""主营业务收入"等科目。

b. 计算销售成本、购销费用。按应计入经营费用的运费等，借记"销售费用"科目，按应计入商品采购成本的金额，借记"主营业务成本"科目，按税法规定的货款、运费中可以抵扣的增值税，借记"应交税费——应交增值税（进项税额）"科目，按已付或应付的货款及费用，贷记"银行存款""应付账款"等科目。

（2）直运商品销售"直接结算"的会计处理。

直运商品销售由供货方、购货方直接开票结算的，由于批发企业不作购销处理，只收取一定的手续费，所以会计账务也不反映商品流转过程，而作为中间经纪业务收入的手续费和应支付的税费在其他业务收支科目核算。取得手续费收入时，借记"银行存款"等科目，贷记"其他业务收入"科目；计算应交城建税、教育费附加及支付相应费用时，借记"税金及附加"科目，贷记"应交税费""其他应交款""银行存款""库存现金"等科目。

▶▶▶ （三）委托代销和受托代销的会计核算

➤ 1. 委托代销方式销售商品的概念

委托代销商品亦称"托售商品"，是企业委托其他单位代为销售的商品。委托方和受托方应先签订协议，确定委托代销的商品品种、价格、代销方式、代销手续费标准和结算办法等，明确双方的经济利益和经济责任。

在当前激烈的市场竞争中，许多企业为了扩大产品的销售量，提高企业的销售收入，增加企业利润，采取代销的方式进行商品销售。在这项业务中会涉及增值税的税务处理。由于该销售方式比较复杂，财会人员在会计处理上容易混淆。在双方均为增值税一般纳税人的条件下，可对双方的处理方法分为视同买断和支付手续费两种方式进行分析。

➤ 2. 委托代销方式的会计核算

（1）视同买断方式与支付手续费方式的区别如表2-3所示。

表 2-3　视同买断方式与支付手续费方式的区别

方式	委托方确认收入的时间	受托方有无定价权	受托方确认收入的时间	受托方的收入方式
非包销形式的视同买断	都是在收到代销清单时确认收入	有	在卖出商品时即可确认收入	视为自有商品的销售，以价差方式赚取收益
支付手续费		无	在有权收取手续费时确认收入	以手续费方式认定收入

（2）具体账务处理。

1）非包销的视同买断的账务处理如表 2-4 所示。

表 2-4　非包销的视同买断的账务处理

业务	会计处理	
	委托方	受托方
交付商品	借：发出商品 　贷：库存商品	借：受托代销商品 　贷：受托代销商品款
受托方实际销售商品，委托方收到代销清单	a. 借：应收账款——受托方 　贷：主营业务收入 　　　应交税费——应交增值税（销项税额） b. 借：主营业务成本 　贷：发出商品	a. 借：银行存款 　贷：主营业务收入 　　　应交税费——应交增值税（销项税额） b. 借：主营业务成本 　贷：受托代销商品 c. 借：受托代销商品款 　　　应交税费——应交增值税（进项税额） 　贷：应付账款——委托方
结算货款	借：银行存款 　贷：应收账款——受托方	借：应付账款——委托方 　贷：银行存款

2）支付手续费方式如表 2-5 所示。

表 2-5　支付手续费方式

业务	会计处理	
	委托方	受托方
交付商品	借：发出商品 　贷：库存商品	借：受托代销商品 　贷：代销商品款
受托方实际销售商品，委托方收到代销清单	a. 借：应收账款——受托方 　贷：主营业务收入 　　　应交税费——应交增值税（销项税额） b. 借：主营业务成本 　贷：发出商品	a. 借：银行存款 　贷：应付账款——委托方 　　　应交税费——应交增值税（销项税额） b. 借：应交税费——应交增值税（进项税额） 　贷：应付账款 c. 借：代销商品款 　贷：受托代销商品

续表

业务	会计处理	
	委托方	受托方
结算货款和手续费	a. 借：销售费用 　　贷：应收账款——受托方 b. 借：银行存款 　　贷：应收账款——受托方	借：应付账款 　贷：银行存款 　　主营业务收入（或其他业务收入）

（四）各种促销形式的会计核算

1. 商业折扣

商业折扣，是企业为了促销而在标价上给予的价格扣除。企业销售商品涉及商业折扣的，应当按照扣除商业折扣后的金额（即净额）确定收入。作会计分录如下：

借：银行存款

　　贷：主营业务收入

　　　　应交税费——应交增值税（销项税额）

2. 现金折扣

现金折扣，是为了鼓励购货方尽快付款而提供的债务扣除。一般现金折扣的表示方法为：2/10，1/20，n/30（10天内付款给予2％的折扣，20天内付款给予1％的折扣，20天以后付款没有现金折扣，最迟的付款期为30天）。

注意区分两个折扣的算法，商业折扣，如打四折，是只付40％的款项；现金折扣，2/10是指10天内付款会扣除2％的款项，需要付款98％。

（1）我国采用总价法处理。销售商品涉及现金折扣的，应按扣除现金折扣前的金额确定销售商品收入金额。现金折扣在实际发生时计入当期损益（财务费用）。

（2）折扣额是否含税要看交易双方的协商结果，应在合同中明确。而最终企业应交的增值税是根据税法规定计算的，不受双方交易的影响。

借：应收账款

　　贷：主营业务收入

　　　　应交税费——应交增值税（销项税额）

借：银行存款

　　　财务费用

　　贷：应收账款

注意：增值税不适用现金折扣。

3. 销售折让（涉及发票）

销售折让，是因售出商品的质量不合格等原因而在售价上给予的减让。一般情况下，已确认收入的售出商品发生销售折让的，应当在发生时冲减当期销售商品收入，作如下会计分录：

借：银行存款

　　　　贷：主营业务收入
　　　　　　应交税费——应交增值税（销项税额）
　　已确认收入的售出商品发生销售折让属于资产负债表日后事项的，应按照有关资产负债表日后事项的相关规定进行处理。

➤ 4."买一赠一"

　　"买一赠一"销售需要分以下情况分别进行处理：
　　（1）赠送的商品属于企业经营范围内的商品，应按规定来分摊确认收入，确认增值税的销项税额。
　　（2）赠送的商品不属于企业经营范围内的商品，则不确认收入，商品账面价值计入销售费用，同时确认增值税的销项税额。
　　1）会计实务：对于销售时"买""赠"均属于本企业主营范围内的商品，应当按照总的销售金额按各项商品的公允价值的比例来分摊确认各项的销售收入。如在百货商场买西装赠领带，在通信营业厅充话费赠手机等。
　　如果赠品不属于本企业营业范围内的商品，而是企业为促销而外购的，则应当按照收到的价款确认销售主要商品的收入。赠品不确认收入，按赠品的购入成本结转当期销售费用。比如电器卖场"买电器送饮料"的销售。
　　2）相关链接：存货准则规范。
　　企业采购用于广告营销活动的特定商品，向客户预付货款未取得商品时，应作为预付账款进行会计处理，待取得相关商品时计入当期损益（销售费用）。
　　企业取得广告营销性质的服务比照该原则进行处理。
　　3）增值税规范：销售者将自产、委托加工购买的货物用于实物折扣的，该实物款额不能从货物销售额中扣除，该实物应按增值税条例中"视同销售货物"中"赠送他人"计算征收增值税。
　　4）所得税规范："买一赠一"不属于捐赠，应将总的销售金额按各项商品的公允价值的比例来分摊确认各项的销售收入（即不管会计上是否确认收入，所得税上都应计入应纳税所得额）。
　　购物赠品与企业销售行为直接相关，在销售商品同时赠送物品是出于利润动机的正常交易，属于捆绑销售或降价销售。正常情况下企业所得税应根据《国家税务总局关于确认企业所得税收入若干问题的通知》（国税函〔2008〕875号）关于企业以买一赠一等方式组合销售本企业商品不属于捐赠的规定，将总销售金额按各项商品的公允价值的比例来分摊确认各项的销售收入，计缴所得税。
　　增值税从整体价值链角度来看属于折扣销售行为，应以企业销售活动取得的收入为准征收增值税，不产生除取得收入以外的增值税负担，可以有以下两种开票方式：
　　一是将赠品实际价值与商品一同计价，再将赠品价格作为折扣，在同一张发票的"金额"栏注明折扣额。对此《国家税务总局关于印发〈增值税若干具体问题的规定〉的通知》（国税发〔1993〕154号）规定，纳税人采取折扣方式销售货物，如果销售额和折旧额在同一张发票上分别注明的，可按销售额的折扣额征收增值税；如果将折扣额另开发票，不论其在财务上如何处理，均不得从销售额中减除折扣额。《国家税务总局关于折扣额抵减增值税应税销售额问题通知》（国税函〔2010〕56号）进一步明确国税发〔1993〕154号文件规定的销售额和折扣额在同一张发票上分别注明，具体是指销售额和折扣额在同一张发票上的"金额"栏分别注明，可按折扣后的销售额征收增值税；未在同一张发票"金额"栏注明折扣额，而仅在发票的"备注"栏注明折扣额的，折扣额不得从销售额中减除。

二是在开具销售发票时，借鉴《国家税务总局关于确认企业所得税收入若干问题的通知》（国税函〔2008〕875号）第三条的规定，在开具销售发票时，将赠品和商品总的销售金额按各项商品公允价值的比例分摊确认赠品和商品的销售收入，按总销售金额征收增值税。

销售商品时，买一赠一，作会计分录如下：

借：银行存款
　　贷：主营业务收入——A
　　　　　　　　　　——B
　　　　应交税费——应交增值税（销项税额）

假设赠送的商品不属于企业经营范围内，是外购的，则出售的商品确认销售收入，赠送的商品作为销售费用处理，不确认收入。

借：银行存款
　　销售费用
　　贷：主营业务收入——A
　　　　库存商品
　　　　应交税费——应交增值税（销项税额）

➤ 5. 返券销售

目前，很多企业采用销售返券的方法进行促销，返券销售就是顾客购买一定商品后，获得一定金额的销售赠券，实际就是让顾客在销售赠券促销活动期间，支付相同的金额，可以购买更多的商品。其实质就是对商品进行了折扣销售，由于企业对该项经济业务认识不同，会计处理方法不一，因此在进行企业所得税处理时也有所不同。

情况一：企业将返券视同销售折扣，当期实际仅实现收入，在向购货方开具的发票或销售小票上注明折扣额，返券部分等购货人实际购买商品或确认持券人放弃权利后再计入收入。

（1）销售取得现金时：
借：库存现金
　　贷：主营业务收入
　　　　应交税费——应交增值税（销项税额）
　　　　其他应付款

（2）购货方凭返券购物时，以消费的返券额向购货方开具发票时：
借：其他应付款
　　贷：主营业务收入
　　　　应交税费——应交增值税（销项税额）

（3）购货方逾期未持返券购物时：

借：其他应付款

　　贷：营业外收入

　　　　应交税费——应交增值税（销项税额）

这种处理方法，应交的税金是最少的，同时，增值税与企业所得税的应纳税义务发生时间也是最迟的。这种处理方法对于企业来说，是最有利的。而税务机关则不喜欢这种处理方法，因为这样增加了征管的难度。因此，企业的处理，应该尽可能谨慎，发票必须正确填开，赠券金额不能长期挂账，赠券逾期必须及时确认收入。

情况二：企业认为实际收到100元现金是可以确认的现金流入，除特殊情况外不会再流出企业，可全额计入当期收入，全额向纳税人开具发票，待购货方凭返券购物时不再向其开具发票，只结转相应的成本。

（1）销售取得现金时：

借：库存现金

　　贷：主营业务收入

　　　　应交税费——应交增值税（销项税额）

（2）持券人持返券购物时：

借：主营业务成本

　　贷：库存商品

情况三：企业认为返券是为促销商品而给购货人的附加优惠，视同赠予。在取得销售收入时，全额计入当期收入，并全额开具发票；持券人持返券购物时，不再向其开具发票，仅按其所购商品的成本计入营业外支出。

（1）销售取得现金时：

借：库存现金

　　贷：主营业务收入

　　　　应交税费——应交增值税（销项税额）

（2）持券人持返券购物时：

借：营业外支出

　　贷：库存商品

不同的会计处理方法下，企业所得税的计算时间和数额存在差异。第一种方法下，若购货人不使用返券，返券所对应的其他应付款可能会长期挂账，不转入营业外收入，不计算应纳所得税；第三种方法将返券视同赠予，根据税法规定，要将券面金额与计入营业外支出的库存商品金额间的差额计入当期应纳税所得，同时因这部分赠予没有通过国家机关或非营利性社会组织进行，不得在税前扣除。同时如果把赠券作为赠予处理，顾客凭赠券购买商品时，视同销售，继续开具发票，虽然发票问题解决了，但这样处理税负是最重的。

对于收入的确认，应从合法合理、及时和便于税务机关征管三方面进行综合考虑。首先，从合法合理性看，返券造成购货人用相同的支出购买了更多的货物，实质上是将所售商品进行了折价销售，因此返券不应作为脱离销售商品行为之外的赠予；实际流入企业的

项目二　商品流通企业会计核算的内容与方法　25

经济利益为 100 元，向购货方开具的发票上注明的销售额为 100 元，因此应以 100 元作为企业的全部收入，返券不能单独算作企业的收入。其次，从纳税的及时性看，销售商品时已收到全部货款，且这部分经济利益是确定的，在取得 100 元现金时确认收入更为及时。最后，从便于税务机关征管的角度看，先按折扣后的 90 元再按返券额分别确认收入的方式不便于税务机关对返券额计入收入的时间进行控制，因此在取得 100 元现金时全额确认收入更便于税务机关征管。综上，第二种方法进行会计核算比较合理规范，能在会计利润中正确体现纳税所得，同时便于征管。

➤ 6. 以旧换新

以旧换新销售，是指销售方在销售商品的同时回收与所售商品相同的旧商品。在这种销售方式下，销售的商品应当按照销售商品收入确认条件确认收入，回收的商品作为购进商品处理。

销售商品时的会计处理为：

借：库存现金
　　贷：主营业务收入
　　　　应交税费——应交增值税（销项税额）
借：主营业务成本
　　贷：库存商品

回收商品时的会计处理为：

借：原材料
　　贷：库存现金

▶▶▶ （五）销售退回的会计核算

➤ 1. 销售退回的定义

销售退回，是指企业售出的商品由于质量、品种不符合客户要求等原因而发生的退货。销售退回，既包括本年度销售后的商品在年度结束前退回，也包括以前年度销售后的商品在本年度退回。

➤ 2. 销售退回的会计核算

《企业会计准则第 14 号——收入》第三十二条规定："对于附有销售退回条款的销售，企业应当在客户取得相关商品控制权时，按照因向客户转让商品而预期有权收取的对价金额（即，不包含预期因销售退回将退还的金额）确认收入，按照预期因销售退回将退还的金额确认负债；同时，按照预期将退回商品转让时的账面价值，扣除收回该商品预计发生的成本（包括退回商品的价值减损）后的余额，确认为一项资产，按照所转让商品转让时的账面价值，扣除上述资产成本的净额结转成本。每一资产负债表日，企业应当重新估计未来销售退回情况，如有变化，应当作为会计估计变更进行会计处理。"

企业售出商品发生的销售退回，应当分别不同情况进行会计处理：一是尚未确认销售收入的售出商品发生销售退回的，应当冲减"发出商品"科目，同时增加"库存商品"科目；二是已确认销售商品收入的售出商品发生销售退回的，除属于资产负债表日后事项外，一般应在发生时冲减当期销售商品收入，同时冲减当期销售商品成本。如按规定允许扣减增值税税额的，应同时扣减已确认的应交增值税销项税额。如该项销售退回已发生现金折扣，应同时调整相关财务费用的金额。

（1）货款尚未收到，尚未确认销售商品收入，销售发出商品时：

借：发出商品
　　贷：库存商品

收到退回的商品：

借：库存商品
　　贷：发出商品

（2）货款尚未收到，已确认销售商品收入，销售实现时：

借：应收账款
　　贷：主营业务收入
　　　　应交税费——应交增值税（销项税额）

借：主营业务成本
　　贷：库存商品

收到货款时：

借：银行存款
　　贷：应收账款

销售退回时：

借：银行存款（红字）
　　贷：主营业务收入（红字）
　　　　应交税费——应交增值税（销项税额）（红字）

借：库存商品
　　贷：主营业务成本（红字）

➢ 3. 属于资产负债表日后事项的销售退回的会计核算

（1）资产负债表日后事项的相关规定。

《企业会计准则第29号——资产负债表日后事项》第二条规定：资产负债表日后事项，是指资产负债表日至财务报告批准报出日之间发生的有利或不利事项。财务报告批准报出日，是指董事会或类似机构批准财务报告报出的日期。

资产负债表日后事项包括资产负债表日后调整事项和资产负债表日后非调整事项。资产负债表日后调整事项，是指对资产负债表日已经存在的情况提供了新的或进一步证据的事项。资产负债表日后非调整事项，是指表明资产负债表日后发生的情况的事项。

《企业会计准则第29号——资产负债表日后事项》第四条规定：企业发生的资产负债表日后调整事项，应当调整资产负债表日的财务报表。

因此，企业发生资产负债表日后调整事项，应当调整资产负债表日已编制的财务报表。对于年度财务报告而言，由于资产负债表日后事项发生在报告年度的次年，报告年度的有关账目已经结转，特别是损益类科目在结账后已无余额。因此，年度资产负债表日后发生的调整事项，应分别按以下情况进行处理：

1）涉及损益的事项，通过"以前年度损益调整"科目核算。调整增加以前年度利润或调整减少以前年度亏损的事项，记入"以前年度损益调整"科目的贷方；反之，记入"以前年度损益调整"科目的借方。

需要注意的是：涉及损益的调整事项如果发生在资产负债表日所属年度（即报告年度）所得税汇算清缴前的，应按准则要求调整报告年度应纳税所得额、应纳所得税税额；发生在报告年度所得税汇算清缴后的，应按准则要求调整本年度（即报告年度的次年）应纳所得税税额。

2）涉及利润分配调整的事项，直接在"利润分配——未分配利润"科目核算。

3）不涉及损益以及利润分配的事项，调整相关科目。

4）通过上述账务处理后，还应同时调整财务报表相关项目的数字，包括：

a. 资产负债表日编制的财务报表相关项目的期末数或本年发生数；

b. 当期编制的财务报表相关项目的期初数或上年数；

c. 经过上述调整后，如果涉及报表附注内容的，还应作出相应调整。

（2）资产负债表日后发生销售退回的会计处理。

资产负债表日后发生的销售退回，既包括报告年度销售的商品在资产负债表日后发生的销售退回，也包括以前年度期间销售的商品在资产负债表日后发生的销售退回。

资产负债表所属期间或以前年度期间所售商品在资产负债表日后退回的，应作为资产负债表日后调整事项处理。发生于资产负债表日后至财务报告批准报出日之间的销售退回事项，可能发生于年度所得税汇算清缴之前，也可能发生于年度所得税汇算清缴之后，其会计处理分别为：

1）涉及报告年度所属期间的销售退回发生于报告年度所得税汇算清缴之前，应调整报告年度利润表的收入、成本等，并相应调整报告年度的应纳税所得额以及报告年度应缴纳的所得税等。

例如，当销售退回业务发生在资产负债表日后事项涵盖期间内，应属于资产负债表日后调整事项，账务处理如下：

a. 调整销售收入：

借：以前年度损益调整
　　　应交税费——应交增值税（销项税额）
　　贷：应收账款

b. 调整销售成本：

借：库存商品
　　贷：以前年度损益调整

c. 调整应缴纳的所得税：

借：应交税费——应交所得税
　　贷：以前年度损益调整

d. 将"以前年度损益调整"科目余额转入未分配利润：

借：利润分配——未分配利润
　　贷：以前年度损益调整

e. 调整盈余公积及调整报告年度相关财务报表（略）。

2）资产负债表日后事项中涉及报告年度所属期间的销售退回发生于报告年度所得税汇算清缴之后，应调整报告年度会计报表的收入、成本等，但按照税法规定在此期间的销售退回所涉及的应缴所得税，应作为本年度的纳税调整事项。

例如，销售退回发生于报告年度所得税汇算清缴之后，账务处理如下：

a．调整销售收入：

借：以前年度损益调整

　　应交税费——应交增值税（销项税额）

　　贷：应收账款

b．调整销售成本：

借：库存商品

　　贷：以前年度损益调整

c．将"以前年度损益调整"科目余额转入未分配利润：

借：利润分配——未分配利润

　　贷：以前年度损益调整

d．调整盈余公积及调整报告年度相关财务报表（略）。

➢ **4. 销售退回的财税处理差异**

（1）增值税税收政策的规定。

《国家税务总局关于红字增值税发票开具有关问题的公告》（国家税务总局公告 2016 年第 47 号）以及《国家税务总局关于修订〈增值税专用发票使用规定〉的通知》（国税发〔2006〕156 号）规定，增值税在销售时全部确认销项税，实际发生退货时开具红字发票冲减当期的销项税额。

（2）所得税税收政策的规定。

根据《国家税务总局关于确认企业所得税收入若干问题的通知》（国税函〔2008〕875号）的规定，商品销售时全部确认应纳税额。实际发生退货时再冲减退货当期的收入和成本。而会计上只对有控制权的不会退回部分确认收入，由此产生的暂时性差异，需要进行递延所得税的会计处理。

➢ **5. 附有销售退回条款的销售与销售退回比较**

附有销售退回条款的销售与销售退回不是同一会计事项，前者属于特殊收入事项，后者属于一般收入事项。附有销售退回条款的销售应在确认收入月的月末按估计退货率冲减对应的销售收入与销售成本，按冲减销售收入与销售成本的差额确认为预计负债，不调整增值税，但对涉及销售收入、销售成本的冲减要纳税调整企业所得税。而销售退回则分企业已确认销售收入还是未确认销售收入，账务处理有所不同：对已确认收入的销售退回，若为当期销售当期退回的，应当在退回发生时直接冲减当期的销售收入与销售成本；若为前期销售当期退回的，前期年报又未对外报送的，按资产负债表日后事项处理，用"以前年度损益调整"处理；若为前期销售当期退回，前期年报又已对外报送的，按当期销售当期退回处理。对未确认收入的销售退回，冲减未确认收入时的账务处理。销售退回要正常冲减增值税和企业所得税。

▶▶▶ （六）销货退补价的会计核算

批发企业在商品销售后，发现商品的规格和等级错发、货款计算错误或先按暂定价结算后又正式定价等原因，需要向购货单位退还或补收货款。

实际销售价格低于已经结算货款的价格是销货退价，销货单位应将多收的差额退还给购货单位。实际销售价格高于已经结算货款的价格是销货补价，销货单位应向购货单位补收少算的差额。销售商品发生退补价时，先由业务部门填制蓝字专用发票（补价）或红字专用发票（退价）以更正，同时填制"销货更正单"作为附件，财会部门据以办理收款或付款手续。财会部门审核无误后，据以结算退补价款并或增加主营业务收入。

因退补价是销售金额的调整，不涉及商品数量，只需增加或减少"主营业务收入"和销项税数额，不调整"库存商品"和"主营业务成本"账户的数额。

销货退价时：

借：银行存款/应收账款（红字）
　　贷：主营业务收入——××（红字）
　　　　应交税费——应交增值税（销项税额）（红字）

销货补价时：

借：银行存款/应收账款
　　贷：主营业务收入
　　　　应交税费——应交增值税（销项税额）

▶▶▶ （七）购货单位拒付货款和拒收商品的会计核算

批发企业在异地商品销售业务中，一般采用发货制，并采用托收承付结算或委托收款结算方式，在商品已发运，并向银行办妥托收手续后，即作为商品销售处理。当购货单位收到托收凭证时，发现内附专用发票开列的商品与合同不符，或者与收到的商品数量、品种、规格、质量不符等情况，就会发生购货单位拒付货款和拒收商品。当财会部门接到银行转来购货单位的"拒绝付款理由书"时，暂不作账务处理，但应立即通知业务部门，及时查明原因，并尽快与购货单位联系进行协商，然后根据不同的情况作出处理。

对于商品少发的处理有两种情况：如果补发商品，在商品发运后，收到购货单位货款、增值税额及垫付运费时，借记"银行存款"账户，贷记"应收账款"账户；如果不再补发商品，则由业务部门填制红字专用发票，作销货退回处理。对于商品货款开错的，也应由业务部门填制红字专用发票，对财会部门据以作销货退价处理。

对于因商品质量不符要求，或因商品品种、规格发错而退回时，应由储运部门验收入库，财会部门根据转来的红字专用发票报销货退回处理，退回商品的运费列入"销售费用"账户。

对于商品短缺的情况，先要冲减"主营业务收入"账户、"应交税金"账户和"应收账款"账户，再根据具体情况进行账务处理。如属于本企业储运部门责任，应由其填制"财产损失报告单"，将账面的短缺金额转入"待处理财产损溢"账户，等领导批准后，再转入"营业外支出"账户。

如果购货单位支付了部分款项，而又拒付了部分款项，应将收到的款项借记"银行存款"账户，对于尚未收到的款项，则仍保留在"应收账款"账户内，在与对方协商解决后，再予以转销。

五、非货币型职工薪酬的会计核算

外购产品用于非货币性福利，进项税额不得抵扣，计提时，作分录如下：

借：库存商品

　　应交税费——应交增值税（进项税额）

　　贷：银行存款/库存现金/应付账款等

借：应付职工薪酬——非货币性福利

　　贷：库存商品

　　　　应交税费——应交增值税（进项税额转出）

六、年终奖的会计核算

▶▶▶ （一）年终奖的计提与发放

计提年终奖时，借记"管理费用""销售费用"等，贷记"应付职工薪酬"；发放年终奖时，借记"应付职工薪酬"，贷记"应交税费——代扣个人所得税"和"银行存款"。

▶▶▶ （二）终奖的个人所得税计算

第一种方法：

根据《国家税务总局关于调整个人取得全年一次性奖金等计算征收个人所得税方法问题的通知》（国税发〔2005〕9号）的规定：纳税人取得全年一次性奖金，单独作为一个月工资、薪金所得计算纳税，并按以下计税办法，由扣缴义务人发放时代扣代缴：

（1）先将雇员当月内取得的全年一次性奖金，除以12个月，按其商数确定适用税率和速算扣除数。

如果在发放年终一次性奖金的当月，雇员当月工资薪金所得低于税法规定的费用扣除额，应将全年一次性奖金减除"雇员当月工资薪金所得与费用扣除额的差额"后的余额，确定全年一次性奖金的适用税率和速算扣除数。

（2）将雇员个人当月内取得的全年一次性奖金，按适用税率和速算扣除数计算征税，计算公式如下：

1）如果雇员当月工资薪金所得高于（或等于）税法规定的费用扣除额，那么适用公式为：

应纳税额＝雇员当月取得全年一次性奖金×适用税率－速算扣除数

2）如果雇员当月工资薪金所得低于税法规定的费用扣除额，那么适用公式为：

应纳税额＝（雇员当月取得全年一次性奖金－雇员当月工资薪金所得与费用扣除额的差额）×适用税率－速算扣除数

【例2-6】赵某20××年1月取得工资7 000元，年终奖24 000元，无其他收入。计算赵某20××年1月份应纳个人所得税。

赵某所获工资部分应缴纳个人所得税：（7 000－5 000）×3‰＝60（元）。

赵某所获年终奖（24 000元）部分应缴纳个人所得税的计算如下：

先将赵某当月内取得的全年一次性奖金，除以12个月，即24 000÷12＝2 000（元），再按其商数确定适用税率为3‰。

赵某所获年终奖24 000元应缴纳个人所得税：24 000×3‰＝720（元）。

赵某20××年1月份应缴纳个人所得税780元。

【例2-7】钱某20××年1月取得工资收入2 000元，年终奖24 000元，无其他收入。计算钱某20××年1月应纳个人所得税。

钱某当月工资为2 000元，未超过费用扣除标准5 000元，不需要缴纳个人所得税。

钱某20××年1月工资薪金所得与费用扣除额的差额为5 000－2 000＝3 000（元）。

钱某所获年终奖为24 000元，先减除"当月工资薪金所得与费用扣除额的差额（3 000元）"，剩余21 000元为应纳税所得额。

21 000元除以12个月，即21 000÷12＝1 750（元），再按其商数确定适用税率为3‰。

钱某年终奖24 000元应缴纳个人所得税：（24 000－3 000）×3‰＝630（元）。

钱某20××年1月份应缴纳个人所得税630元。

第二种方法：

《财政部、国家税务总局关于个人所得税法修改后有关优惠政策衔接问题的通知》（财税〔2018〕164号）规定：居民个人取得全年一次性奖金，也可以选择并入当年综合所得计算纳税。自2022年1月1日起，居民个人取得全年一次性奖金，应并入当年综合所得计算缴纳个人所得税。

即第一种方法只能到2021年12月31日。

下篇　实训操作

项目三

企业期初资料概况

实训目的

熟悉企业基本情况，了解企业经济活动类型，了解岗位分工，为整个实训工作做准备。

实训内容

企业基本情况，企业组织机构，企业财务制度和内部会计核算办法，企业上月末有关账户余额表和明细账资料，上年末有关报表资料。

实训方法

线下实操与线上实操练习。

实训要求

熟悉企业基本情况，了解企业经济活动类型和岗位分工，为整个实训工作做好准备。

一、企业基本情况

▶▶▶ （一）企业基本信息

（1）企业名称：天津森研致和商贸有限公司。

（2）经济类型：有限责任公司。

（3）企业地址：河东区新开路15号。

（4）法人代表：崔连。

（5）注册资金：180万元。

（6）经营范围：健身器材、家用电器、机械设备、办公用品、文化体育用品、通信器材批发兼零售（国家有专项、专营规定的按国家规定执行，涉及行业审批的经营项目及有效期限均以许可证或资质证为准）。

（7）注册时间：略。

（8）税务机关：国家税务总局天津市河东区税务局。

（9）纳税人识别号：911201023286038510。

（10）开户银行：中国工商银行天津新开路支行。

（11）银行账号：0302011251462087642。

天津森研致和商贸有限公司是一家兼营健身器材、家用电器、机械设备、办公用品、文化体育用品、通信器材的批发兼零售企业，致力于商品购进和转销的业务。尽管成立时间不长，森研致和已经开拓了一定的市场，并且有了稳定的经营模式和供应链，迅速在市场中打下根基。

公司位于环渤海地区经济中心——天津市，注册资本180万元，服务对象以天津市为中心并延伸至周边各省市。森研致和商贸有限公司以其精益求精的服务得到了客户的肯定，深刻理解"以客户为中心"的含义，将"服务"贯穿于公司运作和管理的每一个细节，赢得了客户广泛的信任和支持。

▶▶▶ （二）企业组织机构

企业组织结构如图3-1所示。

图3-1 企业组织结构图

企业人员分布如表3-1所示。

表 3-1　企业人员分布表

部门	姓名	职务
销售部	刘伟	库管
	高峡	SBGL
	王哲	销售人员
财务部	刘洪波	会计
	付强旭	出纳
管理部	崔连	法人
	刘力卓	总经理
	戴瑞旺	会计主管
采购部	艾雪	采购主管
	白佳艳	采购人员
仓库	孙春英	仓库主管
	王玉良	仓库人员

▶▶▶ （三）企业财务制度及内部会计核算办法

企业会计准则如表 3-2 所示。

表 3-2　企业会计准则

1. 会计准则	本企业执行《企业会计准则》。
2. 库存商品收发核算	批发商品按进价成本进行核算，月末根据本月商品验收单、发货单、退货单，以及在途物资明细账户记录，编制汇总结转验收商品采购成本的记账凭证，按一次加权平均法计算加权平均计价，并据以编制汇总结转主营业务成本的记账凭证。 零售商品按售价金额进行核算，月末编制结转验收商品采购成本的记账凭证和结转主营业务成本的记账凭证。分类计算商品进销差价率，并据以编制分摊商品进销差价的记账凭证。 月末对库存商品等存货进行清查，根据盘点结果编制商品盘点溢缺报告单。 存货采用个别计价法。
3. 固定资产折旧	采用平均年限法，当月增加资产不提折旧，当月减少，当月照提折旧。
4. 无形资产摊销	采用直线法，自无形资产使用日起在有效期内分期摊入管理费用。
5. 装修支出	记入"长期待摊费用"，从次月开始，按三年摊销。
6. 借款利息	按月计提，按季缴纳。

财务岗位设置如下：

财务负责人：戴瑞旺。

刘洪波：会计，负责编制记账凭证、登记账簿及编制报表工作。

付强旭：出纳，负责出纳日常工作。

个人所得税：居民个人的综合所得，以每一纳税年度的收入额减除费用 6 万元（每月

5 000 元）及专项扣除、专项附加扣除和依法确定的其他扣除后的余额，为应纳税所得额。综合所得，适用 3%～45% 的超额累进税率计算个人所得税，由公司在工资中扣除代为缴交。按照 20××年的社保缴纳比例缴纳五险一金，员工的社保费和住房公积金在其工资中扣除，公司代为缴纳。与工资有关的各项经费、保险基金的计提如表 3-3 所示。

表 3-3　五险一金计提表

险种	公司缴纳比例（%）	个人缴纳比例（%）	合计比例（%）
养老保险	16	8	24
医疗保险	10	2	12
失业保险	0.5	0.5	1
生育保险	0.5	0	0.5
工伤保险	0.2	0	0.2
住房公积金	11	11	22

模拟的重点是掌握会计处理的基本方法，实务中因所处地区不同，员工社会保险费及公积金的计提基数与比例之间存在差异。公司员工社会保险费及公积金计提明细如表 3-4 所示。

表 3-4　员工社会保险费及公积金计提明细　　　　　　　单位：元

部门	姓名	代扣款					
		养老保险	医疗保险	失业保险	住房公积金	大额救助	合计
管理部门	崔连	840.00	210.00	52.50	1 155.00	260.00	2 517.50
	刘力卓	816.00	204.00	51.00	1 122.00	260.00	2 453.00
	戴瑞旺	784.00	196.00	49.00	1 078.00	260.00	2 367.00
销售部门	刘伟	608.00	152.00	38.00	836.00	260.00	1 894.00
	高峡	624.00	156.00	39.00	858.00	260.00	1 937.00
	王哲	464.00	116.00	29.00	638.00	260.00	1 507.00
财务部门	刘洪波	456.00	114.00	28.50	627.00	260.00	1 486.50
	付强旭	408.00	102.00	25.50	561.00	260.00	1 356.50
采购部门	艾雪	384.00	96.00	24.00	528.00	260.00	1 292.00
	白佳艳	368.00	92.00	23.00	506.00	260.00	1 249.00
仓库	孙春英	360.00	90.00	22.50	495.00	260.00	1 227.50
	王玉良	344.00	86.00	21.5.00	473.00	260.00	1 184.50
合计		6 456.00	1 614.00	403.50	8 877.00	3 120.00	20 470.50

▶▶▶ （四）企业涉及的税费

企业涉及的税费如表 3-5 所示。

表 3-5　企业涉及的税费

税种		缴纳时间	基本计算公式	税率
增值税		次月 15 日前缴纳	销售额×13%	13%
城建税		当月计提，次月 15 日前缴纳	应交增值税×7%	7%
教育费附加		当月计提，次月 15 日前缴纳	应交增值税×3%	3%
地方教育费附加		当月计提，次月 15 日前缴纳	应交增值税×2%	2%
印花税	购销合同	当月计提，下月 15 日前缴纳	（收入额×核定比例＋支出额×核定比例）×0.03%－扣除额	0.03%
个人所得税		当月计提，次月 15 日前缴纳	应纳税所得额×税率－速算扣除数	七档
企业所得税		3、6、9、12 月计提，4、7、10、1 月在 15 日前缴纳	应纳税所得额×25%	25%

2018 年 3 月 28 日，国务院总理李克强主持召开国务院常务会议，会议决定，从 2018 年 5 月 1 日起，将制造业等行业增值税税率从 17% 将至 16%，将交通运输、建筑、基础电信等行业及农产品等货物的增值税税率从 11% 将至 10%。2019 年 4 月 1 日起，国家再次将 16% 和 10% 税率分别降为 13% 和 9%。目前增值税三档税率分别为 13%、9%、6%。

▶▶▶ （五）企业批发和零售货物信息

企业货物信息如表 3-6 和表 3-7 所示。

表 3-6　企业批发货物信息　　　　　　　　　　　　　　　　金额单位：元

货物名称	货物类型	计量单位	增值税税率	购入单价	销售单价
按摩椅	库存商品	台	13%	8 120.00	9 500.00
按摩垫	库存商品	个	13%	512.00	750.00
沙发椅	库存商品	台	13%	1 625.00	2 700.00
足疗仪	库存商品	台	13%	820.00	1 020.00
空气净化器	库存商品	台	13%	2 899.00	4 099.00
变频冷暖空调	库存商品	台	13%	2 800.00	4 488.00
变频冷暖空调	在途物资	台	13%	2 800.00	4 488.00
多门变频电冰箱	库存商品	台	13%	9 000.00	15 000.00

表 3-7　企业零售货物信息　　　　　　　　　　　　　　　　金额单位：元

货物名称	货物类型	计量单位	增值税税率	购入单价	销售单价
可调节跳绳	库存商品	条	13%	50.00	75.00
成人踏步机	库存商品	台	13%	200.00	320.00
迷你自行车机	库存商品	台	13%	250.00	400.00

二、企业上月末有关账户余额表

企业上月末有关账户余额表如表3-8所示。

表3-8　企业上月末有关账户余额表　　　　　金额单位：元

科目编号	科目名称	借方余额	贷方余额
1001	库存现金	6 241.93	
1002	银行存款	2 333 056.88	
1002001	银行存款——工行天津新开路支行	2 333 056.88	
1122	应收账款	182 460.00	
112201	应收账款——天津市骏鑫贸易有限公司	44 780.00	
112203	应收账款——天津市安腾商贸有限公司	24 780.00	
112204	应收账款——天津市诺心远商贸有限公司	59 000.00	
112205	应收账款——天津科瑞恩机电设备商贸有限公司	45 000.00	
112207	应收账款——天津晨越建筑工程有限公司	8 900.00	
1405	库存商品	1 617 895.00	
140501	库存商品——按摩椅	48 720.00	
140502	库存商品——按摩垫	76 800.00	
140503	库存商品——沙发椅	24 375.00	
140504	库存商品——足疗仪	82 000.00	
140507	库存商品——可调节跳绳	150 000.00	
140508	库存商品——成人踏步机	96 000.00	
140509	库存商品——迷你自行车机	240 000.00	
140510	库存商品——多门变频电冰箱	900 000.00	
1601	固定资产	23 200.00	
1407	商品进销差价	176 000.00	
160101	固定资产——电脑	20 000.00	
160102	固定资产——打印机	3 200.00	
1602	累计折旧	6 383.30	
160201	累计折旧——电脑	4 583.30	
160202	累计折旧——打印机	1 800.00	
2202	应付账款		700 990.00
220201	应付账款——多锐（天津）智能科技有限公司		700 990.00
2211	应付职工薪酬		120 275.28
221101	应付职工薪酬——工资		80 700.00

续表

科目编号	科目名称	借方余额	贷方余额
221103	应付职工薪酬——社会保险费		25 856.28
221104	应付职工薪酬——住房公积金		8 877.00
221105	应付职工薪酬——工会经费		4 842.00
2221	应交税费		10 444.09
222104	应交税费——应交城市维护建设税		503.12
222105	应交税费——应交企业所得税		1 032.62
222111	应交税费——应交个人所得税		1 250.93
222112	应交税费——应交教育费附加		215.62
222119	应交税费——未交增值税		7 187.48
222122	应交税费——应交地方教育费附加		143.75
222123	应交税费——应交防洪费		71.87
222124	应交税费——印花税		38.70
2241	其他应付款		20 470.50
224103	其他应付款——社保（个人）		11 593.50
224104	其他应付款——公积金（个人）		8 877.00
4001	实收资本		1 800 000.00
400101	实收资本——崔连		800 000.00
400102	实收资本——刘力卓		500 000.00
400103	实收资本——戴瑞旺		500 000.00
4104	利润分配		1 328 290.64
4104010	利润分配——未分配利润		1 328 290.64

三、企业上年末有关报表资料

注：本书中的财务报表全部按财政部《财政部关于修订印发 2019 年度一般企业财务报表格式的通知》（财会〔2019〕6 号）文件中的附件 1：一般企业财务报表格式（适用于未执行新金融准则、新收入准则和新租赁准则的企业）编制。

企业上年末资产负债表如表 3-9 所示。

表 3-9 资产负债表

编制单位：天津森研致和商贸有限公司　　20×0 年 12 月 31 日　　　　　　　　单位：元

资产	期末余额	上年年末余额	负债和所有者权益（或股东权益）	期末余额	上年年末余额
流动资产			流动负债		
货币资金	2 339 298.81	0.00	短期借款	0.00	0.00

续表

资产	期末余额	上年年末余额	负债和所有者权益（或股东权益）	期末余额	上年年末余额
以公允价值计量且其变动计入当期损益的金融资产	0.00	0.00	以公允价值计量且其变动计入当期损益的金融负债	0.00	0.00
衍生金融资产	0.00	0.00	衍生金融负债	0.00	0.00
应收票据	0.00	0.00	应付票据	0.00	0.00
应收账款	182 460.00	0.00	应付账款	700 990.00	0.00
预付款项	0.00	0.00	预收款项	0.00	0.00
其他应收款	0.00	0.00	应付职工薪酬	120 275.28	0.00
存货	1 441 895.00	0.00	应交税费	10 444.09	0.00
持有待售资产	0.00	0.00	其他应付款	20 470.50	0.00
一年内到期的非流动资产	0.00	0.00	持有待售负债	0.00	0.00
其他流动资产	0.00	0.00	一年内到期的非流动负债	0.00	0.00
流动资产合计	3 963 653.81	0.00	其他流动负债	0.00	0.00
非流动资产：	0.00	0.00	流动负债合计	852 179.87	0.00
可供出售金融资产	0.00	0.00	非流动负债：		
持有至到期投资	0.00	0.00	长期借款	0.00	0.00
长期应收款	0.00	0.00	应付债券	0.00	0.00
长期股权投资	0.00	0.00	其中：优先股	0.00	0.00
投资性房地产	0.00	0.00	永续债	0.00	0.00
固定资产	16 816.70	0.00	长期应付款	0.00	0.00
在建工程	0.00	0.00	预计负债	0.00	0.00
生产性生物资产	0.00	0.00	递延收益	0.00	0.00
油气资产	0.00	0.00	递延所得税负债	0.00	0.00
无形资产	0.00	0.00	其他非流动负债	0.00	0.00
开发支出	0.00	0.00	非流动负债合计	0.00	0.00
商誉	0.00	0.00	负债合计	852 179.87	0.00
长期待摊费用	0.00	0.00	所有者权益（或股东权益）：		0.00
递延所得税资产	0.00	0.00	实收资本（或股本）	1 800 000.00	0.00
其他非流动资产	0.00	0.00	其他权益工具	0.00	0.00
非流动资产合计	16 816.70	0.00	其中：优先股	0.00	0.00
			永续债	0.00	0.00
			资本公积	0.00	0.00
			减：库存股	0.00	0.00

续表

资产	期末余额	上年年末余额	负债和所有者权益（或股东权益）	期末余额	上年年末余额
			其他综合收益	0.00	0.00
			专项储备	0.00	0.00
			盈余公积	0.00	0.00
			未分配利润	1 328 290.64	0.00
			所有者权益（或股东权益）合计	3 128 290.64	0.00
资产合计	3 980 470.51	0.00	负债和所有者权益（或股东权益）总计	3 980 470.51	0.00

审核：戴瑞旺 　　　　　　　　　　　　　　　　　　　　　　　　　　制表：刘洪波

企业上年末利润表如表 3-10 所示。

表 3-10　利润表

编制单位：天津森研致和商贸有限公司　　　20×0 年 12 月　　　　　　　　单位：元

项目	本期金额	上期金额
一、营业收入	10 000 000.00	
减：营业成本	4 800 000.00	
税金及附加	400 000.00	
销售费用	2 000 000.00	
管理费用	2 200 000.00	
研发费用		
财务费用	100 000.00	
其中：利息费用	100 000.00	
利息收入		
加：其他收益		
投资收益（损失以"－"号填列）	100 000.00	
其中：对联营企业和合营企业的投资收益		
公允价值变动收益（损失以"－"号填列）		
资产减值损失（损失以"－"号填列）		
资产处置收益（损失以"－"号填列）		
二、营业利润（亏损以"－"号填列）	600 000.00	
加：营业外收入	900 000.00	
减：营业外支出	500 000.00	

续表

项目	本期金额	上期金额
三、利润总额（亏损总额以"－"号填列）	1 000 000.00	
减：所得税费用	65 000.00	
四、净利润（净亏损以"－"号填列）	935 000.00	
（一）持续经营净利润（净亏损以"－"号填列）		
（二）终止经营净利润（净亏损以"－"号填列）		
五、其他综合收益的税后净额		
（一）不能重分类进损益的其他综合收益		
1. 重新计量设定受益计划变动额		
2. 权益法下不能转损益的其他综合收益		
……		
（二）将重分类进损益的其他综合收益		
1. 权益法下可转损益的其他综合收益		
2. 可供出售金融资产公允价值变动损益		
3. 持有至到期投资重分类为可供出售金融资产损益		
4. 现金流量套期损益的有效部分		
5. 外币财务报表折算差额		
……		
六、综合收益总额		
七、每股收益：		
（一）基本每股收益		
（二）稀释每股收益		

审核：戴瑞旺 　　　　　　　　　　　　　　　　　　　制表：刘洪波

第一季度经济业务的会计处理

实训目的

将理论与实践融合，进一步巩固、深化已经学过的理论知识，提高综合运用所学知识的能力，并增强发现问题、解决问题的能力。

实训内容

常规业务处理。

实训方法

线下实操与线上实操练习。

实训要求

了解会计每月日常业务的类型，掌握日常业务的会计处理方法和流程。

一、一月份会计业务处理

会计处理日常业务主要包括计提类、缴纳类和结转类。

▶▶▶ （一）计提类

计提即计算和提取。根据权责发生制原则，一般是针对具有明确的计算标准和计算方法的会计事项而言，对于在本账期中可能发生的费用，先按规定的比率与规定的基数相乘计算提取，计提金额一般比较确定，不会因人而异。

商品流通企业计提类常规会计处理业务主要有计提工资、社保、公积金、工会经费、折旧、税金及附加和房租等。

➤ 1. 计提工资

【经济业务1】

20××年1月15日，计提本月员工工资80 700元，已计入相关成本费用。

【附件】工资表如表4-1所示。

【会计凭证】记账凭证如表4-2所示。

【解析】

《企业会计准则应用指南——会计科目和主要账务处理》规定，管理部门人员、销售人员的职工薪酬，借记"管理费用"或"销售费用"科目，贷记"应付职工薪酬"科目。

➤ 2. 计提社保

【经济业务2】

20××年1月15日，计提本月员工社保（企业部分）21 950.4元，已计入相关成本费用。

【附件1】工资表参见表4-1。

【附件2】社保和公积金计提表如表4-3所示。

【会计凭证】记账凭证如表4-4所示。

➤ 3. 计提公积金

【经济业务3】

20××年1月15日，计提员工住房公积金8 877元。

【附件1】工资表参见表4-1。

【附件2】社保和公积金计提表参见表4-3。

【会计凭证】记账凭证如表4-5所示。

【解析】见【经济业务1】解析。

编制单位：天津森研致和商贸有限公司

表 4－1　工资表

20××年1月15日

单位：元

部门	姓名	工资、补贴、补助、奖金						收入合计	社会保险（单位）						社会保险（个人）					公积金	个人所得税	扣款合计	实发工资
		工资	外出补贴	交通补贴	通信补贴	奖金	其他补助		养老	医疗	失业	工伤	生育	合计	养老	医疗	失业	大额救助	合计				
管理部门	崔连	10 500.00						10 500.00	1 680.00	1 050.00	52.50	21.00	52.50	2 856.00	840.00	210.00	52.50	260.00	1 362.50	1 155.00	89.48	2 606.98	7 893.02
管理部门	刘力卓	10 200.00						10 200.00	1 632.00	1 020.00	51.00	20.40	51.00	2 774.40	816.00	204.00	51.00	260.00	1 331.00	1 122.00	82.41	2 535.41	7 664.59
管理部门	戴瑞旺	9 800.00						9 800.00	1 568.00	980.00	49.00	19.60	49.00	2 665.60	784.00	196.00	49.00	260.00	1 289.00	1 078.00	72.99	2 439.99	7 360.01
销售部门	刘伟	7 600.00						7 600.00	1 216.00	760.00	38.00	15.20	38.00	2 067.20	608.00	152.00	38.00	260.00	1 058.00	836.00	21.18	1 915.18	5 684.82
销售部门	高峡	7 800.00						7 800.00	1 248.00	780.00	39.00	15.60	39.00	2 121.60	624.00	156.00	39.00	260.00	1 079.00	858.00	25.89	1 962.89	5 837.11
销售部门	王哲	5 800.00						5 800.00	928.00	580.00	29.00	11.60	29.00	1 577.60	464.00	116.00	29.00	260.00	869.00	638.00		1 507.00	4 293.00
财务部门	刘洪波	5 700.00						5 700.00	912.00	570.00	28.50	11.40	28.50	1 550.40	456.00	114.00	28.50	260.00	858.50	627.00		1 485.50	4 214.50
财务部门	付强旭	5 100.00						5 100.00	816.00	510.00	25.50	10.20	25.50	1 387.20	408.00	102.00	25.50	260.00	795.50	561.00		1 356.50	3 743.50
采购部门	艾雪	4 800.00						4 800.00	768.00	480.00	24.00	9.60	24.00	1 305.60	384.00	96.00	24.00	260.00	764.00	528.00		1 292.00	3 508.00
采购部门	白佳艳	4 600.00						4 600.00	736.00	460.00	23.00	9.20	23.00	1 251.20	368.00	92.00	23.00	260.00	743.00	506.00		1 249.00	3 351.00
仓库	孙春英	4 500.00						4 500.00	720.00	450.00	22.50	9.00	22.50	1 224.00	360.00	90.00	22.50	260.00	732.50	495.00		1 227.50	3 772.50
仓库	王玉良	4 300.00						4 300.00	688.00	430.00	21.50	8.60	21.50	1 169.60	344.00	86.00	21.50	260.00	711.50	473.00		1 184.50	3 115.50
合计		80 700.00						80 700.00	12 912.00	8 070.00	403.50	161.40	403.50	21 950.40	6 456.00	1 614.00	403.50	3 120.00	11 593.50	8 877.00	291.95	20 762.45	59 937.55

审核：戴瑞旺　　　　制表：刘洪波

表 4-2　记账凭证

20××年 01 月 15 日　　　　　　　凭证号（记）　　0012（1/1）

摘要	科目编号及名称	借方金额	贷方金额	
计提工资	660101 销售费用——职工薪酬	30 600.00		附件1张
计提工资	660201 管理费用——职工薪酬	50 100.00		
计提工资	221101 应付职工薪酬——工资		80 700.00	
合计	捌万零柒佰元整	80 700.00	80 700.00	

会计主管 戴瑞旺　　　　记账 刘洪波　　　　复核 刘洪波　　　　出纳 付强旭

表 4-3　社保和公积金计提表

编制单位：天津森研致和商贸有限公司　　　　　　　　　　　　　单位：元

部门	姓名	社保费（个人）	社保费（公司）	公积金（个人）	公积金（公司）
管理部门	崔连	1 362.50	2 856.00	1 155.00	1 155.00
	刘力卓	1 331.00	2 774.40	1 122.00	1 122.00
	戴瑞旺	1 289.00	2 665.60	1 078.00	1 078.00
财务部门	刘洪波	858.50	1 550.40	627.00	627.00
	付强旭	795.50	1 387.20	561.00	561.00
仓库	孙春英	732.50	1 224.00	495.00	495.00
	王玉良	711.50	1 169.60	473.00	473.00
销售部门	刘伟	1 058.00	2 067.20	836.00	836.00
	高峡	1 079.00	2 121.60	858.00	858.00
	王哲	869.00	1 577.60	638.00	638.00
采购部门	艾雪	764.00	1 305.60	528.00	528.00
	白佳艳	743.00	1 251.20	506.00	506.00
合计		11 593.50	21 950.40	8 877.00	8 877.00

财务主管：戴瑞旺　　　　出纳：付强旭　　　　制表：刘洪波

表 4-4　记账凭证

20××年 01 月 15 日　　　　　　　凭证号（记）　　0014（1/1）

摘要	科目编号及名称	借方金额	贷方金额	
计提社保	660201 管理费用——职工薪酬	13 627.20		附件2张
计提社保	660101 销售费用——职工薪酬	8 323.20		
计提社保	221103 应付职工薪酬——社会保险费		21 950.40	
合计	贰万壹仟玖佰伍拾元肆角	21 950.40	21 950.40	

会计主管 戴瑞旺　　　　记账 刘洪波　　　　复核 刘洪波　　　　出纳 付强旭

表 4 - 5　记账凭证

20××年 01 月 15 日　　　　　　　　凭证号（记）　　0014（1/1）

摘要	科目编号及名称	借方金额	贷方金额	
计提公积金	660201 管理费用——职工薪酬	5 511.00		附件2张
计提公积金	660101 销售费用——职工薪酬	3 366.00		
计提公积金	221104 应付职工薪酬——住房公积金		8 877.00	
合计	捌仟捌佰柒拾柒元整	8 877.00	8 877.00	

会计主管 戴瑞旺　　　　　记账 刘洪波　　　　　复核 刘洪波　　　　　出纳 付强旭

➤ 4. 计提工会经费

【经济业务 4】

20××年 1 月 15 日，计提工会经费 1 614 元。

【附件】工会经费计提明细表如表 4 - 6 所示。

【会计凭证】记账凭证如表 4 - 7 所示。

表 4 - 6　工会经费计提明细表

编制单位：天津森研致和商贸有限公司　　　　　20××年 01 月 15 日　　　　　　　单位：元

计提期间	工会经费		
	管理费用	制造费用	生产成本
20××/01/01—20××/01/31	1 614.00		

审核：戴瑞旺　　　　　　　　　　　　　　　　　　制表：刘洪波

表 4 - 7　记账凭证

20××年 01 月 15 日　　　　　　　　凭证号（记）　　0019（1/1）

摘要	科目编号及名称	借方金额	贷方金额	
计提工会经费	660201 管理费用——职工薪酬	1 614.00		附件1张
计提工会经费	221105 应付职工薪酬——工会经费		1 614.00	
合计	壹仟陆佰壹拾肆元整	1 614.00	1 614.00	

会计主管 戴瑞旺　　　　　记账 刘洪波　　　　　复核 刘洪波　　　　　出纳 付强旭

【解析】

《企业会计准则应用指南——会计科目和主要账务处理》规定，应负担员工的工会经费，借记"管理费用"或"销售费用"科目，贷记"应付职工薪酬"科目。

➤ 5. 计提折旧

【经济业务 5】

20××年 1 月 31 日，计提本月折旧。

【附件】固定资产计提折旧表如表 4 - 8 所示。

编制单位：天津森研致和商贸有限公司

表 4-8　固定资产计提折旧表

20××年01月31日

单位：元

序号	品名	数量	入账时间	折旧年限	原值	净残值率	月折旧额	已提折旧	已提减值准备	净值	折旧方法	折旧到期月	使用部门
1	打印机	1	20××年12月02日	5	3 200.00	0.062 5	50.00	1 850.00		1 350.00	年限平均法	20××-12	管理部门
2	电脑	5	20××年02月05日	3	20 000.00	0.175	458.33	5 041.63		14 958.37	年限平均法	20××-02	管理部门
合计		6			23 200.00		508.33	6 891.63		16 308.37			

审核：戴瑞旺　　　　制表：刘洪波

【会计凭证】记账凭证如表 4-9 所示。

表 4-9　记账凭证

20××年 01 月 31 日　　　　　　凭证号（记）　0029 (1/1)

摘要	科目编号及名称	借方金额	贷方金额	
计提折旧	660204 管理费用——固定资产折旧费	508.33		附件1张
计提折旧	160202 累计折旧——打印机		50.00	
计提折旧	160201 累计折旧——电脑		458.33	
合计	伍佰零捌元叁角叁分	508.33	508.33	

会计主管 戴瑞旺　　　　记账 刘洪波　　　　复核 刘洪波　　　　出纳 付强旭

【解析】

《企业会计准则应用指南——会计科目和主要账务处理》规定，按期（月）计提固定资产的折旧，借记"制造费用""销售费用""管理费用""研发支出""其他业务成本"等科目，贷记"累计折旧"科目。该企业固定资产全部为管理部门使用，故所计提折旧全部计入管理费用。

➤ **6. 计提税金及附加**

【经济业务 6】

20××年 1 月 31 日，计提本月附加税。

【附件】税金及附加计提表如表 4-10 所示。

【会计凭证】记账凭证如表 4-11 所示。

表 4-10　税金及附加计提表

编制单位：天津森研致和商贸有限公司　　　　20××年 01 月 31 日　　　　　　单位：元

计税金额 ＼ 计税依据		增值税
城市维护建设税	计税金额	6 657.98
	税率	0.07
	应纳税额	466.06
教育费附加	计征金额	6 657.98
	征收率	0.03
	应纳金额	199.74
地方教育附加	计征金额	6 657.98
	征收率	0.02
	应纳金额	133.16
防洪工程维护费	计征金额	6 657.98
	征收率	0.01
	应纳金额	66.58
合计		865.54

审核：戴瑞旺　　　　　　制表：刘洪波

表 4 - 11　记账凭证

20××年 01 月 31 日　　　　　凭证号（记）　0031 (1/1)

摘要	科目编号及名称	借方金额	贷方金额	
计提附加税费	6403 税金及附加	865.54		附件1张
计提城市维护建设税	222114 应交税费——应交城市维护建设税		466.06	
计提教育费附加	222120 应交税费——应交教育费附加		199.74	
计提地方教育费附加	222125 应交税费——应交地方教育费附加		133.16	
计提防洪费	222126 应交税费——应交防洪费		66.58	
合计	捌佰陆拾伍元伍角肆分	865.54	865.54	

会计主管 戴瑞旺　　　　记账 刘洪波　　　　复核 刘洪波　　　　出纳 付强旭

【解析】

《企业会计准则应用指南——会计科目和主要账务处理》规定，企业按规定计算确定的与经营活动相关的税费，借记"税金及附加"科目，贷记"应交税费"科目。

> 7. 计提房租

【经济业务7】

20××年 1 月 31 日，摊销本月房租。

【附件】费用摊销表如表 4 - 12 所示。

【会计凭证】记账凭证如表 4 - 13 所示。

表 4 - 12　费用摊销表

编制单位：天津森研致和商贸有限公司　　　　20××年 01 月 31 日　　　　　单位：元

项目名称	期限	摊销总额	期初摊销额	本月摊销额	累计摊销额	期末余额
房租费	1 年	40 800.00		3 400.00	3 400.00	37 400.00

审核：戴瑞旺　　　　　　制表：刘洪波

表 4 - 13　记账凭证

20××年 01 月 31 日　　　　　凭证号（记）　0028 (1/1)

摘要	科目编号及名称	借方金额	贷方金额	
摊销房租费	660203 管理费用——房租	3 400.00		附件1张
摊销房租费	112316 预付账款——房租		3 400.00	
合计	叁仟肆佰元整	3 400.00	3 400.00	

会计主管 戴瑞旺　　　　记账 刘洪波　　　　复核 刘洪波　　　　出纳 付强旭

【解析】

《企业会计准则应用指南——会计科目和主要账务处理》规定，发生的办公费、水电费、房租费等，借记"管理费用"科目，贷记"银行存款""预付账款"等科目。

▶▶▶ （二）缴纳类

"缴纳"是"履行义务或被强制交纳"的意思，缴纳是被动的，一般指向国家缴纳，可以是缴纳税金、罚款、滞纳金等。

> **1. 缴纳工会经费**

【经济业务8】

20×1年1月15日，缴纳上季度工会经费。

【附件】中国工商银行电子缴税付款凭证如图4-1所示。

【会计凭证】记账凭证如表4-14所示。

ICBC 🏦 中国工商银行　　　　凭　证

中国工商银行电子缴税付款凭证　　　NO. 1200860217

转账日期：20×1年01月15日　　　　　　　　　凭证字号：04271695

| 纳税人全称及纳税人识别号：天津森研致和科技有限公司 | 911201023286038510 |

付款人全称：天津森研致和科技有限公司

付款人账号：0302011251462087642　　　　　征收机关名称：国家税务总局天津市河东区税务局
付款人开户银行：中国工商银行天津新开路支行　　收款国库（银行）名称：国家金库天津市河东区支库（代理）
小写（合计）金额：¥4 842.00　　　　　　　　缴款书交易流水号：201642011750
大写（合计）金额：肆仟捌佰肆拾贰元整　　　　　税票号码：09410253

税（费）种名称	所属日期	实缴金额（单位：元）
工会经费	20×0-10-01 — 20×0-12-31	¥4 842.00

（中国工商银行天津新开路支行 自助回单机专用章 （001））

第　1　次打印　　　　　　　　　　　　打印时间：20×1年01月15日

客户回单联　　　　验证码：　　　　　　　　　复核 李卫青　　　记账 孙楠

图4-1　中国工商银行电子缴税付款凭证

表4-14　记账凭证

20×1年01月15日　　　　凭证号（记）　0011（1/1）

摘要	科目编号及名称	借方金额	贷方金额	
实际缴纳工会经费	221105 应付职工薪酬——工会经费	4 842.00		附
实际缴纳工会经费	100201 银行存款——基本户——中国工商银行天津新开路支行——642		4 842.00	件 2 张
合计	肆仟捌佰肆拾贰元整	4 842.00	4 842.00	

会计主管 戴瑞旺　　　记账 刘洪波　　　复核 刘洪波　　　出纳 付强旭

【解析】

《企业会计准则应用指南——会计科目和主要账务处理》规定，支付工会经费和职工教育经费用于工会活动和职工培训，借记"应付职工薪酬"科目，贷记"银行存款"等科目。

➢ **2. 缴纳上月税费**

【经济业务9】

20××年1月15日，缴纳上月税费，以银行存款付讫。

【附件1】 中国工商银行电子缴税付款凭证（一）如图4-2所示。

【附件2】 中国工商银行电子缴税付款凭证（二）如图4-3所示。

【会计凭证】 记账凭证如表4-15、表4-16所示。

ICBC 图 中国工商银行　　　　　凭 证

中国工商银行电子缴税付款凭证　　　　NO.1200381452

转账日期：20×1年01月15日　　　　　　　　　　　凭证字号：09038475

纳税人全称及纳税人识别号：天津森研致和商贸有限公司	911201023286038510

付款人全称：天津森研致和商贸有限公司

付款人账号：0302011251462087642　　　　　征收机关名称：国家税务总局天津市河东区税务局

付款人开户银行：中国工商银行天津新开路支行　　收款国库（银行）名称：国家金库天津市河东区支库（代理）

小写（合计）金额：￥934.36　　　　　　　　缴款书交易流水号：201642011750

大写（合计）金额：玖佰叁拾肆元叁角陆分　　　税票号码：04938617

税（费）种名称	所属日期	实缴金额（单位：元）
城市维护建设税	20×0-12-01 — 20×0-12-31	￥503.12
教育费附加	20×0-12-01 — 20×0-12-31	￥215.62
地方教育费附加	20×0-12-01 — 20×0-12-31	￥143.75
防洪费	20×0-12-01 — 20×0-12-31	￥71.87

第　1　次打印　　　　　　　　　　　　　打印时间：20×1年01月15日

客户回单联　　　　验证码：　　　　　　　复核　李卫青　　　记账　孙楠

图4-2　中国工商银行电子缴税付款凭证（一）

ICBC 🔁 中国工商银行　　　凭证

中国工商银行电子缴税付款凭证　　　NO. 1200473901

转账日期：20×1 年01月15日　　　　　　　　　　　　　凭证字号：05694073

纳税人全称及纳税人识别号：天津森研致和商贸有限公司　　911201023286038510

付款人全称：天津森研致和商贸有限公司

付款人账号：0302011251462087642　　　　　　征收机关名称：国家税务总局天津市河东区税务局
付款人开户银行：中国工商银行天津新开路支行　　收款国库（银行）名称：国家金库天津市河东区支库（代理）
小写（合计）金额：¥38.70　　　　　　　　　　缴款书交易流水号：201642011750
大写（合计）金额：叁拾捌元柒角　　　　　　　　税票号码：04938617

税（费）种名称	所属日期	实缴金额（单位：元）
印花税	20×0-12-01 — 20×0-12-31	¥ 38.70

第 1 次打印　　　　　　　　　　　　　　　打印时间：20×1 年01月15日

客户回单联　　　验证码：　　　　　　　　　复核 李卫青　　　记账 孙楠

图4-3 中国工商银行电子缴税付款凭证（二）

表4-15 记账凭证

20×1年01月15日　　　　　　凭证号（记） 0008（1/2）

摘要	科目编号及名称	借方金额	贷方金额	
申报缴纳税费	222114 应交税费——应交城市维护建设税	503.12		附件2张
申报缴纳税费	222120 应交税费——应交教育费附加	215.62		
申报缴纳税费	222125 应交税费——应交地方教育费附加	143.75		
申报缴纳税费	222126 应交税费——应交防洪费	71.87		
申报缴纳税费	222122 应交税费——应交印花税	38.70		
申报缴纳税费	100201 银行存款——基本户——中国工商银行天津新开路支行——642		934.36	
合计				

会计主管 戴瑞旺　　　记账 刘洪波　　　复核 刘洪波　　　出纳 付强旭

表 4 - 16　记账凭证

20×1 年 01 月 15 日　　　　凭证号（记）　0008 （2/2）

摘要	科目编号及名称	借方金额	贷方金额	
申报缴纳税费	100201 银行存款——基本户——中国工商银行天津新开路支行——642		38.70	附件2张
合计	玖佰柒拾叁元零陆分	973.06	973.06	

会计主管 戴瑞旺　　　记账 刘洪波　　　复核 刘洪波　　　出纳 付强旭

【解析】

《企业会计准则应用指南——会计科目和主要账务处理》规定，实际缴纳各种税费时，借记"应交税费"科目，贷记"银行存款"等科目。

➤ 3. 缴纳社会保险

【经济业务 10】

20××年 1 月 15 日，缴纳社会保险费。

【附件 1】天津市社会保险基金专用收据如图 4 - 4 所示。

【附件 2】转账支票存根如图 4 - 5 所示。

【会计凭证】记账凭证如表 4 - 17 所示。

图 4 - 4　天津市社会保险基金专用收据

图 4-5 转账支票存根

表 4-17 记账凭证

20××年 01 月 15 日 凭证号（记） 0015（1/1）

摘要	科目编号及名称	借方金额	贷方金额	
缴纳社会保险	221103 应付职工薪酬——社会保险费	21 950.40		
缴纳社会保险	224103 其他应付款——社保（个人）	11 593.50		
缴纳社会保险	100201 银行存款——基本户——中国工商银行天津新开路支行——642		33 543.90	附件 2 张
合计	叁万叁仟伍佰肆拾叁元玖角	33 543.90	33 543.90	

会计主管 戴瑞旺　　　　记账 刘洪波　　　　复核 刘洪波　　　　出纳 付强旭

【解析】

（1）《企业会计准则应用指南——会计科目和主要账务处理》规定，按照国家有关规定缴纳社会保险费和住房公积金，借记"应付职工薪酬"科目，贷记"银行存款"科目。

（2）《企业会计准则应用指南——会计科目和主要账务处理》规定，企业（保险）应交纳的保险保障基金，通过"其他应付款"科目核算。

➢ 4. 缴纳公积金

【经济业务 11】

20××年 1 月 15 日，缴纳住房公积金。

【附件】中国工商银行业务回单（付款）凭证如图 4-6 所示。

【会计凭证】记账凭证如表 4-18 所示。

凭证

业务回单（付款）

回单编号：03128745

日期：20××年01月15日

付款人户名：天津森研致和商贸有限公司
付款人账号（卡号）：0302011251462087642
收款人户名：天津市住房公积金管理中心
收款人账号（卡号）：
金额：壹万柒仟柒佰伍拾肆元整
业务（产品）种类：转账　　凭证种类：000000000
摘要：缴纳住房公积金　　用途：
交易机构：102110000285　记账柜员：00010　交易代码：61932075

付款人开户行：工商银行天津新开路支行
收款人开户行：

小写：¥17 754.00
凭证号码：00000000000000000
币种：人民币
渠道：中间业务后台方式

本回单为第2次打印，注意重复　　打印日期：20××年01月15日　　打印柜员：9　　验证码：1200708362

图 4-6　中国工商银行业务回单（付款）凭证

表 4-18　记账凭证

20××年 01 月 15 日　　　　　　凭证号（记）　0017（1/1）

摘要	科目编号及名称	借方金额	贷方金额	
缴纳公积金	221104 应付职工薪酬——住房公积金	8 877.00		附件1张
缴纳公积金	224104 其他应付款——公积金（个人）	8 877.00		
缴纳公积金	100201 银行存款——基本户——中国工商银行天津新开路支行——642		17 754.00	
合计	壹万柒仟柒佰伍拾肆元整	17 754.00	17 754.00	

会计主管 戴瑞旺　　　　记账 刘洪波　　　　复核 刘洪波　　　　出纳 付强旭

【解析】

（1）见【经济业务 10】解析（1）。

（2）见【经济业务 10】解析（2）。

➢ 5. 缴纳水电费

【经济业务 12】

20××年 1 月 18 日，支付本月水费 144.77 元，电费 434.62 元，款项已以现金支付。

【附件1】水费增值税专用发票如图4-7所示。

【附件2】电费增值税专用发票如图4-8所示。

【附件3】水费付款申请单如图4-9所示。

【附件4】电费付款申请单如图4-10所示。

【会计凭证】记账凭证如表4-19所示。

图4-7　水费增值税专用发票

图4-8　电费增值税专用发票

付款申请单

付款单编号：02906514　　　　　　　　　　　　　　　　申请日期：20××年01月18日

款项用途	支付水费			
付款依据 （合同名称/合同号）	SYXH-2016-0002	开票情况	□未开票　☑已开票　□其他	
付款金额	人民币（大写）壹佰肆拾肆元柒角柒分		人民币（小写）¥144.77	
支付方式	□支票　☑银行转账　□现金　□其他			
收款单位	天津市自来水公司	收款单位开户行	中国工商银行天津奥园支行	
收款账号	12006691101805104510	联系电话	022-23316986	

经手人：付强旭　　　　　财务经理：戴瑞旺　　　　　总经理：刘力卓

图4-9　水费付款申请单

付款申请单

付款单编号：03985621　　　　　　　　　　　　　　　　申请日期：20××年01月18日

款项用途	支付电费			
付款依据 （合同名称/合同号）	SYXH-2016-0002	开票情况	□未开票　☑已开票　□其他	
付款金额	人民币（大写）肆佰叁拾肆元陆角贰分		人民币（小写）¥434.62	
支付方式	□支票　☑银行转账　□现金　□其他			
收款单位	国网天津市电力公司滨海供电分公司	收款单位开户行	中国建设银行股份有限公司天津海洋高新技术开发区支行	
收款账号	12065690022447530917	联系电话	022-25208608	

经手人：付强旭　　　　　财务经理：戴瑞旺　　　　　总经理：刘力卓

图4-10　电费付款申请单

表4-19　记账凭证

20××年01月18日　　　　　　　　凭证号（记）　0021（1/1）

摘要	科目编号及名称	借方金额	贷方金额
支付水电费	660202 管理费用——水电费	517.44	
支付水电费	22210101 应交税费——应交增值税——进项税额	61.95	
支付水电费	1001 库存现金		579.39
合计	伍佰柒拾玖元叁角玖分	579.39	579.39

附件4张

会计主管 戴瑞旺　　　　记账 刘洪波　　　　复核 刘洪波　　　　出纳 付强旭

【解析】

（1）《企业会计准则应用指南——会计科目和主要账务处理》规定，企业发生的办公费、水电费、业务招待费、聘请中介机构费、咨询费、诉讼费、技术转让费、研究费用，借记"管理费用"科目，贷记"银行存款""研发支出"等科目。

（2）依据《国务院关于废止〈中华人民共和国营业税暂行条例〉和修改〈中华人民共和国增值税暂行条例〉的规定》（国务院令691号）、《财政部、税务总局关于调整增值税税率的通知》（财税〔2018〕32号）、《财政部税务总局海关总署关于深化增值税有关政策的公告》（财政部、税务总局、海关总署2019年第39号）的规定，纳税人销售自来水税率为9%。

> ➤ 6. 缴纳上季度企业所得税

【经济业务13】

20×1年1月12日，缴纳上年第四季度企业所得税1 032.62元，以银行存款支付。

【附件】中国工商银行电子缴税付款凭证如图4-11所示。

【会计凭证】记账凭证如表4-20所示。

ICBC 中国工商银行　凭证

中国工商银行电子缴税付款凭证　NO. 1200068421

转账日期：20×1年01月12日　　　　　　　　　　　　　凭证字号：06219580

纳税人全称及纳税人识别号： 天津森研致和商贸有限公司　911201023286038510	

付款人全称：天津森研致和商贸有限公司
付款人账号：0302011251462087642　　　　征收机关名称：国家税务总局天津市河东区税务局
付款人开户银行：中国工商银行天津新开路支行　　收款国库（银行）名称：国家金库天津市河东区支库（代理）
小写（合计）金额：¥1 032.62　　　　　　　缴款书交易流水号：28739561
大写（合计）金额：壹仟零叁拾贰元陆角贰分　　税票号码：00953861

税（费）种名称　　　　　　所属日期　　　　　　　　　实缴金额（单位：元）
企业所得税　　　　20×0-10-01 － 20×0-12-31　　　　　¥1 032.62

第　1　次打印　　　　　　　　　　　　　　打印时间：20×1年01月12日

客户回单联　　　验证码：Z072695　　　　　复核 李卫青　　　记账 孙楠

图4-11　中国工商银行电子缴税付款凭证

表 4-20　记账凭证

20×1 年 01 月 12 日　　　　　　凭证号（记）　0007（1/1）

摘要	科目编号及名称	借方金额	贷方金额	
缴纳企业所得税	222112 应交税费——应交企业所得税	1 032.62		附件1张
缴纳企业所得税	100201 银行存款——基本户——中国工商银行天津新开路支行——642		1 032.62	
合计	壹仟零叁拾贰元陆角贰分	1 032.62	1 032.62	

会计主管 戴瑞旺　　　　记账 刘洪波　　　　复核 刘洪波　　　　出纳 付强旭

【解析】

见【经济业务 9】解析。

▶▶▶ （三）结转类

➤ 1. 结转本月主营业务成本

【经济业务 14】

20××年 1 月 31 日，结转本月主营业务成本。

【附件】库存商品结转主营业务成本明细表如表 4-21、表 4-22 所示。

【会计凭证】记账凭证如表 4-23、表 4-24 所示。

表 4-21　库存商品结转主营业务成本明细表（一）

编制单位：天津森研致和商贸有限公司　20××年 01 月 31 日　　　　　　单位：元

产品名称	期初库存商品		本期转入库存商品		本期销售库存商品		月末库存	
	数量	金额	数量	金额	数量	金额	数量	金额
按摩椅	6	48 720.00	50	406 000.00	20	162 400.00	36	292 320.00
按摩垫	150	76 800.00	50	25 600.00	90	46 080.00	110	56 320.00
沙发椅	15	24 375.00			10	16 250.00	5	8 125.00
空气净化器			80	231 920	50	144 950.00	30	86 970.00
合计	171	149 895.00	180	663 520.00	170	369 680.00	181	443 735.00

审核：戴瑞旺　　　　　　　　　　　　制表：刘洪波

表 4-22　库存商品结转主营业务成本明细表（二）

编制单位：天津森研致和商贸有限公司　20××年 01 月 31 日　　　　　　单位：元

产品名称	期初库存商品		本期转入库存商品		本期销售库存商品		月末库存	
	数量	金额	数量	金额	数量	金额	数量	金额
变频冷暖空调			90	252 000.00	50	140 000.00	40	112 000.00
可调节跳绳	2 000	150 000.00			500	37 500.00	1 500	112 500.00
多门变频电冰箱	100	900 000.00			20	180 000.00	80	720 000.00
合计	2 100	1 050 000.00	90	252 000.00	570	357 500.00	1 620	944 500.00

审核：戴瑞旺　　　　　　　　　　　　制表：刘洪波

表 4 - 23　记账凭证

20××年 01 月 31 日　　　　　　　凭证号（记）　0033（1/2）

摘要	科目编号及名称	汇率\币种 单价\单位	外币 数量	借方金额	贷方金额	
结转成本	6401 主营业务成本	0.00 0.00	0.00 0.00	727 180.00		附件2张
结转成本	140501 库存商品——按摩椅	0.00 8 120.00	0.00 20.00		162 400.00	
结转成本	140502 库存商品——按摩垫	0.00 512.00	0.00 90.00		46 080.00	
结转成本	140503 库存商品——沙发椅	0.00 1 625.00	0.00 10.00		16 250.00	
结转成本	140505 库存商品——空气净化器	0.00 2 899.00	0.00 50.00		144 950.00	
结转成本	140506 库存商品——变频冷暖空调	0.00 2 800.00	0.00 50.00		140 000.00	
合计						

会计主管 戴瑞旺　　　　记账 刘洪波　　　　复核 刘洪波　　　　出纳 付强旭

表 4 - 24　记账凭证

20××年 01 月 31 日　　　　　　　凭证号（记）　0033（2/2）

摘要	科目编号及名称	汇率\币种 单价\单位	外币 数量	借方金额	贷方金额	
结转成本	140507 库存商品——可调节跳绳	0.00 75.00	0.00 500.00		37 500.00	附件2张
结转成本	140510 库存商品——多门变频电冰箱	0.00 9 000.00	0.00 20.00		180 000.00	
合计	柒拾贰万柒仟壹佰捌拾元整			727 180.00	727 180.00	

会计主管 戴瑞旺　　　　记账 刘洪波　　　　复核 刘洪波　　　　出纳 付强旭

【解析】

《企业会计准则应用指南——会计科目和主要账务处理》规定，期（月）末企业应根据本期（月）销售各种商品、提供各种劳务等实际成本，计算应结转的主营业务成本，借记"主营业务成本"科目，贷记"库存商品""劳务成本"等科目。

➤ 2. 结转本月未交增值税

【经济业务 15】

20××年 1 月 31 日，转出本月未交增值税。

【附件】月末增值税结转表如表 4 - 25 所示。

【会计凭证】记账凭证如表 4 - 26 所示。

表 4 - 25　月末增值税结转表

20××年 01 月 31 日　　　　　　　　　　　　　　　　单位：元

结转理由	应转出		应转入	
	会计科目	金额	会计科目	金额
未交	(22210104) 应交税费——应交增值税——转出未交增值税	3 393.95	(222119) 未交增值税	3 393.95

会计主管：戴瑞旺　　　　　　　审核：戴瑞旺　　　　　　　制表：刘洪波

表 4 - 26　记账凭证

20××年 01 月 31 日　　　　　　凭证号（记）　0030（1/1）

摘要	科目编号及名称	借方金额	贷方金额	
转出当月未交增值税额	22210104 应交税费——应交增值税——转出未交增值税	3 393.95		附件1张
转出当月未交增值税额	222119 应交税费——未交增值税		3 393.95	
合计	叁仟叁佰玖拾叁元玖角伍分	3 393.95	3 393.95	

会计主管 戴瑞旺　　　　记账 刘洪波　　　　复核 刘洪波　　　　出纳 付强旭

【解析】

《企业会计准则应用指南——会计科目和主要账务处理》规定，"未交增值税"明细科目，核算一般纳税人月度终了从"应交增值税"或"预交增值税"明细科目转入当月应交未交、多交或预交的增值税额，以及当月缴纳以前期间未交的增值税额。月度终了，企业应当将当月应交未交或多交的增值税自"应交增值税"明细科目转入"未交增值税"明细科目。对于当月应交未交的增值税，借记"应交税费——应交增值税（转出未交增值税）"科目，贷记"应交税费——未交增值税"科目；对于当月多交的增值税，借记"应交税费——未交增值税"科目，贷记"应交税费——应交增值税（转出多交增值税）"科目。

➤ 3. 结转各项收入

【经济业务 16】

20××年 1 月 31 日，结转各项收入利得。

【附件】本期损益结转表如表 4 - 27 所示。

【会计凭证】记账凭证如表 4 - 28 所示。

表 4 - 27　本期损益结转表

20×× 年 01 月 31 日　　　　　　　　　　　　　　　　　　　　单位：元

结转理由	应转出		应转入	
	会计科目	金额	会计科目	金额
将本期收入、收益结转到本年利润	（6001）主营业务收入	1 051 350.00	（4103）本年利润	1 051 350.00
本期的本年利润贷方余额				1 051 350.00

会计主管：戴瑞旺　　　　　　审核：戴瑞旺　　　　　　　　制表：刘洪波

表 4 - 28　记账凭证

20×× 年 01 月 31 日　　　　　　　　凭证号（记）　0036（1/1）

摘要	科目编号及名称	借方金额	贷方金额	
结转各项收入利得	6001 主营业务收入	1 051 350.00		附件1张
结转各项收入利得	4103 本年利润		1 051 350.00	
合计	壹佰零伍万壹仟叁佰伍拾元整	1 051 350.00	1 051 350.00	

会计主管 戴瑞旺　　　　记账 刘洪波　　　　复核 刘洪波　　　　出纳 付强旭

【解析】

《企业会计准则应用指南——会计科目和主要账务处理》规定，期末，应将"主营业务收入""其他业务收入"及"营业外收入"等收入类科目余额转入"本年利润"科目，结转后这些科目无余额。

➤ 4. 结转各项成本费用

【经济业务 17】

20×× 年 1 月 31 日，结转各项成本费用。

【附件】本期损益结转表如表 4 - 29 所示。

【会计凭证】记账凭证如表 4 - 30、表 4 - 31 所示。

表 4 - 29　本期损益结转表

20×× 年 01 月 31 日　　　　　　　　　　　　　　　　　　　　单位：元

结转理由	应转出		应转入	
	会计科目	金额	会计科目	金额
将本期成本、费用结转到本年利润	（6401）主营业务成本	714 680.00	（4103）本年利润	833 056.33
	（660101）销售费用——职工薪酬	42 289.20		
	（660201）管理费用——职工薪酬	70 852.20		
	（660303）财务费用——利息费用	−269.69		
	（6403）税金及附加	848.85		

续表

结转理由	应转出		应转入	
	会计科目	金额	会计科目	金额
将本期成	(660102) 销售费用——交通费	230.00		
本、费用	(660202) 管理费用——水电费	517.44		
结转到本	(660203) 管理费用——房租	3 400.00		
年利润	(660204) 管理费用——固定资产折旧费	508.33		
本期的本年				−833 056.33

会计主管：戴瑞旺　　　　　　审核：戴瑞旺　　　　　　制表：刘洪波

表 4-30　记账凭证

20××年 01 月 31 日　　　　　凭证号（记）　0035（1/2）

摘要	科目编号及名称	借方金额	贷方金额
结转各项成本费用损失	4103 本年利润	833 056.33	
结转各项成本费用损失	660303 财务费用——利息费用		−269.69
结转各项成本费用损失	6401 主营业务成本		714 680.00
结转各项成本费用损失	660101 销售费用——职工薪酬		42 289.20
结转各项成本费用损失	660201 管理费用——职工薪酬		70 852.20
结转各项成本费用损失	660102 销售费用——交通费		230.00
合计			

附件 1 张

会计主管 戴瑞旺　　　记账 刘洪波　　　复核 刘洪波　　　出纳 付强旭

表 4-31　记账凭证

20××年 01 月 31 日　　　　　凭证号（记）　0035（2/2）

摘要	科目编号及名称	借方金额	贷方金额
结转各项成本费用损失	660202 管理费用——水电费		517.44
结转各项成本费用损失	660203 管理费用——房租		3 400.00
结转各项成本费用损失	660204 管理费用——固定资产折旧		508.33
结转各项成本费用损失	6403 税金及附加		848.85
合计	捌拾叁万叁仟零伍拾陆元叁角叁分	833 056.33	833 056.33

附件 1 张

会计主管 戴瑞旺　　　记账 刘洪波　　　复核 刘洪波　　　出纳 付强旭

【解析】

《企业会计准则应用指南——会计科目和主要账务处理》规定，期末，应将"主营业务成本""其他业务成本""销售费用""管理费用""财务费用""税金及附加"及"营业外成本"等成本费用类科目余额转入"本年利润"科目，结转后这些科目无余额。

▶▶▶　（四）其他业务

➤ 1. 发放工资

【经济业务 18】

20××年 1 月 15 日，实际支付员工工资并计提社保和代扣代缴员工个人所得税，款项通过银行存款支付。

【附件 1】工资表参见表 4-1。

【**附件 2**】转账支票存根如图 4－12 所示。

【**会计凭证**】记账凭证如表 4－32 所示。

图 4－12　转账支票存根

表 4－32　记账凭证

20××年 01 月 15 日　　　　　　　　　凭证号（记）0013（1/1）

摘要	科目编号及名称	借方金额	贷方金额	
发放工资	221101 应付职工薪酬——工资	80 700.00		附件2张
发放工资	100201 银行存款——基本户——中国工商银行天津新开路支行——642		59 937.55	
发放工资	222118 应交税费——应交个人所得税		219.95	
发放工资	224103 其他应付款——社保（个人）		11 593.50	
发放工资	224104 其他应付款——公积金（个人）		8 877.00	
合计	捌万零柒佰元整	80 700.00	80 700.00	

会计主管 戴瑞旺　　　记账 刘洪波　　　复核 刘洪波　　　出纳 付强旭

【**解析**】

《企业会计准则应用指南——会计科目和主要账务处理》规定，企业向职工支付工资、奖金、津贴、福利费等，从应付职工薪酬中扣还的各种款项（代垫的家属药费、个人所得税等）等，借记"应付职工薪酬"科目，贷记"银行存款""库存现金""其他应收款""应交税费——应交个人所得税"等科目。

➤ **2. 取备用金**

【**经济业务 19**】

20××年 1 月 1 日，从银行提取现金 2 000 元作为备用金。

【**附件**】现金支票存根如图 4－13 所示。

【**会计凭证**】记账凭证如表 4－33 所示。

图 4-13　现金支票存根

表 4-33　记账凭证

20××年 01 月 01 日　　　　　　　　凭证号（记）0001（1/1）

摘要	科目编号及名称	借方金额	贷方金额	
取备用金现金支票 675#	1001 库存现金	2 000.00		附件 1 张
取备用金现金支票 675#	100201 银行存款——基本户——中国工商银行天津新开路支行——642		2 000.00	
合计	贰仟元整	2 000.00	2 000.00	

会计主管　戴瑞旺　　　　记账　刘洪波　　　　复核　刘洪波　　　　出纳　付强旭

【解析】

《企业会计准则应用指南——会计科目和主要账务处理》规定，企业内部有各部门周转使用的备用金的，可单独设置"备用金"科目进行核算。提取备用金时，借记"库存现金"科目，贷记"银行存款"科目。

【经济业务 20】

20××年 1 月 31 日，销售部王哲暂借款 2 000 元。

【附件】借款单如图 4-14 所示。

【会计凭证】记账凭证如表 4-34 所示。

【解析】

《企业会计准则应用指南——会计科目和主要账务处理》规定，单位内部各部门或工作人员因零星开支、零星采购等需要预借备用金时，一般应由经办人填写借款凭证。对于借用的备用金，会计上可以通过"其他应收款——备用金"账户来核算。支付备用金时，借记"其他应收款"科目，贷记"库存现金"科目。

借款单

单位：天津森研致和商贸有限公司　　　　　　　　日期：20××年 01 月 31 日

部门	销售部	经手人	王哲
用款方式	☑ 现金　　□ 支票　　□ 电汇　　□ 其他		
用途	差旅费		
借款金额（大写）	贰仟元整	借款金额（小写）	￥2 000.00
总经理	刘力卓	财务经理	戴瑞旺

核算：刘洪波　　　　　会计：刘洪波　　　　领款人：王哲

图 4-14　借款单

表 4-34　记账凭证

20××年 01 月 31 日　　　　　　　　　凭证号（记）0027（1/1）

摘要	科目编号及名称	借方金额	贷方金额	
差旅费借款	122103 其他应收款——王哲	2 000.00		附件1张
差旅费借款	1001 库存现金		2 000.00	
合计	贰仟元整	2 000.00	2 000.00	

会计主管 戴瑞旺　　　　　记账 刘洪波　　　　　复核 刘洪波　　　　　出纳 付强旭

▶▶▶ （五）商品进销差价的处理

【经济业务21】

20××年1月初，企业库存成人踏步机的进价成本为 60 000 元，售价成本为 96 000 元。20××年1月2日，向天津乐购生活购物有限公司购入成人踏步机 200 台，进价成本为 40 000 元，商品验收入库，售价总额为 64 000 元。

【附件1】商品验收单如图 4-15 所示。

商品验收单

供货单位：天津乐购生活购物有限公司　　　　验收日期：20××年 01 月 02 日
收货部门：仓库　　　　　　　　　　　　　　　　　　　　　　　金额单位：元

商品类别	品名	进价				含税售价				进销差价
		单位	数量	单价	金额	单位	数量	单价	金额	
01	成人踏步机	台	200	200.00	40 000.00	台	200.00	361.60	72 320.00	24 000.00
合计			200	200.00	40 000.00		200	361.60	72 320.00	24 000.00

收货人：孙春英　　　　审核：戴瑞旺　　　　制单：刘洪波

图 4-15　商品验收单

【附件2】中国工商银行业务回单（付款）凭证如图 4－16 所示。

【附件3】增值税专用发票如图 4－17 所示。

ICBC 中国工商银行

凭证

业务回单（付款）

日期：20××年01月02日

回单编号：04901867

付款人户名：天津森研致和商贸有限公司
付款人账号（卡号）：0302011251462087642
收款人户名：天津乐购生活购物有限公司
收款人账号（卡号）：220000000000001
金额：肆万伍仟贰佰元整
业务（产品）种类：跨行发报　　凭证种类：000000000
摘要：支付货款　　　　　　用途：
交易机构：0030200150　　记账柜员：00099　　交易代码：52093
附言：支付货款
支付交易序号：24387676　报文种类：小额客户发起普通贷记业务
业务类型（种类）：普通汇兑

付款人开户行：中国工商银行天津新开路支行
收款人开户行：中国农业银行天津榕苑路支行

小写：￥45 200.00
凭证号码：0000000000000000
币种：人民币

委托日期：20××-01-02

本回单为第1次打印，注意重复　　打印日期：20××年01月02日　　打印柜员：9　　验证码：124DC42B2008

图 4－16　中国工商银行业务回单（付款）凭证

天津增值税专用发票

1200739420

No 21398675

1200739420
21398675

开票日期：20××年01月02日

购买方	名　称：天津森研致和商贸有限公司 纳税人识别号：911201023286038510 地址、电话：河东区新开路15号　　　　022-24320511 开户行及账号：中国工商银行天津新开路支行　0302011251462087642	密码区	059634766</3/-4761>><9>>828 /><8+81*5<<29371-++2/-74/** *2662/4375>76</7/-16753>99< >*+9>010-/1<126182>5+984403

货物或应税劳务、服务名称	规格型号	单位	数量	单价	金　额	税率	税　额
*体育用品*成人踏步机	KSD-903	台	200	200.00	40 000.00	13%	5 200.00
合　　计					￥40 000.00		￥5 200.00

价税合计（大写）　⊗肆万伍仟贰佰元整　　　　　　　　　　（小写）￥45 200.00

销售方	名　称：天津乐购生活购物有限公司 纳税人识别号：911201067730000010T 地址、电话：天津市和平区梅江商贸中心　　022-12654378 开户行及账号：中国农业银行天津榕苑路支行　220000000000001	备注	

收款人：许云　　　　复核：田依云　　　　开票人：武鸿　　　　销售方：（章）

图 4－17　天津增值税专用发票

【会计凭证】记账凭证如表 4－35 所示。

表4-35　记账凭证

20××年01月02日　　　　　　　　　　凭证号（记）0002（1/1）

摘要	科目编号及名称	汇率\币种 单价\单位	外币 数量	借方金额	贷方金额	
售价法采购	140508 库存商品——成人踏步机	0.00 320.00	0.00 200.00	64 000.00		附件3张
售价法采购	22210101 应交税费——应交增值税 ——进项税额	0.00 0.00	0.00 0.00	5 200.00		
售价法采购	100201 银行存款——基本户——中 国工商银行天津新开路支行——642	0.00 0.00	0.00 0.00		45 200.00	
售价法采购	1407 商品进销差价	0.00 0.00	0.00 0.00		24 000.00	
合计	陆万玖仟贰佰元整			69 200.00	69 200.00	

会计主管 戴瑞旺　　　　记账 刘洪波　　　　复核 刘洪波　　　　出纳 付强旭

【解析】

《企业会计准则应用指南——会计科目和主要账务处理》规定，购入商品采用售价核算的，在商品到达验收入库后，按商品售价，借记"库存商品"科目，按商品进价，贷记"银行存款""在途物资"等科目，按商品售价与进价的差额，贷记"商品进销差价"科目。

【经济业务22】

20××年1月10日，向天津海河中学销售可调节跳绳500条，销售单价为75元/条，向对方开具增值税专用发票，货款合计37 500元，增值税4 875元，货款已收到。

【附件1】天津增值税专用发票如图4-18所示。

图4-18　天津增值税专用发票

【附件2】中国工商银行业务回单（收款）凭证如图4-19所示。

ICBC 中国工商银行　　凭证

业务回单（收款）

日期：20××年01月10日　　回单编号：01278406

付款人户名：天津海河中学　　付款人开户行：中国银行天津琼州道支行
付款人账号（卡号）：800108327656001444　　收款人开户行：中国工商银行天津新开路支行
收款人户名：天津森研致和商贸有限公司
收款人账号（卡号）：0302011251462087642
金额：肆万贰仟叁佰柒拾伍元整　　小写：¥42 375.00
业务（产品）种类：跨行收报　　凭证种类：000000000　　凭证号码：0000000000000000
摘要：货款　　用途：　　币种：人民币
交易机构：0030200150　　记账柜员：00023　　交易代码：52093　　渠道：其他
附言：货款
支付交易序号：24387678　　报文种类：　　委托日期：20××-01-10
业务类型（种类）：

中国工商银行天津新开路支行 自助回单机专用章 <001>

本回单为第1次打印，注意重复　　打印日期：20××年01月10日　　打印柜员：9　　验证码：124DC42B2009

图4-19　中国工商银行业务回单（收款）凭证

【附件3】销售出库单如图4-20所示。

销售出库单

客户名称：天津海河中学　　联系电话：022-23391721　　No. 20××011000011
客户地址：天津市河西区南京路5号　　制单日期：20××年01月10日

序号	批号	品名/规格	单位	数量	单价	金额	有效期	备注
01		可调节跳绳	条	500	75	37 500.00		
总额(大写)：叁万柒仟伍佰元整				总额（小写）：¥37 500.00				

天津森研致和商贸有限公司 送货专用章

制单：王玉良　　库管：王玉良　　业务：刘洪波　　复核：孙春英　　经理审核：刘力卓　　客户验收：王顺

图4-20　销售出库单

【会计凭证】记账凭证如表4-36所示。

【解析】

《企业会计准则应用指南——会计科目和主要账务处理》规定，企业销售商品或提供劳务实现的收入，应按实际收到或应收的金额，借记“银行存款”“应收账款”“应收票据”等科目，按确认的营业收入，贷记“主营业务收入”科目。

表 4-36 记账凭证

20××年 01 月 10 日 凭证号（记）0004（1/1）

摘要	科目编号及名称	借方金额	贷方金额	
收入实现	100201 银行存款——基本户——中国工商银行天津新开路支行——642	42 375.00		附件3张
收入实现	6001 主营业务收入		37 500.00	
收入实现	22210106 应交税费——应交增值税——销项税额		4 875.00	
合计	肆万贰仟叁佰柒拾伍元整	42 375.00	42 375.00	

会计主管 戴瑞旺　　　　记账 刘洪波　　　　复核 刘洪波　　　　出纳 付强旭

【经济业务 23】

20××年 1 月 31 日，调整商品销售成本。

【附件】已销商品进销差价计算表如表 4-37 所示。

【会计凭证】记账凭证如表 4-38 所示。

【解析】

《企业会计准则应用指南——会计科目和主要账务处理》规定，采用售价核算的，还应结转应分摊的商品进销差价，借记"商品进销差价"科目，贷记"主营业务成本"科目。

表 4-37 已销商品进销差价计算表

20××年 01 月 31 日 单位：元

商品类别 (1)	月末分配前的"商品进销差价"余额 (2)	月末"库存商品"余额 (3)	本月商品销售成本 (4)	商品进销差价率(5)=(2)/［(3)+(4)］	已销商品应分摊的商品进销差价 (6)=(4)*(5)	月末库存商品进销差价 (7)=(3)*(5)
可调节跳绳	50 000.00	112 500.00	37 500.00	33.33%	12 500.00	37 500.00
合计	50 000.00	112 500.00	37 500.00	133.33%	12 500.00	37 500.00

审核：戴瑞旺　　　　　　　　　　　　　　　　　　　　　　制表：刘洪波

表 4-38 记账凭证

20××年 01 月 31 日 凭证号（记）0034（1/1）

摘要	科目编号及名称	借方金额	贷方金额	
期末分摊已销商品进销差价	1407 商品进销差价	12 500.00		附件1张
期末分摊已销商品进销差价	6401 主营业务成本	-12 500.00		
合计	零元整	0.00	0.00	

会计主管 戴瑞旺　　　　记账 刘洪波　　　　复核 刘洪波　　　　出纳 付强旭

▶▶▶ （六）一月份科目余额表

一月份科目余额表如表 4-39 所示。

表4-39　科目余额表

编制单位：天津森研致和商贸有限公司　　20××年01月31日　　余额单位：元

科目编号	科目名称	年初余额 方向	年初余额 金额余额	期初余额 方向	期初余额 金额余额	本期发生 借方金额	本期发生 贷方金额	本年累计 借方金额	本年累计 贷方金额	期末余额 方向	期末余额 金额余额
1001	库存现金	借	6 241.93	借	6 241.93	2 000.00	2 809.39	2 000.00	2 809.39	借	5 432.54
1002	银行存款	借	2 333 056.88	借	2 333 056.88	672 619.69	765 023.14	672 619.69	765 023.14	借	2 240 653.43
1122	应收账款	借	182 460.00	借	182 460.00	515 675.50	0	515 675.50	0	借	698 135.50
1123	预付账款	平	0	平	0	40 800.00	3 400.00	40 800.00	3 400.00	借	37 400.00
1221	其他应收款	平	0	平	0	2 000.00	0	2 000.00	0	借	2 000.00
1405	库存商品	借	1 617 895.00	借	1 617 895.00	1 020 520.00	727 180.00	1 020 520.00	727 180.00	借	1 911 235.00
1407	商品进销差价	贷	176 000.00	贷	176 000.00	12 500.00	24 000.00	12 500.00	24 000.00	贷	187 500.00
1601	固定资产	借	23 200.00	借	23 200.00	0	0	0	0	借	23 200.00
1602	累计折旧	贷	6 383.30	贷	6 383.30	0	508.33	0	508.33	贷	6 891.63
2202	应付账款	贷	700 990.00	贷	700 990.00	0	534 038.00	0	534 038.00	贷	1 235 028.00
2211	应付职工薪酬	贷	120 275.28	贷	120 275.28	116 369.40	113 141.40	116 369.40	113 141.40	贷	117 047.28
2221	应交税费	贷	10 444.09	贷	10 444.09	147 119.59	141 210.25	147 119.59	141 210.25	贷	4 534.75
2241	其他应付款	贷	20 470.50	贷	20 470.50	20 470.50	20 470.50	20 470.50	20 470.50	贷	20 470.50
4001	实收资本（股本）	贷	1 800 000.00	贷	1 800 000.00	0	0	0	0	贷	1 800 000.00
4103	本年利润	平	0	平	0	833 056.33	1 051 350.00	833 056.33	1 051 350.00	贷	218 293.67
4104	利润分配	贷	1 328 290.64	贷	1 328 290.64	0	0	0	0	贷	1 328 290.64
6001	主营业务收入	平	0	平	0	1 051 350.00	1 051 350.00	1 051 350.00	1 051 350.00	平	0
6401	主营业务成本	平	0	平	0	714 680.00	714 680.00	714 680.00	714 680.00	平	0
6403	税金及附加	平	0	平	0	848.85	848.85	848.85	848.85	平	0
6601	销售费用	平	0	平	0	42 519.20	42 519.20	42 519.20	42 519.20	平	0
6602	管理费用	平	0	平	0	75 277.97	75 277.97	75 277.97	75 277.97	平	0
6603	财务费用	平	0	平	0	269.69	269.69	269.69	269.69	平	0
	合计	借： 贷：	4 162 853.81 4 162 853.81	借： 贷：	4 162 853.81 4 162 853.81	5 267 537.34	5 267 537.34	5 267 537.34	5 267 537.34	借： 贷：	4 918 056.47 4 918 056.47

审核：戴瑞旺　　制表：刘洪波

▶▶▶ （七）一月份资产负债表

一月份资产负债表如表4-40所示。

表4-40　资产负债表

编制单位：天津森研致和商贸有限公司　　　　　　20××年01月31日　　　　　　　　　单位：元

资产	期末余额	上年年末余额	负债和所有者权益（或股东权益）	期末余额	上年年末余额
流动资产			流动负债		
货币资金	2 246 085.97	2 339 298.81	短期借款	0.00	0.00
以公允价值计量且其变动计入当期损益的金融资产	0.00	0.00	以公允价值计量且其变动计入当期损益的金融负债	0.00	0.00
衍生金融资产	0.00	0.00	衍生金融负债	0.00	0.00
应收票据	0.00	0.00	应付票据	0.00	0.00
应收账款	698 135.50	182 460.00	应付账款	1 235 028.00	700 990.00
预付款项	37 400.00	0.00	预收款项	0.00	0.00
其他应收款	0.00	0.00	应付职工薪酬	117 047.28	120 275.28
存货	1 723 735.00	1 441 895.00	应交税费	4 534.75	10 444.09
持有待售资产	0.00	0.00	其他应付款	20 470.50	20 470.50
一年内到期的非流动资产	0.00	0.00	持有待售负债	0.00	0.00
其他流动资产	0.00	0.00	一年内到期的非流动负债	0.00	0.00
流动资产合计	4 707 356.47	3 963 653.81	其他流动负债	0.00	0.00
非流动资产：	0.00	0.00	流动负债合计	1 377 080.53	852 179.87
可供出售金融资产	0.00	0.00	非流动负债：	0.00	0.00
持有至到期投资	0.00	0.00	长期借款	0.00	0.00
长期应收款	0.00	0.00	应付债券	0.00	0.00
长期股权投资	0.00	0.00	其中：优先股	0.00	0.00
投资性房地产	0.00	0.00	永续债	0.00	0.00
固定资产	16 308.37	16 816.70	长期应付款	0.00	0.00
在建工程	0.00	0.00	预计负债	0.00	0.00
生产性生物资产	0.00	0.00	递延收益	0.00	0.00
油气资产	0.00	0.00	递延所得税负债	0.00	0.00
无形资产	0.00	0.00	其他非流动负债	0.00	0.00
开发支出	0.00	0.00	非流动负债合计	0.00	0.00
商誉	0.00	0.00	负债合计	1 377 080.53	852 179.87
长期待摊费用	0.00	0.00	所有者权益（或股东权益）：	—	0.00

续表

资产	期末余额	上年年末余额	负债和所有者权益（或股东权益）	期末余额	上年年末余额
递延所得税资产	0.00	0.00	实收资本（或股本）	1 800 000.00	1 800 000.00
其他非流动资产	0.00	0.00	其他权益工具	0.00	0.00
非流动资产合计	16 308.37	16 816.70	其中：优先股	0.00	0.00
			永续债	0.00	0.00
			资本公积	0.00	0.00
			减：库存股	0.00	0.00
			其他综合收益	0.00	0.00
			专项储备	0.00	0.00
			盈余公积	0.00	0.00
			未分配利润	1 546 584.31	1 328 209.64
			所有者权益（或股东权益）合计	3 346 584.31	3 128 290.64
资产合计	4 723 664.84	3 980 470.51	负债和所有者权益（或股东权益）总计	4 723 664.84	3 980 470.51

审核：戴瑞旺　　　　　　　　　　制表：刘洪波

▶▶▶ （八）一月份利润表

一月份利润表如表 4-41 所示。

表 4-41　利润表

编制单位：天津森研致和商贸有限公司　　　　20××年 01 月 31 日　　　　单位：元

项　目	本期金额	上期金额
一、营业收入	1 051 350.00	—
减：营业成本	714 680.00	—
税金及附加	848.85	—
销售费用	42 519.20	—
管理费用	75 277.97	—
研发费用	—	—
财务费用	−269.69	—
其中：利息费用		—
利息收入		—
加：其他收益	—	—
投资收益（损失以"—"号填列）	—	—
其中：对联营企业和合营企业的投资收益	—	—
公允价值变动收益（损失以"—"号填列）	—	—
资产减值损失（损失以"—"号填列）	—	—
资产处置收益（损失以"—"号填列）	—	—
二、营业利润（亏损以"—"号填列）	218 293.67	—
加：营业外收入	—	—

续表

项　目	本期金额	上期金额
减：营业外支出	—	—
三、利润总额（亏损总额以"—"号填列）	218 293.67	—
减：所得税费用	—	—
四、净利润（净亏损以"—"号填列）	218 293.67	—
（一）持续经营净利润（净亏损以"—"号填列）		
（二）终止经营净利润（净亏损以"—"号填列）		
五、其他综合收益的税后净额		
（一）不能重分类进损益的其他综合收益		
1.重新计量设定受益计划变动额		
2.权益法下不能转损益的其他综合收益		
……		
（二）将重分类进损益的其他综合收益		
1.权益法下可转损益的其他综合收益		
2.可供出售金融资产公允价值变动损益		
3.持有至到期投资重分类为可供出售金融资产损益		
4.现金流量套期损益的有效部分		
5.外币财务报表折算差额		
……		
六、综合收益总额		
七、每股收益：		
（一）基本每股收益		
（二）稀释每股收益		

审核：戴瑞旺　　　　　　　　　制表：刘洪波

二、二月份会计业务处理

▶▶▶ （一）支付银行账户管理费

【经济业务 24】

20××年2月1日，支付银行账户管理费360元。

【附件】中国工商银行收费凭证（手续费）如图4-21所示。

【会计分录】如下：

借：财务费用——手续费　　　　　　　　　　　　　　　　360
　　贷：银行存款——基本户——中国工商银行天津新开路支行（642）　360

【解析】

《企业会计准则应用指南——会计科目和主要账务处理》规定，财务费用核算企业为筹集生产经营所需资金等而发生的筹资费用，包括利息支出（减利息收入）、汇兑损益以及相关的手续费、企业发生的现金折扣或收到的现金折扣等。企业发生的财务费用，借记"财务费用"科目，贷记"银行存款"科目。

▶▶▶ （二）购买支票

【经济业务 25】

20××年2月10日，购买现金支票手续费15元，款从账上划走。

中国工商银行 收费凭证
INDUSTRIAL AND COMMERCIAL BANK OF CHINA

20××年02月01日　　　　　　　序号：05895623

付款人户名	天津森研致和商贸有限公司				
付款人户名	0302011251462087642		开户行名称	中国工商银行天津新开路支行	
业务种类	中间业务				
收 费 项 目	收费基数	费 率	交 易 量	交 易 金 额	收 费 金 额
银行账户管理费					360.00
金额（大写）	叁佰陆拾元整				
日期		序号	交易码	币种	
金额 ¥360.00		编号	主管 赵春平	柜员 孙楠	

制票：靳东　复核：李卫青

图 4-21　中国工商银行收费凭证（手续费）

【附件1】中国工商银行收费凭证（工本费）如图 4-22 所示。

ICBC **中国工商银行** 收费凭证
INDUSTRIAL AND COMMERCIAL BANK OF CHINA

20××年02月10日

户　　名	天津森研致和商贸有限公司			账　号	0302011251462087642	
收费项目		数量	单价	工本费	手续费	邮电费
转账支票						
现金支票					15	
金 额 合 计					¥15.00	

金额合计（大写）	壹拾伍元整	亿	千	百	十	万	千	百	十	元	角	分
								¥	1	5	0	0

图 4-22　中国工商银行收费凭证（工本费）

【会计分录】如下：

借：财务费用——手续费 15

  贷：银行存款——基本户——中国工商银行天津新开路支行（642） 15

【解析】

《企业会计准则应用指南——会计科目和主要账务处理》规定，财务费用核算企业为筹集生产经营所需资金等而发生的筹资费用，包括利息支出（减利息收入）、汇兑损益以及相关的手续费、企业发生的现金折扣或收到的现金折扣等。企业发生的财务费用，借记"财务费用"科目，贷记"银行存款"科目。

▶▶▶ （三）购买印花税票

【经济业务 26】

20××年2月1日，购入印花税票共计50元。（计提业务）

【附件】中华人民共和国印花税票销售凭证如图4-23所示。

中 华 人 民 共 和 国
印 花 税 票 销 售 凭 证

（141）津销 01928760

填发日期：20××年 02 月 01 日   税务机关：国家税务总局天津市河东区税务局

纳税人识别号	911201023286038510		纳税人名称	天津森研致和商贸有限公司	
面 额 种 类	品 目 名 称		数 量	金 额	
印花税票（5元） 印花税票（10元） 印花税票（50元） 印花税票（100元）	明细账本贴花		10	50.00	
金额合计	（大写）伍拾元整			¥50.00	
税务机关（盖章） 业务专用章（01）	代售单位（盖章）	填 票 人 丁红	备注 （141）津销01928760 电子税票号码：915630478243206785		

第一联（收据）购买单位作报销凭证

妥 善 保 管

图4-23 中华人民共和国印花税票销售凭证

【会计分录】如下：

借：税金及附加 50

  贷：应交税费——应交印花税 50

【解析】

《财政部关于印发〈增值税会计处理规定〉的通知》规定，全面试行营业税改征增值税后，"营业税金及附加"科目名称调整为"税金及附加"科目，该科目核算企业经营活动发生的消费税、城市维护建设税、资源税、教育费附加及房产税、土地使用税、车船使用税、印花税等相关税费。计提时，借记"税金及附加"科目，贷记"应交税费——应交印花税"科目。

【经济业务 27】

20××年 2 月 1 日，购入印花税票共计 50 元。

【附件】中华人民共和国印花税票销售凭证如图 4－24 所示。

中华人民共和国
印花税票销售凭证

(141) 津销 05693241

填发日期：20××年　02 月 01 日　　　税务机关：国家税务总局天津市河东区税务局

纳税人识别号	911201023286038510		纳税人名称	天津森研致和商贸有限公司	
面　额　种　类		品　目　名　称	数　　量	金　　额	
印花税票（5元） 印花税票（10元） 印花税票（50元） 印花税票（100元）		明细账本贴花	10	50.00	
金额合计	（大写）伍拾元整			¥50.00	
税 务 机 关 （盖章） 业务专用章 （01）	代 售 单 位 （盖章）	填 票 人 丁红	备注　(141) 津销05693241 电子税票号码：968753420152817604		

妥 善 保 管

图 4－24　中华人民共和国印花税票销售凭证

右侧竖排：第一联（收据）购买单位作报销凭证

【会计分录】如下：

借：应交税费——应交印花税　　　　　　　　　　　　　　　50

　　贷：库存现金　　　　　　　　　　　　　　　　　　　　　　　50

【解析】

《企业会计准则应用指南——会计科目和主要账务处理》规定，企业实际缴纳印花税时，借记"应交税费——应交印花税"科目，贷记"库存现金"或"银行存款"科目。

▶▶▶ ┌ **（四）二月份科目余额表** ┐

二月份科目余额表如表 4－42 所示。

编制单位：天津森研致和商贸有限公司

表 4－42 科目余额表

20××年02月28日　　余额单位：元

科目编号	科目名称	年初余额 方向	年初余额 金额余额	期初余额 方向	期初余额 金额余额	本期发生 借方金额	本期发生 贷方金额	本年累计 借方金额	本年累计 贷方金额	期末余额 方向	期末余额 金额余额
1001	库存现金	借	6 241.93	借	5 432.54	0.00	2 389.39	2 000.00	5 198.78	借	3 043.15
1002	银行存款	借	2 333 056.88	借	2 240 653.43	660 838.00	692 006.44	1 333 457.69	1 457 029.58	借	2 209 484.99
1122	应收账款	借	182 460.00	借	698 135.50	0.00	89 510	515 675.50	89 510	借	608 625.50
1123	预付账款	平	0	借	37 400	1 200.00	3 400.00	42 000.00	6 800.00	借	35 200.00
1221	其他应收款	平	0	借	2 000	0.00	0	2 000.00	0	借	2 000.00
1405	库存商品	借	1 617 895.00	借	1 911 235.00	1 625 690.00	326 600.00	2 646 210.00	1 053 780.00	借	3 210 325.00
1407	商品进销差价	贷	176 000.00	贷	187 500.00	6 000.00	15 000.00	18 500.00	39 000.00	贷	196 500.00
1601	固定资产	借	23 200.00	借	23 200.00	0	0	0	0	借	23 200.00
1602	累计折旧	贷	6 383.30	贷	6 891.63	0	508.33	0	1 016.66	贷	7 399.96
2202	应付账款	贷	700 990.00	贷	1 235 028.00	0	1 245 147.00	0	1 779 185.00	贷	2 480 175.00
2211	应付职工薪酬	贷	120 275.28	贷	117 047.28	111 527.40	113 141.40	227 896.80	226 282.80	贷	118 661.28
2221	应交税费	贷	10 444.09	贷	4 534.75	214 068.10	66 338.76	361 187.69	207 549.01	借	143 194.59
2241	其他应付款	贷	20 470.50	贷	20 470.50	17 350.50	17 350.50	37 821.00	37 821.00	贷	20 470.50
4001	实收资本（股本）	贷	1 800 000.00	贷	1 800 000.00	0	0	0	0	贷	1 800 000.00
4103	本年利润	平	0	平	218 293.67	440 317.82	505 600.00	1 273 374.15	1 556 950.00	贷	283 575.85
4104	利润分配	贷	1 328 290.64	贷	1 328 290.64	0	0	0	0	贷	1 328 290.64
6001	主营业务收入	平	0	平	0	505 600.00	505 600.00	1 556 950.00	1 556 950.00	平	0
6401	主营业务成本	平	0	平	0	320 600.00	320 600.00	1 035 280.00	1 035 280.00	平	0
6403	税金及附加	平	0	平	0	262.35	262.35	1 111.2	1 111.2	平	0
6601	销售费用	平	0	平	0	43 274.20	43 274.20	85 793.40	85 793.40	平	0
6602	管理费用	平	0	平	0	75 806.27	75 806.27	151 084.24	151 084.24	平	0
6603	财务费用	平	0	平	0	375	375	105.31	105.31	平	0
	合计	借：	4 162 853.81	借：	4 918 056.47	4 022 909.64	4 022 909.64	9 290 446.98	9 290 446.98	借：	6 235 073.23
		贷：	4 162 853.81	贷：	4 918 056.47					贷：	6 235 073.23

审核：戴瑞旺　　制表：刘洪波

▶▶▶ （五）二月份资产负债表

二月份资产负债表如表4-43所示。

表4-43　资产负债表

编制单位：天津森研致和商贸有限公司　　　　　　　20××年01月31日　　　　　　　　单位：元

资产	期末余额	上年年末余额	负债和所有者权益（或股东权益）	期末余额	上年年末余额
流动资产			流动负债		
货币资金	2 212 528.14	2 339 298.81	短期借款	0.00	0.00
以公允价值计量且其变动计入当期损益的金融资产	0.00	0.00	以公允价值计量且其变动计入当期损益的金融负债	0.00	0.00
衍生金融资产	0.00	0.00	衍生金融负债	0.00	0.00
应收票据	0.00	0.00	应付票据	0.00	0.00
应收账款	608 625.50	182 460.00	应付账款	2 480 175.00	700 990.00
预付款项	35 200.00	0.00	预收款项	0.00	0.00
其他应收款	2 000.00	0.00	应付职工薪酬	118 661.28	120 275.28
存货	3 013 825.00	1 441 895.00	应交税费	−143 194.59	10 444.09
持有待售资产	0.00	0.00	其他应付款	20 470.50	20 470.50
一年内到期的非流动资产	0.00	0.00	持有待售负债	0.00	0.00
其他流动资产	0.00	0.00	一年内到期的非流动负债	0.00	0.00
流动资产合计	5 872 178.64	3 963 653.81	其他流动负债	0.00	0.00
非流动资产：	0.00	0.00	流动负债合计	2 476 112.19	852 179.87
可供出售金融资产	0.00	0.00	非流动负债：	0.00	0.00
持有至到期投资	0.00	0.00	长期借款	0.00	0.00
长期应收款	0.00	0.00	应付债券	0.00	0.00
长期股权投资	0.00	0.00	其中：优先股	0.00	0.00
投资性房地产	0.00	0.00	永续债	0.00	0.00
固定资产	15 800.04	16 816.70	长期应付款	0.00	0.00
在建工程	0.00	0.00	预计负债	0.00	0.00
生产性生物资产	0.00	0.00	递延收益	0.00	0.00
油气资产	0.00	0.00	递延所得税负债	0.00	0.00
无形资产	0.00	0.00	其他非流动负债	0.00	0.00
开发支出	0.00	0.00	非流动负债合计	0.00	0.00
商誉	0.00	0.00	负债合计	2 476 112.19	852 179.87
长期待摊费用	0.00	0.00	所有者权益（或股东权益）：	—	0.00

续表

资产	期末余额	上年年末余额	负债和所有者权益 （或股东权益）	期末余额	上年年末 余额
递延所得税 资产	0.00	0.00	实收资本（或 股本）	1 800 000.00	1 800 000.00
其他非流动 资产	0.00	0.00	其他权益工具	0.00	0.00
非流动资产合计	15 800.04	16 816.70	其中：优先股	0.00	0.00
			永续债	0.00	0.00
			资本公积	0.00	0.00
			减：库存股	0.00	0.00
			其他综合收益	0.00	0.00
			专项储备	0.00	0.00
			盈余公积	0.00	0.00
			未分配利润	1 611 866.49	1 328 209.64
			所有者权益（或股 东权益）合计	3 411 866.49	3 128 290.64
资产合计	5 887 978.68	3 980 470.51	负债和所有者权益 （或股东权益）总计	5 887 978.68	3 980 470.51

审核：戴瑞旺　　　　　　　　　　制表：刘洪波

▶▶▶ （六）二月份利润表

二月份利润表如表 4 - 44 所示。

表 4 - 44　利润表

编制单位：天津森研致和商贸有限公司　　　　　20××年 02 月 28 日　　　　　单位：元

项　目	本期金额	上期金额
一、营业收入	1 556 950.00	—
减：营业成本	1 035 280.00	—
税金及附加	1 111.20	—
销售费用	85 793.40	—
管理费用	151 084.24	—
研发费用	—	—
财务费用	105.31	—
其中：利息费用	—	—
利息收入	—	—
加：其他收益		
投资收益（损失以"—"号填列）	—	—
其中：对联营企业和合营企业的投资收益	—	—
公允价值变动收益（损失以"—"号填列）	—	—
资产减值损失（损失以"—"号填列）	—	—
资产处置收益（损失以"—"号填列）	—	—

续表

项　目	本期金额	上期金额
二、营业利润（亏损以"—"号填列）	283 575.85	—
加：营业外收入	—	—
减：营业外支出	—	—
三、利润总额（亏损总额以"—"号填列）	283 575.85	—
减：所得税费用	—	—
四、净利润（净亏损以"—"号填列）	283 575.85	—
（一）持续经营净利润（净亏损以"—"号填列）		
（二）终止经营净利润（净亏损以"—"号填列）		
五、其他综合收益的税后净额		
（一）不能重分类进损益的其他综合收益		
1. 重新计量设定受益计划变动额		
2. 权益法下不能转损益的其他综合收益		
……		
（二）将重分类进损益的其他综合收益		
1. 权益法下可转损益的其他综合收益		
2. 可供出售金融资产公允价值变动损益		
3. 持有至到期投资重分类为可供出售金融资产损益		
4. 现金流量套期损益的有效部分		
5. 外币财务报表折算差额		
……		
六、综合收益总额		
七、每股收益：		
（一）基本每股收益		
（二）稀释每股收益		

审核：戴瑞旺　　　　　　　　　　　　制表：刘洪波

三、三月份会计业务处理

▶▶▶ （一）上年企业所得税汇算清缴

【经济业务 28】

20×0 年度财务数据如下：

收入项目数据：取得销售收入 800 万元，出租房产收入 200 万元，无法支付的应付款转为营业外收入 90 万元，国债利息收入 10 万元。

成本项目数据：销售成本 480 万元。

费用项目数据：销售费用 200 万元（全部为广告费 200 万元），管理费用 220 万元：其中业务招待费为 20 万元，实发工资总额为 100 万元，支出的职工福利费为 44 万元，支付的职工教育经费为 12.5 万元，支付的法定社会保险费用为 37.5 万元，支付的商业性保险为 4 万元，支付的日常办公费用为 2 万元（无发票）；财务费用 10 万元（向老板借款100 万元，年息 10%，同期银行贷款利率 5%）；税金及附加 40 万元；营业外支出 50 万元：

其中通过公益性社会团体向贫困山区捐款 42 万元，支付经营合同违约金 6 万元，支付税收滞纳金 2 万元。上年度四个季度已经预缴企业所得税 65 000 元，无其他纳税调整因素。

20×1 年 3 月 31 日，对上年度所得税进行汇算清缴，补提企业所得税 516 250 元。

【附件】企业所得税计提表如表 4 - 45 所示。

表 4 - 45　企业所得税计提表

编制单位：天津森研致和商贸有限公司　　　　　20×1 年 03 月 31 日　　　　　单位：元

项目	利润总额	纳税调整		应纳税所得额	税率	应纳税所得额
		纳税调增	纳税调减			
汇算清缴补提所得税	1 000 000.00	1 425 000.00	100 000.00	2 325 000.00	25%	581 250.00

审核：戴瑞旺　　　　　　　　　　制表：刘洪波

【会计分录】如下：

借：以前年度损益调整　　　　　　　　　　　　　　　　　516 250
　　贷：应交税费——应交所得税　　　　　　　　　　　　　　516 250

【解析】

第一，计算 20×0 年度利润总额如下：

利润总额＝收入－费用
　　　　＝（800＋200＋90＋10）－（480＋200＋220＋10＋40＋50）
　　　　＝1 100－1 000＝100（万元）

第二，各项目纳税调整额分别如下：

扣除项目 1：广告费。

广告费允许扣除金额＝1 000×15%＝150（万元）
需要纳税调增的广告费＝账载金额－税收金额＝200－150＝50（万元）

政策参考：

（1）《中华人民共和国企业所得税法实施条例》（以下简称《企业所得税法实施条例》）第四十四条规定：企业发生的符合条件的广告费和业务宣传费支出，除国务院财政、税务主管部门另有规定外，不超过当年销售（营业）收入 15% 的部分，准予扣除；超过部分，准予在以后纳税年度结转扣除。

（2）计算扣除限额的基数。包括主营业务收入、其他业务收入和视同销售收入，不含营业外收入和投资收益。房地产开发企业销售未完工开发产品取得的收入，可以作为广告宣传费的基数，但开发产品完工会计核算转为销售收入时，已作为计算基数的未完工开发产品的销售收入不得重复计提广告费和业务宣传费。从事股权投资业务的企业从被投资企业所分配的股息、红利以及股权转让收入，可以作为计算扣除的基数。

（3）《财政部、国家税务总局关于广告费和业务宣传费支出税前扣除政策的通知》（财税〔2012〕48 号）规定：烟草企业的烟草广告费和业务宣传费支出，一律不得在计算应纳税所得额时扣除。

扣除项目 2：业务招待费。

业务招待费实际发生金额的 60%＝20×60%＝12（万元）
营业收入金额的 0.5%＝1 000×0.5%＝5（万元）

应以孰低为原则调整业务招待费扣除金额。

　　需要纳税调增的业务招待费＝账载金额－税收金额＝20－5＝15（万元）

政策参考：

（1）《企业所得税法实施条例》第四十三条规定：企业发生的与生产经营活动有关的业务招待费支出，按照发生额的60％扣除，但最高不得超过当年销售（营业）收入的5‰。

（2）对从事股权投资业务法人企业（包括集团公司总部、创业投资企业等），其从被投资企业所分配的股息、红利以及股权转让收入，可以按规定的比例计算业务招待费扣除限额。

（3）企业在筹建期间，发生的与筹办活动有关的业务招待费支出，可按实际发生额的60％计入企业筹办费，并按有关规定在税前扣除。

扣除项目3：工资薪金。

　　需要纳税调增的工资薪金金额＝账载金额－税收金额＝100－100＝0（万元）

政策参考：

（1）《企业所得税法实施条例》第三十四条规定：企业发生的合理的工资薪金支出，准予扣除。

（2）《企业所得税法实施条例》第九十六条规定：《企业所得税法》第三十条第（二）项所称企业安置残疾人员所支付的工资的加计扣除，是指企业安置残疾人员的，在按照支付给残疾职工工资据实扣除的基础上，按照支付给残疾职工工资的100％加计扣除。残疾人员的范围适用《中华人民共和国残疾人保障法》的有关规定。

扣除项目4：职工福利费。

　　职工福利费扣除限额按照工资薪金的14％计算＝100×14％＝14（万元）

　　需要纳税调增的福利费＝账载金额－税收金额＝44－14＝30（万元）

提醒：

从2008年1月1日起，福利费不得提前计提。

政策参考：

（1）《企业所得税法实施条例》第四十条规定：企业发生的职工福利费支出，不超过工资薪金总额14％的部分，准予扣除。

（2）企业发生的职工福利费，应该单独设置账册，进行准确核算。没有单独设置账册准确核算的，税务机关应责令企业在规定的期限内进行改正。逾期仍未改正的，税务机关可对企业发生的职工福利费进行合理的核定。

扣除项目5：职工教育经费。

　　职工教育经费扣除限额按照工资的8％计算＝100×8％＝8（万元）

　　需要纳税调增的职工教育经费＝账载金额－税收金额＝12.5－8＝4.5（万元）

政策参考：

根据《关于企业职工教育经费税前扣除政策的通知》（财税〔2018〕51号）的规定，自2018年1月1日起，企业发生的职工教育经费支出，不超过工资薪金总额8％的部分，准予在计算企业所得税应纳税所得额时扣除；超过部分，准予在以后纳税年度结转扣除。

扣除项目 6：法定社会保险。

需要纳税调增的法定社会保险费用＝账载金额－税收金额

$$＝37.5－37.5＝0（万元）$$

政策参考：

（1）《企业所得税法实施条例》第三十五条第一款规定，企业依照国务院有关主管部门或者省级人民政府规定的范围和标准为职工缴纳的基本养老保险费、基本医疗保险费、失业保险费、工伤保险费、生育保险费等基本社会保险费和住房公积金，准予扣除。

（2）《财政部、国家税务总局关于补充养老保险费、补充医疗保险费有关企业所得税政策问题的通知》（财税〔2009〕27号）规定：自2008年1月1日起，企业根据国家有关政策规定，为在本企业任职或者受雇的全体员工支付的补充养老保险费、补充医疗保险费，分别在不超过职工工资总额5%标准内的部分，在计算应纳税所得额时准予扣除；超过的部分，不予扣除。

扣除项目 7：人身意外商业保险。

需要纳税调增的商业保险费用＝账载金额－税收金额＝4－0＝4（万元）

提醒：

商业险不得抵扣增值税，也不得企业所得税税前扣除。

政策参考：

（1）《企业所得税法实施条例》第三十六条规定，除企业依照国家有关规定为特殊工种职工支付的人身安全保险费和国务院财政、税务主管部门规定可以扣除的其他商业保险费外，企业为投资者或者职工支付的商业保险费，不得扣除。

（2）《国家税务总局关于企业所得税有关问题的公告》（国家税务总局公告2016年第80号）规定，企业职工因公出差乘坐交通工具发生的人身意外保险费支出，准予企业在计算应纳税所得额时扣除。

国家有关特殊工种的保险规定：

《中华人民共和国保安服务管理条例》第二十条规定，保安从业单位应当根据保安服务岗位的风险程度为保安员投保意外伤害保险。

《中华人民共和国建筑法》第四十八条规定，建筑施工企业必须为从事危险作业的职工办理意外伤害保险，支付保险费。

《中华人民共和国煤炭法》第四十四条规定，煤矿企业应当依法为职工参加工伤保险缴纳工伤保险费。鼓励企业为井下作业职工办理意外伤害保险，支付保险费。

《高危行业企业安全生产费用财务管理暂行办法》第十八条规定，企业应当为从事高空、高压、易燃、易爆、剧毒、放射性、高速运输、野外、矿井等高危作业的人员办理团体人身意外伤害保险或个人意外伤害保险。

综合上述规定，特定行业所必须支付的商业保险可以在企业所得税前扣除。

扣除项目 8：白条费用。

需要纳税调增的其他费用＝账载金额－税收金额＝2－0＝2（万元）

扣除项目 9：利息费用。

需要纳税调增的利息费用＝账载金额－税收金额＝10－5＝5（万元）

政策参考：

企业向内部职工或其他人员借款的利息支出，其借款情况同时符合以下条件的，其利息支出在不超过按照金融企业同期同类贷款利率计算的数额的部分，根据《中华人民共和国企业所得税法》（以下简称《企业所得税法》）第八条及实施条例第二十七条规定，准予扣除：

（1）企业与个人之间的借贷是真实、合法、有效的，并且不具有非法集资目的或其他违反法律、法规的行为；

（2）企业与个人之间签订了借款合同。

综上，公司向职工借款并对职工支付利息，该笔利息支出符合上述规定的可以在企业所得税税前扣除。

扣除项目10：罚款、违约金、滞纳金。

　　需要纳税调增的违约金费用＝账载金额－税收金额＝6－6＝0（万元）

　　需要纳税调增的税收滞纳金＝账载金额－税收金额＝2－0＝2（万元）

注意：

经营性罚款、违约金可以税前扣除，但是行政性违约金、罚款不得税前扣除。

政策参考：

《企业所得税法》第八条规定，企业实际发生的与取得收入有关的、合理支出，包括成本、费用、税金、损失和其他支出，准予在计算应纳税所得额时扣除。另《企业所得税法》第十条第四款规定，"罚金、罚款和被没收财物的损失"属于行政处罚范畴，不得在税前扣除。

扣除项目11：公益性捐赠。

　　公益性捐赠扣除限额按照利润的12%计算＝100×12%＝12（万元）

　　需要纳税调增的公益性捐赠费用＝账载金额－税收金额
　　　　　　　　＝42－100×12%＝30（万元）

政策参考：

（1）《企业所得税法实施条例》第五十三条规定：企业发生的公益性捐赠支出，不超过年度利润总额12%的部分，准予扣除。

（2）非公益性捐赠不得扣除，应作纳税调增。

以上纳税调增金额合计：142.5万元。

（3）本年度应纳税所得额。

　　应纳税所得额＝利润总额＋纳税调整增加额－纳税调整减少额
　　　　　　　　＝100＋142.5－10＝232.5（万元）

（4）本年度应纳所得税额。

　　应纳所得税额＝应纳税所得额×适用税率＝232.5×25%＝58.125（万元）

（5）应补交（或退）的企业所得税。

　　应补交（或退）的企业所得税＝本年度应纳所得税额－前四个季度预缴的所得税
　　　　　　　　＝58.125－6.5＝51.625（万元）

【经济业务29】

20×1年3月31日，补缴企业所得税516 250元。

【附件】中国工商银行电子缴税付款凭证如图4-25所示。

ICBC 🏦 中国工商银行　　　　凭 证

中国工商银行电子缴税付款凭证　　　NO.1200793201

转账日期：20×1年03月31日　　　　　　　　　　　凭证字号：04681320

| 纳税人全称及纳税人识别号：天津森研致和科技有限公司 | 911201023286038510 |

付款人全称：天津森研致和商贸有限公司
付款人账号：0302011251462087642　　　　　征收机关名称：国家税务总局天津市河东区税务局
付款人开户银行：中国工商银行天津新开路支行　　收款国库（银行）名称：国家金库天津市河东区支库(代理)
小写（合计）金额：¥516 250.00　　　　　　　缴款书交易流水号：40185976
大写（合计）金额：伍拾壹万陆仟贰佰伍拾元整　　税票号码：03694081

税（费）种名称	所属日期	实缴金额(单位：元)
企业所得税	20×0-01-01 — 20×0-12-31	¥516 250.00

第 1 次打印　　　　　　　　　　　　　　打印时间：20×1年03月31日

客户回单联　　　　验证码：P652839　　　　　　　复核 李卫青　　　记账 孙楠

图4-25　中国工商银行电子缴税付款凭证

【会计分录】如下：

借：应交税费——应交所得税　　　　　　　　　　　　　　　516 250
　　贷：银行存款——基本户——中国银行天津新开路支行（642）　　　516 250

【解析】

《企业会计准则应用指南——会计科目和主要账务处理》规定，缴纳企业所得税，借记"应交税费——应交企业所得税"科目，贷记"银行存款"科目。

【经济业务30】

20×1年3月31日，将以前年度损益调整科目转销。

【附件】会计科目结转明细表如表4-46所示。

表4-46　会计科目结转明细表

编制单位：天津森研致和商贸有限公司　　　　20×1年03月31日　　　　　　单位：元

序号	结转金额	转入科目	转出科目	备注
01	516 250.00	（410412）利润分配——未分配利润	（6901）以前年度损益调整	

审核：戴瑞旺　　　　　　　　制表：刘洪波

【会计分录】如下：

借：利润分配——未分配利润　　　　　　　　　　　　　　516 250

　　贷：以前年度损益调整　　　　　　　　　　　　　　　　516 250

【解析】

《企业会计准则应用指南——会计科目和主要账务处理》规定，经上述调整后，应将本科目的余额转入"利润分配——未分配利润"科目。本科目如为借方余额，借记"利润分配——未分配利润"科目，贷记"以前年度损益调整"科目。

▶▶▶（二）计提第一季度企业所得税费用

《企业所得税法实施条例》第一百二十八条规定，企业所得税分月或者分季度预缴，由税务机关具体核定。《企业所得税法》第五十四条规定，企业分月或者分季度预缴企业所得税时，应当按照月度或者季度的实际利润额预缴；按照月度或者季度的实际利润额预缴有困难的，可以按照上一纳税年度应纳税所得额的月度或者季度平均额预缴，或者按照经税务机关认可的其他方法预缴。预缴方法一经确定，该纳税年度内不得随意变更。

【经济业务 31】

20××年 3 月 31 日，计提企业第一季度的所得税费用 17 454.15 元。

【附件】企业所得税计算表如表 4－47 所示。

表 4－47　企业所得税计提表

编制单位：天津森研致和商贸有限公司　　　　20××年 03 月 31 日　　　　单位：元

项目	利润总额	纳税调整		应纳税所得额	税率	应纳税所得额
		纳税调增	纳税调减			
第一季度企业所得税	349 082.96			87 270.74	20%	17454.15

审核：戴瑞旺　　　　　　　　制表：刘洪波

【会计分录】如下：

借：所得税费用　　　　　　　　　　　　　　　　　　17 454.15

　　贷：应交税费——应交所得税　　　　　　　　　　　　17 454.15

【解析】

《企业会计准则应用指南——会计科目和主要账务处理》规定，资产负债表日，企业按照税法规定计算确定的当期应交所得税，借记"所得税费用"科目，贷记"应交税费——应交所得税"科目。

▶▶▶（三）结转所得税费用

所得税费用属于损益类科目，月末应将"所得税费用"科目的余额转入"本年利润"科目，结转后本科目无余额。

▶▶▶（四）三月份科目余额表

三月份科目余额表如表 4－48 所示。

▶▶▶（五）三月份资产负债表

三月份资产负债表如表 4－49 所示。

编制单位：天津森研致和商贸有限公司

表4-48　科目余额表

20××年03月31日　　余额单位：元

科目编号	科目名称	年初余额 方向	年初余额 金额余额	期初余额 方向	期初余额 金额余额	本期发生 借方金额	本期发生 贷方金额	本年累计 借方金额	本年累计 贷方金额	期末余额 方向	期末余额 金额余额
1001	库存现金	借	6 241.93	借	3 043.15	0	579.39	2 000.00	5 778.17	借	2 463.76
1002	银行存款	借	2 333 056.88	借	2 209 484.99	1 211 068.68	631 605.75	2 544 526.37	2 088 635.33	借	2 788 947.92
1122	应收账款	借	182 460.00	借	608 625.50	0	0	515 675.50	89 510.00	借	608 625.50
1123	预付账款	平	0	借	35 200.00	0	3 400.00	42 000.00	10 200.00	借	31 800.00
1221	其他应收款	平	0	借	2 000.00	0	0	2 000.00	0	借	2 000.00
1405	库存商品	借	1 617 895.00	借	3 210 325.00	0	932 000.00	2 646 210.00	1 985 780.00	借	2 278 325.00
1407	商品进销差价	贷	176 000.00	贷	196 500.00	45 000.00	0	63 500.00	39 000.00	贷	151 500.00
1601	固定资产	借	23 200.00	借	23 200.00	3 200.00	3 200.00	3 200.00	3 200.00	借	23 200.00
1602	累计折旧	贷	6 383.30	贷	7 399.96	1 950.00	508.33	1 950.00	1 524.99	贷	5 958.29
1606	固定资产清理	平	0	平	0	1 500.00	1 500.00	1 500.00	1 500.00	平	0
2202	应付账款	贷	700 990.00	贷	2 480 175.00	0	0	0	1 779 185.00	贷	2 480 175.00
2211	应付职工薪酬	贷	120 275.28	贷	118 661.28	111 527.40	113 141.40	339 424.20	339 424.20	贷	120 275.28
2221	应交税费	借	10 444.09	借	143 194.59	517 288.71	673 796.96	878 476.40	881 345.97	贷	13 313.66
2241	其他应付款	贷	20 470.50	贷	20 470.50	17 350.50	17 350.50	55 171.50	55 171.50	贷	20 470.50
4001	实收资本（股本）	贷	1 800 000.00	贷	1 800 000.00	0	0	0	0	贷	1 800 000.00
4103	本年利润	平	0	贷	283 575.85	1 022 197.04	1 070 250.00	2 295 571.19	2 627 200.00	贷	331 628.81
4104	利润分配	贷	1 328 290.64	贷	1 328 290.64	516 250.00	0	516 250.00	0	贷	812 040.64
6001	主营业务收入	平	0	平	0	1 070 000.00	1 070 000.00	2 626 950.00	2 626 950.00	平	0
6301	营业外收入	平	0	平	0	250	250	250	250	平	0
6401	主营业务成本	平	0	平	0	887 000.00	887 000.00	1 922 280.00	1 922 280.00	平	0
6403	税金及附加	平	0	平	0	449.4	449.4	1 560.60	1 560.60	平	0
6601	销售费用	平	0	平	0	42 289.20	42 289.20	128 082.60	128 082.60	平	0
6602	管理费用	平	0	平	0	75 277.97	75 277.97	226 362.21	226 362.21	平	0
6603	财务费用	平	0	平	0	273.68	273.68	168.37	168.37	平	0
6801	所得税费用	平	0	平	0	17 454.15	17 454.15	17 454.15	17 454.15	平	0
6901	以前年度损益调整	平	0	平	0	516 250.00	516 250.00	516 250.00	516 250.00	平	0
合计		借：	4 162 853.81	借：	6 235 073.23	6 056 029.37	6 056 029.37	15 346 476.35	15 346 476.35	借：	5 735 362.18
		贷：	4 162 853.81	贷：	6 235 073.23					贷：	5 735 362.18

审核：戴瑞旺　　制表：刘洪波

表 4 - 49　资产负债表

编制单位：天津森研致和商贸有限公司　　　　　20××年01月31日　　　　　单位：元

资产	期末余额	上年年末余额	负债和所有者权益（或股东权益）	期末余额	上年年末余额
流动资产			流动负债		
货币资金	2 791 411.68	2 339 298.81	短期借款	0.00	0.00
以公允价值计量且其变动计入当期损益的金融资产	0.00	0.00	以公允价值计量且其变动计入当期损益的金融负债	0.00	0.00
衍生金融资产	0.00	0.00	衍生金融负债	0.00	0.00
应收票据	0.00	0.00	应付票据	0.00	0.00
应收账款	608 625.50	182 460.00	应付账款	2 480 175.00	700 990.00
预付款项	31 800.00	0.00	预收款项	0.00	0.00
其他应收款	2 000.00	0.00	应付职工薪酬	120 275.28	120 275.28
存货	2 126 825.00	1 441 895.00	应交税费	13 313.66	10 444.09
持有待售资产	0.00	0.00	其他应付款	20 470.50	20 470.50
一年内到期的非流动资产	0.00	0.00	持有待售负债	0.00	0.00
其他流动资产	0.00	0.00	一年内到期的非流动负债	0.00	0.00
流动资产合计	5 560 662.18	3 963 653.81	其他流动负债	0.00	0.00
非流动资产：	0.00	0.00	流动负债合计	2 634 234.44	852 179.87
可供出售金融资产	0.00	0.00	非流动负债：	0.00	0.00
持有至到期投资	0.00	0.00	长期借款	0.00	0.00
长期应收款	0.00	0.00	应付债券	0.00	0.00
长期股权投资	0.00	0.00	其中：优先股	0.00	0.00
投资性房地产	0.00	0.00	永续债	0.00	0.00
固定资产	17 241.71	16 816.70	长期应付款	0.00	0.00
在建工程	0.00	0.00	预计负债	0.00	0.00
生产性生物资产	0.00	0.00	递延收益	0.00	0.00
油气资产	0.00	0.00	递延所得税负债	0.00	0.00
无形资产	0.00	0.00	其他非流动负债	0.00	0.00
开发支出	0.00	0.00	非流动负债合计	0.00	0.00
商誉	0.00	0.00	负债合计	2 634 234.44	852 179.87
长期待摊费用	0.00	0.00	所有者权益（或股东权益）：	0.00	0.00
递延所得税资产	0.00	0.00	实收资本（或股本）	1 800 000.00	1 800 000.00

续表

资产	期末余额	上年年末余额	负债和所有者权益 （或股东权益）	期末余额	上年年末 余额
其他非流动 资产	0.00	0.00	其他权益工具	0.00	0.00
非流动资产合计	17 241.71	16 816.70	其中：优先股	0.00	0.00
			永续债	0.00	0.00
			资本公积	0.00	0.00
			减：库存股	0.00	0.00
			其他综合收益	0.00	0.00
			专项储备	0.00	0.00
			盈余公积	0.00	0.00
			未分配利润	1 143 669.45	1 328 209.64
			所有者权益（或股东 权益）合计	2 943 669.45	3 128 290.64
资产合计	5 577 903.89	3 980 470.51	负债和所有者权益 （或股东权益）总计	5 577 903.89	3 980 470.51

审核：戴瑞旺　　　　　　　　　制表：刘洪波

▶▶▶ （六）三月份利润表

三月份利润表如表 4-50 所示。

表 4-50 利润表

编制单位：天津森研致和商贸有限公司　　　　20××年 02 月 28 日　　　　单位：元

项　目	本期金额	上期金额
一、营业收入	2 626 950.00	—
减：营业成本	1 922 280.00	—
税金及附加	1 560.60	—
销售费用	128 082.60	—
管理费用	226 362.21	—
研发费用	—	—
财务费用	−168.37	—
其中：利息费用	—	—
利息收入	—	—
加：其他收益	—	—
投资收益（损失以"—"号填列）	—	—
其中：对联营企业和合营企业的投资收益	—	—
公允价值变动收益（损失以"—"号填列）	—	—
资产减值损失（损失以"—"号填列）	—	—
资产处置收益（损失以"—"号填列）	—	—
二、营业利润（亏损以"—"号填列）	348 832.96	—
加：营业外收入	250.00	—
减：营业外支出	—	—

续表

项　目	本期金额	上期金额
三、利润总额（亏损总额以"—"号填列）	349 082.96	—
减：所得税费用	17 454.15	—
四、净利润（净亏损以"—"号填列）	331 628.81	—
（一）持续经营净利润（净亏损以"—"号填列）		
（二）终止经营净利润（净亏损以"—"号填列）		
五、其他综合收益的税后净额		
（一）不能重分类进损益的其他综合收益		
1. 重新计量设定受益计划变动额		
2. 权益法下不能转损益的其他综合收益		
……		
（二）将重分类进损益的其他综合收益		
1. 权益法下可转损益的其他综合收益		
2. 可供出售金融资产公允价值变动损益		
3. 持有至到期投资重分类为可供出售金融资产损益		
4. 现金流量套期损益的有效部分		
5. 外币财务报表折算差额		
……		
六、综合收益总额		
七、每股收益：		
（一）基本每股收益		
（二）稀释每股收益		

审核：戴瑞旺　　　　　　　　　　　制表：刘洪波

项目五

第二季度经济业务的会计处理

 **实训目的**

通过实训能够处理商业企业的特定业务。

 实训内容

商业企业商品采购的核算、拒付货款和拒收商品、进货退补价、进货退出和出租商品的会计处理、预缴一季度所得税。

 实训方法

线下实操与线上实操练习。

实训要求

了解商业企业商品采购的会计处理流程；

掌握商业企业商品采购的核算、拒付货款和拒收商品、进货退补价、进货退出和出租商品的会计处理方法；

学会企业所得税月（季）度预缴纳税申报表的填写，并预缴第一季度企业所得税。

一、四月份会计业务处理

>>> （一）商品采购成本的核算

【经济业务 32】

20××年4月2日公司从多锐（天津）智能科技有限公司购入5个按摩垫和10个足疗仪，取得增值税专用发票一张，发票内容为：按摩垫5个，单价为512元，足疗仪10个，单价为820元，税率为13%，增值税税额为1 398.8元，款项未付。

【附件1】 天津增值税专用发票如图5-1所示。

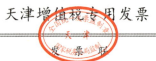

1200739420	天津增值税专用发票		No 02587657	1200739420 02587657
			开票日期：20××年04月02日	

购买方	名　称：天津森研致和商贸有限公司 纳税人识别号：911201023286038510 地址、电话：河东区新开路15号　022-24320511 开户行及账号：中国工商银行天津新开路支行　0302011251462087642	密码区	<23408><4>50909-0771><*8+252/ 626/033>1+10-3*34<5-+9<+3/4> -5<76789-->3<50/0<*<--8*82+7 48/3<5576*>3758/0740871392
货物或应税劳务、服务名称	规格型号	单位	数 量	单 价	金 额	税率	税 额
*医疗仪器器械*按摩垫	AM-607e	个	5	512.00	2 560.00	13%	332.80
*商用设备*足疗仪	CCQ-558	个	10	820.00	8 200.00	13%	1 066.00
合　　计					¥10 760.00		¥1 398.80
价税合计（大写）	⊗壹万贰仟壹佰伍拾捌元捌角				（小写）¥12 158.80		
销售方	名　称：多锐（天津）智能科技有限公司 纳税人识别号：91121040667747000M 地址、电话：天津市华苑产业园区榕苑路15号　022-58386511 开户行及账号：中国工商银行天津-华苑支行　0302011200000000001	备注	
收款人：魏芳	复核：张浩	开票人：李志伟	销售方：（章）

图5-1　天津增值税专用发票

【附件2】 入库单如图5-2所示。

【会计分录】 如下：

借：库存商品——按摩垫	2 560
库存商品——足疗仪	8 200
应交税费——应交增值税——进项税额	1 398.8
贷：应付账款——多锐（天津）智能科技有限公司	12 158.8

【解析】

《企业会计准则应用指南——会计科目和主要账务处理》规定，购入商品采用进价核算的，在商品到达验收入库后，按商品进价，借记"库存商品"科目，按可抵扣的增值税额，借记"应交增值税——进项税额"科目，按应付或实际支付的金额，贷记"应付账款""应付票据""银行存款"等科目。

入 库 单

STOCK IN （记 账）No.06071324

20××年 04月 02日   对方科目 应付账款

名 Product name 称	单位 Unit	数 量 Quantity	单 价 Unit Price	金 AOMOUT 额								备 注 REMARK
				百	十	万	千	百	十	元	角	分	
按摩垫	个	5	512.00			¥	2	5	6	0	0	0	
足疗仪	个	10	820.00			¥	8	2	0	0	0	0	

附件 张

主 管 孙春英   会 计 刘洪波   保管员 王玉良   经手人 王玉良
Director   Accountant   Storeman   Handler

图 5-2 入库单

▶▶▶ ┌ （二）拒付货款和拒收商品的会计处理 ┐

【经济业务33】

20××年4月5日，天津森研致和商贸有限公司从供货商沃尔玛（北京）商业零售有限公司购进沙发椅20台，单价1 625元/台。货款共计32 500元，增值税4 225元。货款未付，对方开具增值税专用发票，经与合同核对无误，已入账。

【附件】 北京增值税专用发票如图5-3所示。

【会计分录】 如下：

借：在途物资——沙发椅   32 500
　　应交税费——应交增值税——进项税额   4 225
　　贷：应付账款——沃尔玛（北京）商业零售有限公司   36 725

【解析】

《企业会计准则应用指南——会计科目和主要账务处理》规定，企业采购物资等，按应计入采购成本的金额，借记"材料采购""在途物资"或"原材料""库存商品"等科目，按可抵扣的增值税额，借记"应交增值税——进项税额"科目，按应付或实际支付的金额，贷记"应付账款""应付票据""银行存款"等科目。

【经济业务34】

20××年4月6日，商品到达后，在验收时发现其中有次品2台，与合同规定不符，拒绝收货，暂作代管，其余18台均已验收入库。

1100738461

北京增值税专用发票

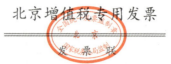

No 02486659　1100738461
02486659

开票日期：20××年04月05日

税总函〔2016〕117号北京印钞有限公司

第三联：发票联　购买方记账凭证

购买方	名　　称：天津森研致和商贸有限公司 纳税人识别号：911201023286038510 地址、电话：河东区新开路15号　022-24320511 开户行及账号：中国工商银行天津新开路支行　0302011251462087642	密码区	<23408><4>50909-0771><*8+252/ 626/033>1+10-3*34<5-+9<+3/4 -5<76789-->3<50/0<*<--8*82+7 48/3<5576*>3758/0740871392

货物或应税劳务、服务名称	规格型号	单位	数量	单价	金　额	税率	税　额
*商用设备*沙发椅	JA111-C	个	20	1 625.00	32 500.00	13%	4 225.00
合　　计					¥32 500.00		¥4 225.00
价税合计（大写）	⊗叁万陆仟柒佰贰拾伍元整				（小写）¥36 725.00		

销售方	名　　称：沃尔玛（北京）商业零售有限公司 纳税人识别号：911101056857842066 地址、电话：北京市朝阳区东三环中路20号　010-67738406 开户行及账号：中国银行天津鑫茂支行　8855434953776485198	备注	沃尔玛（北京）商业零售有限公司 911101056857842066 发票专用章 销售方：（章）

收款人：王欢　　　复核：赵炳文　　　开票人：朱林凤　　　销售方：（章）

图5-3　北京增值税专用发票

【附件】入库单如所图5-4所示。

入 库 单（记账）
STOCK IN

No 06071324

20××年　04月　06日　　　对方科目　主营业务收入

名 Product name 称	单位 Unit	数量 Quantity	单价 Unit Price	金 AOMOUT 额 百 十万 千 百 十 元 角 分									备注 REMARK
沙发椅	个	18			¥	2	9	2	5	0	0	0	
													附
													件
													张

主管　孙春英　　　会计　刘洪波　　　保管员　王玉良　　　经手人　王玉良
Director　　　　Accountant　　　　Storeman　　　　Handler

图5-4　入库单

【会计分录】如下：

借：库存商品——沙发椅　　　　　　　　　　　　　　　　　29 250

　　贷：在途物资——沙发椅　　　　　　　　　　　　　　　　　29 250

【解析】

《企业会计准则应用指南——会计科目和主要账务处理》规定，所购材料、商品到达验收入库，借记"原材料""库存商品"等科目，贷记"在途物资"科目。

【经济业务 35】

20××年 4 月 8 日，经与供货单位联系，同意退回拒收商品，收到对方开出的增值税红字专用发票和重开的蓝字进货发票。

【附件 1】北京增值税专用发票（红字）如图 5-5 所示。

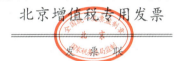

图 5-5　北京增值税专用发票（红字）

【附件 2】北京增值税专用发票如图 5-6 所示。

【会计分录】如下：

借：在途物资——沙发椅　　　　　　　　　　　　　　　　　－3 250

　　应交税费——应交增值税——进项税额　　　　　　　　　　－422.5

　　贷：应付账款——沃尔玛　　　　　　　　　　　　　　　　　－3 672.5

【解析】

《企业会计准则应用指南——会计科目和主要账务处理》规定，企业采购物资等，按应计入采购成本的金额，借记"材料采购""在途物资"或"原材料""库存商品"等科目，按可抵扣的增值税额，借记"应交增值税——进项税额"科目，按应付或实际支付的金额，贷记"应付账款""应付票据""银行存款"等科目。购入物资发生退货作相反的会计分录。

	北京增值税专用发票			No 02486710		1100738461	
1100738461						02486710	

开票日期：20××年04月08日

购买方	名　　　称： 天津森研致和商贸有限公司 纳税人识别号： 911201023286038510 地址、电话： 河东区新开路15号　022-24320511 开户行及账号： 中国工商银行天津新开路支行　0302011251462087642	密码区	8*547/>/22<+>/7622134/4-7<84 *6/+1130/>>1>/-75/3>3/>04<15 +>6/<6<3*5489/+4**1/092>99-1 39+5513/>099/36<0-5*697/-69+

货物或应税劳务、服务名称	规格型号	单位	数量	单价	金　额	税率	税　额
*商用设备*沙发椅	JA111-C	个	18	1 625.00	29 250.00	13%	3 802.50
合　　　计					¥29 250.00		¥3 802.50

价税合计（大写）　⊗叁万叁仟零伍拾贰元伍角	（小写）¥33 052.50

销售方	名　　　称： 沃尔玛（北京）商业零售有限公司 纳税人识别号： 911101056857842066 地址、电话： 北京市朝阳区东三环中路20号　010-67738406 开户行及账号： 中国银行天津鑫茂支行　8855434953776485198	备注	

收款人：王欢　　　　　复核：赵炳文　　　　开票人：朱林凤　　　　销售方：（章）

第三联：发票联　购买方记账凭证

税总函〔2016〕117号北京印制有限公司

图5-6　北京增值税专用发票

【经济业务36】

20××年4月9日，支付供货单位货款。

【附件】转账支票存根如图5-7所示。

中国工商银行
转账支票存根
10201232
36816402

附加信息

出票日期20××年04月09日

收款人：沃尔玛（北京）商业零售有限公司

金　额：¥33 052.50

用　途：支付采购款

单位主管 戴瑞旺　会计 刘洪波

图5-7　转账支票存根

【会计分录】如下：

借：应付账款——沃尔玛（北京）商业零售有限公司　　　　　　33 052.5

　　贷：银行存款——基本户——中国工商银行天津新开路支行（942）　　　33 052.5

【解析】

　　《企业会计准则应用指南——会计科目和主要账务处理》规定，支付供应单位提供劳务而发生的应付未付款项时，借记"应付账款"科目，贷记"银行存款"等科目。

> **▶▶▶　（三）预缴一季度所得税**

　　企业应当自月份或者季度终了之日起十五日内，向税务机关报送预缴企业所得税纳税申报表，预缴税款。

【经济业务 37】

　　20××年 4 月 10 日，缴纳企业第一季度所得税 17 454.15 元。

【附件】 中国工商银行电子缴税付款凭证如图 5-8 所示。

ICBC 中国工商银行　　　　　　凭　证

中国工商银行电子缴税付款凭证　　　　　NO.1200276058

转账日期：20××年04月10日　　　　　　　　　　　　　凭证字号：05276019

纳税人全称及纳税人识别号： 天津森研致和商贸有限公司 911201023286038510

付款人全称：天津森研致和商贸有限公司

付款人账号：0302011251462087642　　　　　征收机关名称：国家税务总局天津市河东区税务局
付款人开户银行：中国工商银行天津新开路支行　　收款国库（银行）名称：国家金库天津市河东区支库（代理）
小写（合计）金额：¥17 454.15　　　　　　　　缴款书交易流水号：24735806
大写（合计）金额：壹万柒仟肆佰伍拾肆元壹角伍分　税票号码：24735806

税（费）种名称	所属日期	实缴金额（单位：元）
企业所得税	20××-01-01— 20××-03-31	¥17 454.15

第　1　次打印　　　　　　　　　　　　打印时间：20××年04月10日

客户回单联　　　　验证码：T763580　　　　　　　复核 李卫青　　　记账 孙楠

图 5-8　中国工商银行电子缴税付款凭证

【会计分录】 如下：

　　借：应交税费——应交所得税　　　　　　　　　　　　　　　　17 454.15
　　　贷：银行存款——基本户——中国工商银行天津新开路支行（642）　　17 454.15

> **▶▶▶　（四）企业所得税月（季）度预缴纳税申报表的填写**

　　企业所得税月（季）度预缴纳税申报表如表 5-1 所示。

表 5-1 中华人民共和国企业所得税月（季）度预缴纳税申报表（A类）

税款所属时间：20××年 1 月 1 日至 20××年 3 月 31 日

纳税人识别号（统一社会信用代码）：911201023286038510 　　　纳税人名称（公章）：天津森研致和商贸有限公司

跨省总机构行政区划	天津市		金额单位：人民币元（列至角分）
预缴方式	√按照实际利润额预缴	按照上一纳税年度应纳税所得额平均额预缴	按照税务机关确定的其他方式预缴
企业类型	√一般企业	跨地区经营汇总纳税企业总机构	跨地区经营汇总纳税企业分支机构

<table>
<tr><td colspan="4" align="center">预缴税款计算</td></tr>
<tr><td>行次</td><td colspan="2">项　目</td><td>本年累计金额</td></tr>
<tr><td>1</td><td colspan="2">营业收入</td><td>2 626 950.00</td></tr>
<tr><td>2</td><td colspan="2">营业成本</td><td>1 922 280.00</td></tr>
<tr><td>3</td><td colspan="2">利润总额</td><td>349 082.96</td></tr>
<tr><td>4</td><td colspan="2">加：特定业务计算的应纳税所得额</td><td>0.00</td></tr>
<tr><td>5</td><td colspan="2">减：不征税收入</td><td>0.00</td></tr>
<tr><td>6</td><td colspan="2">减：免税收入、减计收入、所得减免等优惠金额（填写 A201010）</td><td>0.00</td></tr>
<tr><td>7</td><td colspan="2">减：固定资产加速折旧（扣除）调减额（填写 A201020）</td><td>0.00</td></tr>
<tr><td>8</td><td colspan="2">减：弥补以前年度亏损</td><td>0.00</td></tr>
<tr><td>9</td><td colspan="2">实际利润额（3+4-5-6-7-8）\按照上一纳税年度应纳税所得额平均额确定的应纳税所得额</td><td>349 082.96</td></tr>
<tr><td>10</td><td colspan="2">税率（25%）</td><td>25%</td></tr>
<tr><td>11</td><td colspan="2">应纳所得税额（9×10）</td><td>87 270.74</td></tr>
<tr><td>12</td><td colspan="2">减：减免所得税额（填写 A201030）</td><td>69 816.59</td></tr>
<tr><td>13</td><td colspan="2">减：实际已缴纳所得税额</td><td>0.00</td></tr>
<tr><td>14</td><td colspan="2">减：特定业务预缴（征）所得税额</td><td>0.00</td></tr>
<tr><td>15</td><td colspan="2">本期应补（退）所得税额（11-12-13-14）\税务机关确定的本期应纳所得税额</td><td>17 454.15</td></tr>
<tr><td colspan="4" align="center">汇总纳税企业总分机构税款计算</td></tr>
<tr><td>16</td><td rowspan="4">总机构填报</td><td colspan="2">总机构本期分摊应补（退）所得税额（17+18+19）</td><td>0.00</td></tr>
<tr><td>17</td><td>其中：总机构分摊应补（退）所得税额（15×总机构分摊比例）</td><td>25.00%</td><td>0.00</td></tr>
<tr><td>18</td><td>财政集中分配应补（退）所得税额（15×财政集中分配比例）</td><td>25.00%</td><td>0.00</td></tr>
<tr><td>19</td><td>总机构具有主体生产经营职能的部门分摊所得额（15×全部分支机构分摊比例×总机构具有主体生产经营职能部门分摊比例）</td><td>50.00%
0.0000000000</td><td>0.00</td></tr>
<tr><td>20</td><td rowspan="2">分支机构填报</td><td colspan="2">分支机构本期分摊比例</td><td>0.0000000000</td></tr>
<tr><td>21</td><td colspan="2">分支机构本期分摊应补（退）所得税额</td><td>0.00</td></tr>
</table>

续表

附　报　信　息							
高新技术企业	是	√否		科技型中小企业		是	√否
技术入股递延纳税事项	是	√否					
按　季　度　填　报　信　息							
季初从业人数	12			季末从业人数		12	
季初资产总额（万元）	398.05			季末资产总额（万元）		557.79	
国家限制或禁止行业	是	√否		小型微利企业	√是		否
办理人员身份证件类型				办理人员身份证件号码			
是否代理申报	是	√否		办理人			
代理申报中介机构				代理申报日期			
经办人				经办人执业证件号码			

谨声明：此纳税申报表是根据《中华人民共和国企业所得税法》《中华人民共和国企业所得税法实施条例》和国家有关税收规定填报的，是真实的、可靠的、完整的。

法定代表人（签字）：　　　　年　月　日

纳税人公章：	代理申报中介机构公章：	主管税务机关受理专用章：
会计主管：	经办人：	受理人：
	经办人执业证件号码：	
填表日期：　年　月　日	代理申报日期：　年　月　日	受理日期：　年　月　日

▶▶▶　（五）四月份科目余额表

四月份科目余额表如表 5-2 所示。

表 5-2　科目余额表

编制单位：天津森研致和商贸有限公司　　　20××年 04 月 30 日　　　　　　金额单位：元

科目编号	科目名称	年初余额		期初余额		本期发生		本年累计		期末余额	
		方向	金额余额	方向	金额余额	借方金额	贷方金额	借方金额	贷方金额	方向	金额余额
1001	库存现金	借	6 241.93	借	2 463.76	0	1 602.39	2 000.00	7 380.56	借	861.37
1002	银行存款	借	2 333 056.88	借	2 788 947.92	1 372 441.50	1 402 353.45	3 916 967.87	3 490 988.78	借	2 759 035.97
1122	应收账款	借	182 460.00	借	608 625.50	0	485 165.50	515 675.50	574 675.50	借	123 460.00
1123	预付账款	平	0	借	31 800.00	0	3 400.00	42 000.00	13 600.00	借	28 400.00
1221	其他应收款	平	0	借	2 000.00	0	0	2 000.00	0	借	2 000.00
1402	在途物资	平	0	平	0	29 250.00	29 250.00	29 250.00	29 250.00	平	0
1405	库存商品	借	1 617 895.00	借	2 278 325.00	434 510.00	621 810.00	3 080 720.00	2 607 590.00	借	2 091 025.00
1407	商品进销差价	贷	176 000.00	贷	151 500.00	12 500.00	0	76 000.00	39 000.00	贷	139 000.00
1601	固定资产	借	23 200.00	借	23 200.00	0	0	3 200.00	3 200.00	借	23 200.00

续表

科目编号	科目名称	年初余额		期初余额		本期发生		本年累计		期末余额	
		方向	金额余额	方向	金额余额	借方金额	贷方金额	借方金额	贷方金额	方向	金额余额
1602	累计折旧	贷	6 383.30	贷	5 958.29	0	508.33	1 950.00	2 033.32	贷	6 466.62
1606	固定资产清理	平	0	平	0	0	0	1 500.00	1 500.00	平	0
2202	应付账款	贷	700 990.00	贷	2 480 175.00	1 268 080.50	490 996.30	1 268 080.50	2 270 181.30	贷	1 703 090.80
2211	应付职工薪酬	贷	120 275.28	贷	120 275.28	116 369.40	113 141.40	455 793.60	452 565.60	贷	117 047.28
2221	应交税费	贷	10 444.09	贷	13 313.66	115 389.66	148 177.41	993 866.06	1 029 523.38	贷	46 101.41
2241	其他应付款	贷	20 470.50	贷	20 470.50	17 350.50	17 350.50	72 522.00	72 522.00	贷	20 470.50
4001	实收资本（股本）	贷	1 800 000.00	贷	1 800 000.00	0	0	0	0	贷	1 800 000.00
4103	本年利润	平	0	贷	331 628.81	733 063.72	785 200.00	3 028 634.91	3 412 400.00	贷	383 765.09
4104	利润分配	贷	1 328 290.64	贷	812 040.64	0	0	516 250.00		贷	812 040.64
6001	主营业务收入	平	0	平	0	785 200.00	785 200.00	3 412 150.00	3 412 150.00	平	0
6301	营业外收入	平	0	平	0	0	0	250	250	平	0
6401	主营业务成本	平	0	平	0	609 310.00	609 310.00	2 531 590.00	2 531 590.00	平	0
6403	税金及附加	平	0	平	0	5 196.55	5 196.55	6 757.15	6 757.15	平	0
6601	销售费用	平	0	平	0	42 729.20	42 729.20	170 811.80	170 811.80	平	0
6602	管理费用	平	0	平	0	75 827.97	75 827.97	302 190.18	302 190.18	平	0
6603	财务费用	平	0	平	0	0	0	168.37	168.37	平	0
6801	所得税费用	平	0	平	0	0	0	17 454.15	17 454.15	平	0
6901	以前年度损益调整	平	0	平	0	0	0	516 250.00	516 250.00	平	0
	合计	借：	4 162 853.81	借：	5 735 362.18	5 617 219.00	5 617 219.00	20 963 695.35	20 963 695.35	借：	5 027 982.34
		贷：	4 162 853.81	贷：	5 735 362.18					贷：	5 027 982.34

审核：戴瑞旺　　　　　　　　制表：刘洪波

▶▶▶ （六）四月份资产负债表

四月份资产负债表如表 5 - 3 所示。

表 5 - 3　资产负债表

编制单位：天津森研致和商贸有限公司　　20××年04月30日　　　　　　单位：元

资　产	期末余额	上年年末余额	负债和所有者权益（或股东权益）	期末余额	上年年末余额
流动资产			流动负债		
货币资金	2 759 897.34	2 339 298.81	短期借款	0.00	0.00
以公允价值计量且其变动计入当期损益的金融资产	0.00	0.00	以公允价值计量且其变动计入当期损益的金融负债	0.00	0.00
衍生金融资产	0.00	0.00	衍生金融负债	0.00	0.00

续表

资　　产	期末余额	上年年末余额	负债和所有者权益（或股东权益）	期末余额	上年年末余额
应收票据	0.00	0.00	应付票据	0.00	0.00
应收账款	123 460.00	182 460.00	应付账款	1 703 090.80	700 990.00
预付款项	28 400.00	0.00	预收款项	0.00	0.00
其他应收款	2000.00	0.00	应付职工薪酬	117 047.28	120 275.28
存货	1 952 025.00	1 441 895.00	应交税费	46 101.41	10 444.09
持有待售资产	0.00	0.00	其他应付款	20 470.50	20 470.50
一年内到期的非流动资产	0.00	0.00	持有待售负债	0.00	0.00
其他流动资产	0.00	0.00	一年内到期的非流动负债	0.00	0.00
流动资产合计	4 865 782.34	3 963 653.81	其他流动负债	0.00	0.00
非流动资产：	0.00	0.00	流动负债合计	1 886 709.99	852 179.87
可供出售金融资产	0.00	0.00	非流动负债：	0.00	0.00
持有至到期投资	0.00	0.00	长期借款	0.00	0.00
长期应收款	0.00	0.00	应付债券	0.00	0.00
长期股权投资	0.00	0.00	其中：优先股	0.00	0.00
投资性房地产	0.00	0.00	永续债	0.00	0.00
固定资产	16 733.38	16 816.70	长期应付款	0.00	0.00
在建工程	0.00	0.00	预计负债	0.00	0.00
生产性生物资产	0.00	0.00	递延收益	0.00	0.00
油气资产	0.00	0.00	递延所得税负债	0.00	0.00
无形资产	0.00	0.00	其他非流动负债	0.00	0.00
开发支出	0.00	0.00	非流动负债合计	0.00	0.00
商誉	0.00	0.00	负债合计	1 886 709.99	852 179.87
长期待摊费用	0.00	0.00	所有者权益（或股东权益）：	0.00	0.00
递延所得税资产	0.00	0.00	实收资本（或股本）	1 800 000.00	1 800 000.00
其他非流动资产	0.00	0.00	其他权益工具	0.00	0.00
非流动资产合计	16 733.38	16 816.70	其中：优先股	0.00	0.00
			永续债	0.00	0.00
			资本公积	0.00	0.00
			减：库存股	0.00	0.00
			其他综合收益	0.00	0.00
			专项储备	0.00	0.00
			盈余公积	0.00	0.00

续表

资　产	期末余额	上年年末余额	负债和所有者权益（或股东权益）	期末余额	上年年末余额
			未分配利润	1 195 805.73	1 328 209.64
			所有者权益（或股东权益）合计	2 995 805.73	3 128 290.64
资产合计	4 882 515.72	3 980 470.51	负债和所有者权益（或股东权益）总计	4 882 515.72	3 980 470.51

审核：戴瑞旺　　　　　　　　　　　　　　　制表：刘洪波

▶▶▶ （七）四月份利润表

四月份利润表如表 5-4 所示。

表 5-4　利润表

编制单位：天津森研致和商贸有限公司　　20××年 04 月 30 日　　　　　　单位：元

项　目	本期金额	上期金额
一、营业收入	3 412 150.00	—
减：营业成本	2 531 590.00	—
税金及附加	6 757.15	—
销售费用	170 811.80	—
管理费用	302 190.18	—
研发费用	—	—
财务费用	−168.37	—
其中：利息费用	—	—
利息收入	—	—
加：其他收益	—	—
投资收益（损失以"−"号填列）	—	—
其中：对联营企业和合营企业的投资收益	—	—
公允价值变动收益（损失以"−"号填列）	—	—
资产减值损失（损失以"−"号填列）	—	—
资产处置收益（损失以"−"号填列）	—	—
二、营业利润（亏损以"−"号填列）	400 969.24	—
加：营业外收入	250.00	—
减：营业外支出	—	—
三、利润总额（亏损总额以"−"号填列）	401 219.24	—
减：所得税费用	17 454.15	—
四、净利润（净亏损以"−"号填列）	383 765.09	—

续表

项　目	本期金额	上期金额
（一）持续经营净利润（净亏损以"－"号填列）		
（二）终止经营净利润（净亏损以"－"号填列）		
五、其他综合收益的税后净额		
（一）不能重分类进损益的其他综合收益		
1. 重新计量设定受益计划变动额		
2. 权益法下不能转损益的其他综合收益		
……		
（二）将重分类进损益的其他综合收益		
1. 权益法下可转损益的其他综合收益		
2. 可供出售金融资产公允价值变动损益		
3. 持有至到期投资重分类为可供出售金融资产损益		
4. 现金流量套期损益的有效部分		
5. 外币财务报表折算差额		
……		
六、综合收益总额		
七、每股收益：		
（一）基本每股收益		
（二）稀释每股收益		

审核：戴瑞旺　　　　　　　　　　　　　　制表：刘洪波

二、五月份会计业务处理

▶▶▶ （一）进货退价的会计处理

【经济业务 38】

20××年 5 月 2 日，公司向供货商多锐（天津）智能科技有限公司购进按摩椅 20 台，不含税单价为 8 500 元/台，增值税税率为 13％。对方开具增值税专用发票，钱货两清。

【附件 1】 天津增值税专用发票如图 5-9 所示。

【附件 2】 入库单如图 5-10 所示。

【附件 3】 转账支票存根如图 5-11 所示。

【会计分录】 如下：

借：库存商品——按摩椅　　　　　　　　　　　　　　　　170 000
　　应交税费——应交增值税——进项税额　　　　　　　　　22 100
　　贷：银行存款——基本户——中国工商银行天津新开路支行（642）　192 100

【解析】

见【经济业务 32】解析。

1200739420

天津增值税专用发票

No 02487666　1200739420
02487666

开票日期：20××年05月02日

<table>
<tr><td rowspan="4">购买方</td><td>名　　称：</td><td colspan="3">天津森研致和商贸有限公司</td><td rowspan="4">密码区</td><td colspan="3" rowspan="4"><23408><4>50909-0771><*8+252/
626/033>1+10-3*34<5-+9<+3/4>
-5<76789-->3<50/0<*<--8*82+7
48/3<5576*>3758/0740871392</td></tr>
<tr><td>纳税人识别号：</td><td colspan="3">911201023286038510</td></tr>
<tr><td>地址、电话：</td><td colspan="3">河东区新开路15号　022-24320511</td></tr>
<tr><td>开户行及账号：</td><td colspan="3">中国工商银行天津新开路支行　0302011251462087642</td></tr>
<tr><td colspan="2">货物或应税劳务、服务名称</td><td>规格型号</td><td>单位</td><td>数量</td><td>单价</td><td>金　额</td><td>税率</td><td>税　额</td></tr>
<tr><td colspan="2">*医疗仪器器械*按摩垫</td><td>RT7708</td><td>个</td><td>20</td><td>8 500.00</td><td>170 000.00</td><td>13%</td><td>22 100.00</td></tr>
<tr><td colspan="2">合　　　计</td><td></td><td></td><td></td><td></td><td>¥170 000.00</td><td></td><td>¥22 100.00</td></tr>
<tr><td colspan="2">价税合计（大写）</td><td colspan="5">⊗壹拾玖万贰仟壹佰元整</td><td colspan="2">（小写）¥192 100.00</td></tr>
<tr><td rowspan="4">销售方</td><td>名　　称：</td><td colspan="3">多锐（天津）智能科技有限公司</td><td rowspan="4">备注</td><td colspan="3" rowspan="4"></td></tr>
<tr><td>纳税人识别号：</td><td colspan="3">91121040667747000M</td></tr>
<tr><td>地址、电话：</td><td colspan="3">天津市华苑产业园区榕苑路15号　022-58386511</td></tr>
<tr><td>开户行及账号：</td><td colspan="3">中国工商银行天津华苑支行　0302011200000000001</td></tr>
</table>

收款人：魏芳　　　　复核：张浩　　　　开票人：李志伟　　　　销售方：（章）

（税沿函[2016]117号北京印钞有限公司）

第三联：发票联　购买方记账凭证

图 5-9　天津增值税专用发票

入　库　单
STOCK IN （记账）No 01369478

20××年　05月　02日　　对方科目＿＿＿＿

<table>
<tr><td rowspan="2">名　Product name　称</td><td rowspan="2">单位
Unit</td><td rowspan="2">数量
Quantity</td><td rowspan="2">单价
Unit Price</td><td colspan="8">金 AOMOUT 额</td><td rowspan="2">备注
REMARK</td></tr>
<tr><td>百</td><td>十</td><td>万</td><td>千</td><td>百</td><td>十</td><td>元</td><td>角</td><td>分</td></tr>
<tr><td>按摩椅</td><td>台</td><td>20</td><td>8 500.00</td><td>¥</td><td>1</td><td>7</td><td>0</td><td>0</td><td>0</td><td>0</td><td>0</td><td></td></tr>
<tr><td></td><td></td><td></td><td></td><td></td><td></td><td></td><td></td><td></td><td></td><td></td><td></td><td></td></tr>
<tr><td></td><td></td><td></td><td></td><td></td><td></td><td></td><td></td><td></td><td></td><td></td><td></td><td></td></tr>
<tr><td></td><td></td><td></td><td></td><td></td><td></td><td></td><td></td><td></td><td></td><td></td><td></td><td></td></tr>
<tr><td></td><td></td><td></td><td></td><td></td><td></td><td></td><td></td><td></td><td></td><td></td><td></td><td></td></tr>
<tr><td></td><td></td><td></td><td></td><td></td><td></td><td></td><td></td><td></td><td></td><td></td><td></td><td></td></tr>
<tr><td></td><td></td><td></td><td></td><td></td><td></td><td></td><td></td><td></td><td></td><td></td><td></td><td></td></tr>
<tr><td></td><td></td><td></td><td></td><td></td><td></td><td></td><td></td><td></td><td></td><td></td><td></td><td></td></tr>
<tr><td></td><td></td><td></td><td></td><td></td><td></td><td></td><td></td><td></td><td></td><td></td><td></td><td></td></tr>
</table>

附件　张

主管　孙春英　　　会计　刘洪波　　　保管员　王玉良　　　经手人　王玉良
Director　　　　Accountant　　　　Storeman　　　　Handler

图 5-10　入库单

图 5-11　转账支票存根

【经济业务 39】

20××年 5 月 3 日，向天津市骏鑫贸易有限公司出售按摩椅 20 台，不含税单价为 9 500 元/台，增值税税率为 13%，已向对方开具增值税专用发票，天津市骏鑫贸易有限公司货款未收到。

【附件 1】天津增值税专用发票如图 5-12 所示。

图 5-12　天津增值税专用发票

【附件2】 销售出库单如图 5-13 所示。

销售出库单

客户名称：　天津市骏鑫贸易有限公司　　联系电话：　022-24094550　　　　　No. 20××050300025

客户地址：　天津市东丽区栖霞道23号　　　　　　　　　　　　　　　制单日期：　20××年05月03日

序号	批号	品 名 / 规 格	单位	数量	单价	金额	有效期	备注
01		按摩椅	台	20	9 500.00	190 000.00		
总额（大写）：壹拾玖万元整					总额（小写）：¥190 000.00			

制单：王玉良　　库管：王玉良　　业务：刘洪波　　复核：孙春英　　经理审核：刘力卓　　客户验收：张华

图 5-13　销售出库单

【会计分录】 如下：

借：应收账款——天津市骏鑫贸易有限公司　　　　　　　　　214 700

　　贷：应交税费——应交增值税——销项税额　　　　　　　　　　24 700

　　　　主营业务收入　　　　　　　　　　　　　　　　　　　　190 000

【解析】

见【经济业务22】解析。

【经济业务40】

20××年5月31日，收到多锐（天津）智能科技有限公司开来红字更正发票和正确的蓝字进货发票，列明每件应为 8 120 元，应退价税合计款 8 588 元，退货和退税款尚未收到。

【附件1】 天津增值税专用发票（红字）如图 5-14 所示。

【附件2】 天津增值税专用发票图 5-15 所示。

【会计分录】 如下：

借：应收账款——多锐（天津）智能科技有限公司　　　　　　8 588

　　贷：库存商品——按摩椅　　　　　　　　　　　　　　　　　7 600

　　　　应交税费——应交增值税——进项税额　　　　　　　　　 988

【解析】

《企业会计准则应用指南——会计科目和主要账务处理》规定，本期（月）发生的销售退回，如已结转销售成本的，借记"库存商品"等科目，贷记"主营业务成本"科目。企业购进商品，有时因供货单位的计价错误或按暂估价计算等原因，商品的进价与实际进价发生差异。退价时，应由供货单位填制专用发票及附件"销货更正单"据以办理退价手续。商品已售出，并已结转商品销售成本，根据供货单位的红字专用发票及"销货更正单"，借记"银行存款"和"应交税费——应交增值税（进项税额）"科目（负数），贷记"主营业务成本"科目。

1200739420
销项负数

天津增值税专用发票

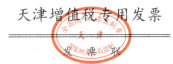

No 02487669　1200739420
02487669

开票日期：20××年05月31日

购买方	名　　称：天津森研致和商贸有限公司 纳税人识别号：911201023286038510 地址、电话：河东区新开路15号　022-24320511 开户行及账号：中国工商银行天津新开路支行　0302011251462087642	密码区	1*<5--+99541022>/7-/*7+<-/1< 3-74<782>00472471/<937+35678 9527/+76*79*+4/>+0*00-6>20+3 69-49*54321/*4<*2/3455989779

货物或应税劳务、服务名称	规格型号	单位	数量	单价	金　额	税率	税　额
*医疗仪器器械*按摩椅	RT7708	台	-20	8 500.00	-170 000.00	13%	-22 100.00
合　　计					¥-170 000.00		¥-22 100.00

价税合计（大写）	⊗（负数）壹拾玖万贰仟壹佰元整	（小写）¥-192 100.00

销售方	名　　称：多锐（天津）智能科技有限公司 纳税人识别号：91121040667747000M 地址、电话：天津市华苑产业园区榕苑路15号　022-58386511 开户行及账号：中国工商银行天津华苑支行　0302011200000000001	备注	对应正数发票代码：1200739420 号码：02487666

收款人：魏芳　　　　复核：张浩　　　　开票人：李志伟　　　　销售方：（章）

税总函〔2016〕117号北京印钞有限公司　　第三联：发票联　购买方记账凭证

图5-14　天津增值税专用发票（红字）

1200739420

天津增值税专用发票

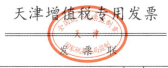

No 02480576　1200739420
02480576

开票日期：20××年05月03日

购买方	名　　称：天津森研致和商贸有限公司 纳税人识别号：911201023286038510 地址、电话：河东区新开路15号　022-24320511 开户行及账号：中国工商银行天津新开路支行　0302011251462087642	密码区	/+63-2472//761>+8548916>60- 387487234*992-*>32<6*/3*/15+ 2>83>442*4<3994><<19>7*6+<*3 21879/8647>0+78>53+87*696*-*

货物或应税劳务、服务名称	规格型号	单位	数量	单价	金　额	税率	税　额
*医疗仪器器械*按摩椅	RT7708	个	20	8 120.00	162 400.00	13%	21 112.00
合　　计					¥162 400.00		¥21 112.00

价税合计（大写）	⊗壹拾捌万叁仟伍佰壹拾贰元	（小写）¥183 512.00

销售方	名　　称：多锐（天津）智能科技有限公司 纳税人识别号：91121040667747000M 地址、电话：天津市华苑产业园区榕苑路15号　022-58386511 开户行及账号：中国工商银行天津华苑支行　0302011200000000001	备注	

收款人：魏芳　　　　复核：张浩　　　　开票人：李志伟　　　　销售方：（章）

税总函〔2016〕117号北京印钞有限公司　　第三联：发票联　购买方记账凭证

图5-15　天津增值税专用发票

>>> ┌─ **（二）进货补价的会计处理** ─┐

【经济业务41】

20××年5月3日公司向供货商多锐（天津）智能科技有限公司购进空气净化器10台，不含税单价为2 000元/台，对方开具增值税专用发票，钱货两清。商品未售出。

【附件1】 天津增值税专用发票如图5-16所示。

	天津增值税专用发票		No 02487667	1200739420
1200739420				02487667

开票日期：20××年05月03日

购买方	名　称：天津森研致和商贸有限公司 纳税人识别号：911201023286038510 地址、电话：河东区新开路15号 022-24320511 开户行及账号：中国工商银行天津新开路支行 0302011251462087642	密码区	<23408><4>50909-0771><*8+252/ 626/033>1+10-3*34<5-+9<+3/4> -5<76789-->3<50/0<*<--8*82+7 48/3<5576*>3758/0740871392

货物或应税劳务、服务名称	规格型号	单位	数量	单价	金额	税率	税额
*通用设备*空气净化器	TP04SILVER	台	10	2 000.00	20 000.00	13%	2 600.00
合　　　计					¥20 000.00		¥2 600.00

价税合计（大写）	⊗贰万贰仟陆佰元整	（小写）¥22 600.00

销售方	名　称：多锐（天津）智能科技有限公司 纳税人识别号：91121040667747000M 地址、电话：天津市华苑产业园区榕苑路15号 022-58386511 开户行及账号：中国工商银行天津-华苑支行 0302011200000000001	备注	

收款人：魏芳　　复核：张浩　　开票人：李志伟　　销售方：（章）

第三联：发票联 购买方记账凭证

税总函〔2016〕117号北京印钞有限公司

图5-16　天津增值税专用发票

【附件2】 入库单如图5-17所示。

【附件3】 转账支票存根如图5-18所示。

【会计分录】 如下：

借：库存商品——空气净化器　　　　　　　　　　　　　　　20 000
　　应交税费——应交增值税——进项税额　　　　　　　　　 2 600
　　贷：银行存款——基本户——中国工商银行天津新开路支行（642）　22 600

【解析】

见【经济业务32】解析。

【经济业务42】

20××年5月9日，收到多锐（天津）智能科技有限公司开来更正后的发票，列明3日购进的空气净化器每件不含税单价应为2 899元，应补价税合计款10 158.7元。

【附件1】 天津增值税专用发票如图5-19所示。

【附件2】 转账支票存根如图5-20所示。

入 库 单　（记账）
STOCK IN　No.**09583012**

20××年 05 月 03 日　　对方科目 _____

名 Product name 称	单位 Unit	数量 Quantity	单价 Unit Price	金 AOMOUT 额 百十万千百十元角分									备注 REMARK
空气净化器	台	10	2899.00	¥	2	8	9	9	0	0	0		

附件　张

主 管　孙春英　　会 计　刘洪波　　保管员　王玉良　　经手人　王玉良
Director　　　　Accountant　　　　Storeman　　　　Handler

图 5－17　入库单

图 5－18　转账支票存根

【会计分录】如下：

借：库存商品——空气净化器　　　　　　　　　　　　　　　　　　　8 990

　　应交税费——应交增值税——进项税额　　　　　　　　　　　　　1 168.7

　贷：银行存款——基本户——中国工商银行天津新开路支行（642）　10 158.7

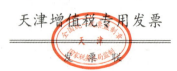

天津增值税专用发票 No 02487668

1200720163

1200720163
02487668

开票日期：20××年05月09日

购买方	名　　称：天津森研致和商贸有限公司 纳税人识别号：911201023286038510 地　址、电话：河东区新开路15号　022-24320511 开户行及账号：中国工商银行天津新开路支行　0302011251462087642	密 码 区	<23408><4>50909-0771><*8+252/ 626/033>1+10-3*34<5-+9<+3/4> -5<76789-->3<50/0<*<--8*82+7 48/3<5576>*3758/0740871392

货物或应税劳务、服务名称	规格型号	单位	数量	单价	金　额	税率	税　额
*通用设备*空气净化器	TP04SILER	台	10	899.00	8 990.00	13%	1 168.70
合　　计					¥8 990.00		¥1 168.70

价税合计（大写）	⊗壹万零壹佰伍拾捌元柒角	（小写）¥10 158.70

销售方	名　　称：多锐（天津）智能科技有限公司 纳税人识别号：911210406677747000M 地　址、电话：天津市华苑产业园区榕苑路15号　022-58386511 开户行及账号：中国工商银行天津-华苑支行　0302011200000000001	备 注	

收款人：魏芳　　　复核：张浩　　　开票人：李志伟　　　销售方：（章）

第三联：发票联　购买方记账凭证

税总函〔2016〕117号北京印物有限公司

图 5-19　天津增值税专用发票

图 5-20　转账支票存根

【解析】

《企业会计准则第1号——存货》应用指南规定，进货补价是指应计的进价高于已结算的进价，应由进货企业补付货款差额。商品尚未售出，或已售出但尚未结转商品销售成本，根据供货单位专用发票及"销货更正单"补付货款时，借记"库存商品"和"应交税费——应交增值税（进项税额）"科目，贷记"银行存款"等科目。

▶▶▶ （三）五月份科目余额表

五月份科目余额表如表5-5所示。

表5-5　科目余额表

编制单位：天津森研致和商贸有限公司　20××年05月31日　　　　　　　　　　金额单位：元

科目编号	科目名称	年初余额		期初余额		本期发生		本年累计		期末余额	
		方向	金额余额	方向	金额余额	借方金额	贷方金额	借方金额	贷方金额	方向	金额余额
1001	库存现金	借	6 241.93	借	861.37	5 000.00	2 950.39	7 000.00	10 330.95	借	2 910.98
1002	银行存款	借	2 333 056.88	借	2 759 035.97	9 040.00	643 189.98	3 926 007.87	4 134 178.76	借	2 124 885.99
1122	应收账款	借	182 460.00	借	123 460.00	730 432.00	0	1 246 107.50	574 675.50	借	853 892.00
1123	预付账款	平	0	借	28 400.00	0	3 400.00	42 000.00	17 000.00	借	25 000.00
1221	其他应收款	平	0	借	2 000.00	2 000.00	0	4 000.00	0	借	4 000.00
1402	在途物资	平	0	平	0	0	0	29 250.00	29 250.00	平	0
1405	库存商品	借	1 617 895.00	借	2 091 025.00	191 390.00	450 400.00	3 272 110.00	3 057 990.00	借	1 832 015.00
1407	商品进销差价	贷	176 000.00	贷	139 000.00	3 000.00	0	79 000.00	39 000.00	贷	136 000.00
1601	固定资产	借	23 200.00	借	23 200.00	0	0	3 200.00	3 200.00	借	23 200.00
1602	累计折旧	贷	6 383.30	贷	6 466.62	0	508.33	1 950.00	2 541.65	贷	6 974.95
1606	固定资产清理	平	0	平	0	0	0	1 500.00	1 500.00	平	0
2202	应付账款	贷	700 990.00	贷	1 703 090.80	250 990.00	0	1 519 070.50	2 270 181.30	贷	1 452 100.80
2211	应付职工薪酬	贷	120 275.28	贷	117 047.28	111 527.40	113 141.40	567 321.00	565 707.00	贷	118 661.28
2221	应交税费	贷	10 444.09	贷	46 101.41	130 185.41	150 918.86	1 124 051.47	1 180 442.24	贷	66 834.86
2241	其他应付款	贷	20 470.50	贷	20 470.50	17 350.50	17 350.50	89 872.50	89 872.50	贷	20 470.50
4001	实收资本（股本）	贷	1 800 000.00	贷	1 800 000.00	0	0	0	0	贷	1 800 000.00
4103	本年利润	平	0	贷	383 765.09	577 744.15	646 800.00	3 606 379.06	4 059 200.00	贷	452 820.94
4104	利润分配	贷	1 328 290.64	贷	812 040.64	0	0	516 250.00	0	贷	812 040.64
6001	主营业务收入	平	0	平	0	646 800.00	646 800.00	4 058 950.00	4 058 950.00	平	0
6301	营业外收入	平	0	平	0	0	0	250	250	平	0
6401	主营业务成本	平	0	平	0	447 400.00	447 400.00	2 978 990.00	2 978 990.00	平	0
6403	税金及附加	平	0	平	0	7 366.10	7 366.10	14 123.25	14 123.25	平	0
6601	销售费用	平	0	平	0	42 289.20	42 289.20	213 101.00	213 101.00	平	0
6602	管理费用	平	0	平	0	80 688.85	80 688.85	382 879.03	382 879.03	平	0
6603	财务费用	平	0	平	0	0	0	168.37	168.37	平	0
6801	所得税费用	平	0	平	0	0	0	17 454.15	17 454.15	平	0
6901	以前年度损益调整	平	0	平	0	0	0	516 250.00	516 250.00	平	0
	合计	借：4 162 853.81 贷：4 162 853.81		借：5 027 982.34 贷：5 027 982.34		3 253 203.61	3 253 203.61	24 216 898.96	24 216 898.96	借：4 865 903.97 贷：4 865 903.97	

审核：戴瑞旺　　　　　　　　　　　　　制表：刘洪波

▶▶▶ （四）五月份资产负债表

五月份资产负债表如表 5-6 所示。

表 5-6　资产负债表

编制单位：天津森研致和商贸有限公司　20××年 05 月 31 日　　　　　单位：元

资　　产	期末余额	上年年末余额	负债和所有者权益（或股东权益）	期末余额	上年年末余额
流动资产			流动负债		
货币资金	2 127 796.97	2 339 298.81	短期借款	0.00	0.00
以公允价值计量且其变动计入当期损益的金融资产	0.00	0.00	以公允价值计量且其变动计入当期损益的金融负债	0.00	0.00
衍生金融资产	0.00	0.00	衍生金融负债	0.00	0.00
应收票据	0.00	0.00	应付票据	0.00	0.00
应收账款	853 892.00	182 460.00	应付账款	1 452 100.80	700 990.00
预付款项	25 000.00	0.00	预收款项	0.00	0.00
其他应收款	0.00	0.00	应付职工薪酬	118 661.28	120 275.28
存货	1 696 015.00	1 441 895.00	应交税费	66 834.86	10 444.09
持有待售资产	0.00	0.00	其他应付款	20 470.50	20 470.50
一年内到期的非流动资产	0.00	0.00	持有待售负债	0.00	0.00
其他流动资产	0.00	0.00	一年内到期的非流动负债	0.00	0.00
流动资产合计	4 706 703.97	3 963 653.81	其他流动负债	0.00	0.00
非流动资产：	0.00	0.00	流动负债合计	1 658 067.44	852 179.87
可供出售金融资产	0.00	0.00	非流动负债：	0.00	0.00
持有至到期投资	0.00	0.00	长期借款	0.00	0.00
长期应收款	0.00	0.00	应付债券	0.00	0.00
长期股权投资	0.00	0.00	其中：优先股	0.00	0.00
投资性房地产	0.00	0.00	永续债	0.00	0.00
固定资产	16 225.05	16 816.70	长期应付款	0.00	0.00
在建工程	0.00	0.00	预计负债	0.00	0.00
生产性生物资产	0.00	0.00	递延收益	0.00	0.00
油气资产	0.00	0.00	递延所得税负债	0.00	0.00
无形资产	0.00	0.00	其他非流动负债	0.00	0.00
开发支出	0.00	0.00	非流动负债合计	0.00	0.00
商誉	0.00	0.00	负债合计	1 658 067.44	852 179.87
长期待摊费用	0.00	0.00	所有者权益（或股东权益）：	0.00	0.00
递延所得税资产	0.00	0.00	实收资本（或股本）	1 800 000.00	1 800 000.00

续表

资 产	期末余额	上年年末余额	负债和所有者权益（或股东权益）	期末余额	上年年末余额
其他非流动资产	0.00	0.00	其他权益工具	0.00	0.00
非流动资产合计	16 225.05	16 816.70	其中：优先股	0.00	0.00
			永续债	0.00	0.00
			资本公积	0.00	0.00
			减：库存股	0.00	0.00
			其他综合收益	0.00	0.00
			专项储备	0.00	0.00
			盈余公积	0.00	0.00
			未分配利润	1 264 864.58	1 328 209.64
			所有者权益（或股东权益）合计	3 064 861.58	3 128 290.64
资产合计	4 722 929.02	3 980 470.51	负债和所有者权益（或股东权益）总计	4 722 929.02	3 980 470.51

审核：戴瑞旺　　　　　　　　　　制表：刘洪波

▶▶▶ （五）五月份利润表

五月份利润表如表5-7所示。

表5-7 利润表

编制单位：天津森研致和商贸有限公司　　20××年05月31日　　　　单位：元

项 目	本期金额	上期金额
一、营业收入	4 058 950.00	—
减：营业成本	2 978 990.00	—
税金及附加	14 123.25	—
销售费用	213 101.00	—
管理费用	382 879.03	—
研发费用	—	—
财务费用	−168.37	—
其中：利息费用	—	—
利息收入	—	—
加：其他收益	—	—
投资收益（损失以"—"号填列）	—	—
其中：对联营企业和合营企业的投资收益	—	—
公允价值变动收益（损失以"—"号填列）	—	—
资产减值损失（损失以"—"号填列）	—	—
资产处置收益（损失以"—"号填列）	—	—

续表

项　目	本期金额	上期金额
二、营业利润（亏损以"—"号填列）	470 025.09	—
加：营业外收入	250.00	—
减：营业外支出	—	—
三、利润总额（亏损总额以"—"号填列）	470 275.09	—
减：所得税费用	17 454.15	—
四、净利润（净亏损以"—"号填列）	452 820.94	—
（一）持续经营净利润（净亏损以"—"号填列）		
（二）终止经营净利润（净亏损以"—"号填列）		
五、其他综合收益的税后净额		
（一）不能重分类进损益的其他综合收益		
1. 重新计量设定受益计划变动额		
2. 权益法下不能转损益的其他综合收益		
……		
（二）将重分类进损益的其他综合收益		
1. 权益法下可转损益的其他综合收益		
2. 可供出售金融资产公允价值变动损益		
3. 持有至到期投资重分类为可供出售金融资产损益		
4. 现金流量套期损益的有效部分		
5. 外币财务报表折算差额		
……		
六、综合收益总额		
七、每股收益：		
（一）基本每股收益		
（二）稀释每股收益		

审核：戴瑞旺　　　　　　　　　　　制表：刘洪波

三、六月份会计业务处理

▶▶▶ （一）进货退出

【经济业务43】

20××年6月8日，公司向多锐（天津）智能科技有限公司购进100个按摩垫，每个512元，货款已付讫。

【附件1】天津增值税专用发票如图5-21所示。

【附件2】入库单如图5-22所示。

【附件3】转账支票存根如图5-23所示。

1200739420 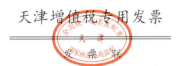 天津增值税专用发票　№ 04497651　1200739420
04887651

开票日期：20××年06月08日

购买方	名　　称：天津森研致和商贸有限公司 纳税人识别号：911201023286038510 地址、电话：河东区新开路15号　022-24320511 开户行及账号：中国工商银行天津新开路支行　0302011251462087642	密码区	<23408><4>50909-0771><*8+252/ 626/033>1+10-3*34<5-+9<+3/4> -5<76789-->3<50/0<*<--8*82+7 48/3<5576*>3758/0740871392

货物或应税劳务、服务名称	规格型号	单位	数量	单价	金　额	税率	税　额
*医疗仪器器械*按摩垫	AM-607e	个	100	512.00	51 200.00	13%	6 656.00
合　　计					¥51 200.00		¥6 656.00

价税合计（大写）	⊗伍万柒仟捌佰伍拾陆元整	（小写）¥57 856.00

销售方	名　　称：多锐（天津）智能科技有限公司 纳税人识别号：91121040667747000M 地址、电话：天津市华苑产业园区榕苑路15号　022-58386511 开户行及账号：中国工商银行天津-华苑支行　0302011200000000001	备注	

收款人：魏芳　　复核：张浩　　开票人：李志伟　　销售方：（章）

第三联：发票联 购买方记账凭证

税总函〔2016〕117号北京印钞有限公司

图 5 - 21　天津增值税专用发票

入 库 单
STOCK IN （记 账）　№ 04537019

20××年 06 月 08 日　　对方科目＿＿＿＿

名　Product name　称	单位 Unit	数量 Quantity	单价 Unit Price	金 AOMOUT 额 百 十 万 千 百 十 元 角 分	备注 REMARK
按摩垫	个	100	512.00	¥ 5 1 2 0 0 0 0	

附件　张

主管　孙春英　　会计　刘洪波　　保管员　王玉良　　经手人　王玉良
Director　　Accountant　　Storeman　　Handler

图 5 - 22　入库单

图 5 - 23　转账支票存根

【会计凭证】

借：库存商品——按摩椅　　　　　　　　　　　　　　　　　　　　51 200
　　应交税费——应交增值税——进项税额　　　　　　　　　　　　6 656
　　贷：银行存款——基本户——中国工商银行天津新开路支行（642）　57 856

【解析】

见【经济业务 32】解析。

【经济业务 44】

20××年 6 月 10 日，复验发现 8 日购进的按摩垫中有 10 个质量不符合要求，经联系后同意退货，收到退货的红字专用发票和重开的蓝字进货发票，开列退货款 5 120 元，退增值税税额 665.6 元，并收到业务部门转来的"进货退出单"。

【附件 1】天津增值税专用发票（红字）如图 5 - 24 所示。

【附件 2】天津增值税专用发票如图 5 - 25 所示。

【会计分录】如下：

借：应收账款——多锐（天津）智能科技有限公司　　　　　　　　5 785.6
　　贷：库存商品——按摩椅　　　　　　　　　　　　　　　　　　5 120
　　　　应交税费——应交增值税——进项税额　　　　　　　　　　665.6

【解析】

《企业会计准则应用指南——会计科目和主要账务处理》规定，进货退出时，借记"银行存款"或"应收账款"等科目，贷记"库存商品"科目，同时还应将收回的进货税额予以冲销。

【经济业务 45】

20××年 6 月 11 日，收到对方退来货款转账支票 14 373.6 元。

【附件】银行进账单如图 5 - 26 所示。

1200739420
销项负数

天津增值税专用发票

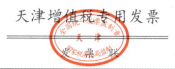

No 04487652　1200739420
04487652

开票日期：20××年06月10日

购买方	名　称：天津森研致和商贸有限公司 纳税人识别号：911201023286038510 地址、电话：河东区新开路15号　022-24320511 开户行及账号：中国工商银行天津新开路支行　0302011251462087642	密码区	2*<5--+88671022>/7-/*7+<-/0< 7/74<782>004-24-1/<937+33284 1423/+76*79*+4/>+0*00-6>20+4 59-49*76804/*4<*2/3455961465

货物或应税劳务、服务名称	规格型号	单位	数量	单价	金额	税率	税额
*医疗仪器器械*按摩垫	AM-607e	个	-100	512.00	-51 200.00	13%	-6 656.00
合　　计					¥-51 200.00		¥-6 656.00

价税合计（大写）　⊗（负数）伍万柒仟捌佰伍拾陆元整　（小写）¥-57 856.00

销售方	名　称：多锐（天津）智能科技有限公司 纳税人识别号：91121040667747000M 地址、电话：天津市华苑产业园区榕苑路15号　022-58386511 开户行及账号：中国工商银行天津华苑支行　0302011200000000001	备注	对应正数发票代码：1200739420 号码：04487651 91121040667747000M 发票专用章

收款人：魏芳　　复核：张浩　　开票人：李志伟　　销售方：（章）

图5-24　天津增值税专用发票（红字）

1200739420

天津增值税专用发票

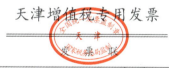

No 04480541　1200739420
04480541

开票日期：20××年06月10日

购买方	名　称：天津森研致和商贸有限公司 纳税人识别号：911201023286038510 地址、电话：河东区新开路15号　022-24320511 开户行及账号：中国工商银行天津新开路支行　0302011251462087642	密码区	/+63-2472//761>+8548916>60- 17193</+50><8<40414><6**30+< 3<32267<90>0515/4643*7+0*//5 95+2-9+>/3875005566+>/5631/3

货物或应税劳务、服务名称	规格型号	单位	数量	单价	金额	税率	税额
*医疗仪器器械*按摩垫	AM-607e	个	90	512.00	46 080.00	13%	5 990.40
合　　计					¥46 080.00		¥5 990.40

价税合计（大写）　⊗伍万贰仟零柒拾元肆角　（小写）¥52 070.40

销售方	名　称：多锐（天津）智能科技有限公司 纳税人识别号：91121040667747000M 地址、电话：天津市华苑产业园区榕苑路15号　022-58386511 开户行及账号：中国工商银行天津华苑支行　0302011200000000001	备注	91121040667747000M 发票专用章

收款人：魏芳　　复核：张浩　　开票人：李志伟　　销售方：（章）

图5-25　天津增值税专用发票

图 5-26　银行进账单

【会计分录】如下：

借：银行存款——基本户——中国工商银行天津新开路支行（642）　　　14 373.6

　　贷：应收账款——多锐（天津）智能科技有限公司　　　　　　　　　14 373.6

【解析】

《企业会计准则应用指南——会计科目和主要账务处理》规定，企业收回应收账款时，借记"银行存款"等科目，贷记"应收账款"科目。

▶▶▶　（二）出租商品的会计处理

【经济业务 46】

20×1 年 6 月 20 日，向供货商多锐（天津）智能科技有限公司购进空气净化器 15 台以开展出租业务，单价为 2 899 元/台，货款总计 43 485 元，对方开具增值税专用发票。

【附件 1】天津增值税专用发票如图 5-27 所示。

【附件 2】中国工商银行业务回单（付款）凭证如图 5-28 所示。

【会计分录】如下：

借：在途物资——空气净化器　　　　　　　　　　　　　　　　　　　43 485

　　应交税费——应交增值税——进项税额　　　　　　　　　　　　　5 653.05

　　贷：银行存款——基本户——中国工商银行天津新开路支行（642）　49 138.05

【解析】

见【经济业务 32】解析。

【经济业务 47】

20×1 年 6 月 20 日，以开展出租业务购进的空气净化器到达，并验收入库。

【附件】入库单如图 5-29 所示。

【会计分录】如下：

借：库存商品——出租商品　　　　　　　　　　　　　　　　　　　　43 485

　　贷：在途物资——空气净化器　　　　　　　　　　　　　　　　　43 485

1200739420

天津增值税专用发票

No 04487654　1200739420
04487654

开票日期：20×1年06月20日

购买方	名　　称：天津森研致和商贸有限公司 纳税人识别号：911201023286038510 地址、电话：河东区新开路15号　022-24320511 开户行及账号：中国工商银行天津新开路支行　0302011251462087642	密码区	<23408><4>50909-0771><*8+252/ 626/033>1+10-3*34<5-+9<+3/4> -5<76789-->3<50/0<*<--8*82+7 48/3<5576*>3758/0740871392

货物或应税劳务、服务名称	规格型号	单位	数量	单价	金额	税率	税额
*通用设备*空气净化器	TP04SILER	台	15	2 899.00	43 485.00	13%	5 653.05
合　　　计					¥43 485.00		¥5 653.05

价税合计（大写）	⊗肆万玖仟壹佰叁拾捌元零伍分	（小写）¥49 138.05

销售方	名　　称：多锐（天津）智能科技有限公司 纳税人识别号：91121040667747000M 地址、电话：天津市华苑产业园区榕苑路15号　022-58386511 开户行及账号：中国工商银行天津-华苑支行　0302011200000000001	备注	

收款人：魏芳　　　　复核：张浩　　　　开票人：李志伟　　　　销售方：（章）

税总函〔2016〕117号北京印钞有限公司

第三联：发票联 购买方记账凭证

图5-27　天津增值税专用发票

ICBC 中国工商银行

凭证

业务回单（付款）

回单编号：05761824

日期：20×1年06月20日

付款人户名：天津森研致和商贸有限公司
付款人账号（卡号）：0302011251462087642
收款人户名：多锐（天津）智能科技有限公司
收款人账号（卡号）：0302011200000000001
金额：肆万玖仟壹佰叁拾捌元零伍分
业务（产品）种类：转账　　　凭证种类：000000000
摘要：货款　　　　　　用途：
交易机构：102110000285　记账柜员：00010　交易代码：58710632

付款人开户行：中国工商银行天津新开路支行
收款人开户行：中国工商银行天津华苑支行

小写：¥49 138.05

凭证号码：00000000000000000
币种：人民币
渠道：中间业务后台方式

本回单为第2次打印，注意重复　　　打印日期：20×1年06月20日　　　打印柜员：9　　　验证码：1200378106

图5-28　中国工商银行业务回单（付款）凭证

【解析】

见【经济业务34】解析。

【经济业务48】

20×1年6月21日，将15台空气净化器出租给天津海河中学一年。空气净化器使用寿命为2年，按平均年限法折旧，净残值率为0，每月月末计提折旧。

入库单
STOCK IN （记账）No.09865301

20×1 年 06 月 20 日　　对方科目　主营业务收入

名 Product name 称	单位 Unit	数 量 Quantity	单 价 Unit Price	金 AOMOUT 额										备 注 REMARK
				百	十	万	千	百	十	元	角	分	
空气净化器	台	15	2899.00	¥	4	3	4	8	5	0	0		

附件　张

主 管　孙春英　　会 计　刘洪波　　保管员　王玉良　　经 手 人　王玉良
Director　　　　Accountant　　　　Storeman　　　　Handler

图 5 - 29　入库单

【附件】租赁合同如图 5 - 30 所示。

租赁合同

出租方：天津森研致和商贸有限公司（以下简称甲方）

承租方：天津海河中学　　　　　　（以下简称乙方）

依据《合同法》及有关法律法规，为明确出租方与承租方的权利和义务，遵循平等、自愿、公平和诚信的原则，双方就　15 台空气净化器　租赁事宜协商一致，订立本合同。

第一条　设备名称、型号、规格、数量

　　　　　　15 台空气净化器

第二条　租赁期限

设备租赁期限为　壹　年即自20×1 年 06 月 21 日至20×2 年 06 月 20 日。

第三条　租金

租金：每月叁仟叁佰玖拾元。

第四条　租赁方式及所有权

1. 租赁方式：本设备的租赁由甲方人员负责设备的操作和维护保养工作。

2. 租赁设备的所有权：合同附件所列租赁设备的所有权属于甲方，乙方对租赁机械只享有租赁期间的使用权，没有设备的所有权。

3. 未经甲方同意，乙方不得在设备上随意增加或减少部件，也不得以任何理由对设备进行抵押，否则造成的全部后果由乙方承担。

第五条　双方义务和责任

1. 甲方的义务和责任：保证所出租的设备能满足使用要求，如因设备自身故障以及维修人员错误操作所造成的一切损失由甲方承担。

2. 乙方的义务和责任：严禁故意损毁设备，如故意损坏造成的损失，承租方承担一切责任损失。

3. 如遇不可抗力因素造成的损失由双方协商解决。

第六条　争议的处理：本合同在履行过程中发生的争议，由双方当事人协商解决，也可由有关部门调解；协商或调解不成的依法向当地法院起诉。

第七条　其他约定事项：本合同未涉及的条款，双方可签订补充协议。

第八条　合同效力：本合同自双方或双方法定代表人或其授权代表人签字或加盖公章之日起生效。有效期至设备使用后。本合同一式两份，双方各执一份，具有同等法律效力。

出租方（盖单位章）：天津森研致和商贸有限公司　　　　承租方（盖单位章）：天津海河中学

法定代表人或　　　　　　　　　　　　　　　　　　　法定代表人或

其授权代表人（签字）：刘五军　　　　　　　　　　　其授权代表人（签字）：郭晓建

签订日期：20×1年06月20日　　　　　　　　　　　签订日期：20×1年06月20日

图 5 - 30　租赁合同

【会计分录】如下：

借：固定资产——空气净化器　　　　　　　　　　　　　　　　　　　　43 485

　　贷：库存商品——出租商品　　　　　　　　　　　　　　　　　　　　　　43 485

【解析】

（1）《企业会计准则第 4 号——固定资产》应用指南规定，固定资产，是指同时具有下列两个特征的有形资产：A. 为生产商品、提供劳务、出租或经营管理而持有的；B. 使用寿命超过一个会计期间。

（2）《企业会计准则应用指南——会计科目和主要账务处理》规定，外购货物转固定资产时，借记"固定资产"科目，贷记"库存商品"科目和"应交税费——应交增值税（进项税额转出）"科目。

【经济业务 49】

20×1 年 6 月 21 日，收取第一个月租金 3 390 元。

【附件】 天津增值税专用发票如图 5 - 31 所示。

【会计分录】如下：

借：库存现金　　　　　　　　　　　　　　　　　　　　　　　　　　　　3 390

　　贷：其他业务收入　　　　　　　　　　　　　　　　　　　　　　　　　　3 000

　　　　应交税费——应交增值税——销项税额　　　　　　　　　　　　　　　　390

【解析】

（1）《企业会计准则应用指南——会计科目和主要账务处理》规定，"其他业务收入"科目核算企业确认的除主营业务活动以外的其他经营活动实现的收入，包括出租固定资产、出租无形资产、出租包装物和商品、销售材料、用材料进行非货币性交换（非货币性资产交换具有商业实质且公允价值能够可靠计量）或债务重组等实现的收入。企业确认的其他业务收入，借记"银行存款""其他应收款"等科目，贷记"其他业务收入"科目等。

天津增值税专用发票　No 21508694

1200739420　　　　　　　　　　　　　　　　　　　　　　　1200739420
21508694

此联不作报销、扣税凭证使用　　　　　　　　开票日期：20×1年06月21日

购买方	名　　称：天津海河中学 纳税人识别号：911201032584689756 地址、电话：天津市河西区南京路5号　022-23391721 开户行及账号：中国银行天津琼州道支行　　800108327656001444	密码区	028/<6127<3-7*71-/<>6-*751/ 933*<75563/1+<5821<25367348 -2>*3258+7937<3>>/2199275+/ >10<=*1*636/7295->58+9<4**7

货物或应税劳务、服务名称	规格型号	单位	数量	单价	金　额	税率	税　额
*经营租赁*租赁费			1	3 000.00	3 000.00	13%	390.00
合　　计					¥3 000.00		¥390.00

价税合计（大写）　⊗叁仟叁佰玖拾元整　　　　　　　　　（小写）¥3 390.00

销售方	名　　称：天津森研致和商贸有限公司 纳税人识别号：911201023286038510 地址、电话：河东区新开路15号　022-24320511 开户行及账号：中国工商银行天津新开路支行　0302011251462087642	备注	

收款人：付强旭　　　复核：戴瑞旺　　　开票人：刘洪波　　　销售方：（章）发票专用章

第一联：记账联　销售方记账凭证

税总函[2016]117号北京印钞有限公司

图 5-31　天津增值税专用发票

（2）依据《国务院关于废止〈中华人民共和国营业税暂行条例〉和修改〈中华人民共和国增值税暂行条例〉的规定》（国务院令 691 号）、《财政部税务总局关于调整增值税税率的通知》（财税〔2018〕32 号）、《财政部税务总局海关总署关于深化增值税有关政策的公告》（财政部税务总局海关总署 2019 年第 39 号）的规定，有形动产租赁增值税税率降为 13%。

▶▶▶ （三）计提第二季度企业所得税费用

计提季度企业所得税和结转所得税费用会计处理方法同三月份，计提第二季度企业所得税和结转所得税费用为 9 440.95 元。

▶▶▶ （四）六月份科目余额表

六月份科目余额表如表 5-8 所示。

表 5-8　科目余额表

编制单位：天津森研致和商贸有限公司　　20××年06月30日　　　　　　金额单位：元

科目编号	科目名称	年初余额		期初余额		本期发生		本年累计		期末余额	
		方向	金额余额	方向	金额余额	借方金额	贷方金额	借方金额	贷方金额	方向	金额余额
1001	库存现金	借	6 241.93	借	2 910.98	561 674.86	556 473.79	568 674.86	566 804.74	借	8 112.05
1002	银行存款	借	2 333 056.88	借	2 124 885.99	707 289.60	285 007.90	4 633 297.47	4 419 186.66	借	2 547 167.69
1122	应收账款	借	182 460.00	借	853 892.00	5 785.60	14 373.60	1 251 893.10	589 049.10	借	845 304.00
1123	预付账款	平	0	借	25 000.00	0	3 400.00	42 000.00	20 400.00	借	21 600.00
1221	其他应收款	平	0	借	4 000.00	0	4 000.00	4 000.00	4 000.00	平	0

续表

科目编号	科目名称	年初余额		期初余额		本期发生		本年累计		期末余额	
		方向	金额余额	方向	金额余额	借方金额	贷方金额	借方金额	贷方金额	方向	金额余额
1402	在途物资	平	0	平	0	43 485.00	43 485.00	72 735.00	72 735.00	平	0
1405	库存商品	借	1 617 895.00	借	1 832 015.00	179 055.00	465 865.00	3 451 165.00	3 523 855.00	借	1 545 205.00
1407	商品进销差价	贷	176 000.00	贷	136 000.00	0	0	79 000.00	39 000.00	贷	136 000.00
1601	固定资产	借	23 200.00	借	23 200.00	43 485.00	0	46 685.00	3 200.00	借	66 685.00
1602	累计折旧	贷	6 383.30	贷	6 974.95	0	508.33	1 950.00	3 049.98	贷	7 483.28
1606	固定资产清理	平	0	平	0	0	0	1 500.00	1 500.00	平	0
2202	应付账款	贷	700 990.00	贷	1 452 100.80	0	101 123.70	1 519 070.50	2 371 305.00	贷	1 553 224.50
2211	应付职工薪酬	贷	120 275.28	贷	118 661.28	111 527.40	113 141.40	678 848.40	678 848.40	贷	120 275.28
2221	应交税费	贷	10 444.09	贷	66 834.86	146 940.86	153 678.61	1 270 992.33	1 334 120.85	贷	73 572.61
2241	其他应付款	贷	20 470.50	贷	20 470.50	17 350.50	17 350.50	107 223.00	107 223.00	贷	20 470.50
4001	实收资本（股本）	贷	1 800 000.00	贷	1 800 000.00	0	0	0	0	贷	1 800 000.00
4103	本年利润	平	0	贷	452 820.94	558 014.01	616 200.00	4 164 393.07	4 675 400.00	贷	511 006.93
4104	利润分配	贷	1 328 290.64	贷	812 040.64	0	0	516 250.00	0	贷	812 040.64
6001	主营业务收入	平	0	平	0	613 200.00	613 200.00	4 672 150.00	4 672 150.00	平	0
6051	其他业务收入	平	0	平	0	3 000.00	3 000.00	3 000.00	3 000.00	平	0
6301	营业外收入	平	0	平	0	0	0	250	250	平	0
6401	主营业务成本	平	0	平	0	422 380.00	422 380.00	3 401 370.00	3 401 370.00	平	0
6403	税金及附加	平	0	平	0	7 063.87	7 063.87	21 187.12	21 187.12	平	0
6601	销售费用	平	0	平	0	43 781.22	43 781.22	256 882.22	256 882.22	平	0
6602	管理费用	平	0	平	0	75 347.97	75 347.97	458 227.00	458 227.00	平	0
6603	财务费用	平	0	平	0	0	0	168.37	168.37	平	0
6801	所得税费用	平	0	平	0	9 440.95	9 440.95	26 895.10	26 895.10	平	0
6901	以前年度损益调整	平	0	平	0	0	0	516 250.00	516 250.00	平	0

审核：戴瑞旺　　　　　　　　　　　　制表：刘洪波

▶▶▶ ⌈ （五）六月份资产负债表 ⌉

六月份资产负债表如表5-9所示。

表5-9　资产负债表

编制单位：天津森研致和商贸有限公司　20××年06月30日　　　　　　　　　　单位：元

资　产	期末余额	上年年末余额	负债和所有者权益（或股东权益）	期末余额	上年年末余额
流动资产			流动负债		
货币资金	2 555 279.74	2 339 298.81	短期借款	0.00	0.00

续表

资　产	期末余额	上年年末余额	负债和所有者权益（或股东权益）	期末余额	上年年末余额
以公允价值计量且其变动计入当期损益的金融资产	0.00	0.00	以公允价值计量且其变动计入当期损益的金融负债	0.00	0.00
衍生金融资产	0.00	0.00	衍生金融负债	0.00	0.00
应收票据	0.00	0.00	应付票据	0.00	0.00
应收账款	845 304.00	182 460.00	应付账款	1 553 224.50	700 990.00
预付款项	2 160.00	0.00	预收款项	0.00	0.00
其他应收款	0.00	0.00	应付职工薪酬	120 275.28	120 275.28
存货	1 409 205.00	1 441 895.00	应交税费	73 572.61	10 444.09
持有待售资产	0.00	0.00	其他应付款	20 470.50	20 470.50
一年内到期的非流动资产	0.00	0.00	持有待售负债	0.00	0.00
其他流动资产	0.00	0.00	一年内到期的非流动负债	0.00	0.00
流动资产合计	4 831 388.74	3 963 653.81	其他流动负债	0.00	0.00
非流动资产：	0.00	0.00	流动负债合计	1 767 542.89	852 179.87
可供出售金融资产	0.00	0.00	非流动负债：	0.00	0.00
持有至到期投资	0.00	0.00	长期借款	0.00	0.00
长期应收款	0.00	0.00	应付债券	0.00	0.00
长期股权投资	0.00	0.00	其中：优先股	0.00	0.00
投资性房地产	0.00	0.00	永续债	0.00	0.00
固定资产	59 201.72	16 816.70	长期应付款	0.00	0.00
在建工程	0.00	0.00	预计负债	0.00	0.00
生产性生物资产	0.00	0.00	递延收益	0.00	0.00
油气资产	0.00	0.00	递延所得税负债	0.00	0.00
无形资产	0.00	0.00	其他非流动负债	0.00	0.00
开发支出	0.00	0.00	非流动负债合计	0.00	
商誉	0.00		负债合计	1 767 542.89	852 179.87
长期待摊费用	0.00	0.00	所有者权益（或股东权益）：	0.00	0.00
递延所得税资产	0.00	0.00	实收资本（或股本）	1 800 000.00	1 800 000.00
其他非流动资产	0.00	0.00	其他权益工具	0.00	0.00
非流动资产合计	59 201.72	16 816.70	其中：优先股	0.00	0.00
			永续债	0.00	0.00
			资本公积	0.00	0.00
			减：库存股	0.00	0.00

续表

资　产	期末余额	上年年末余额	负债和所有者权益（或股东权益）	期末余额	上年年末余额
			其他综合收益	0.00	0.00
			专项储备	0.00	0.00
			盈余公积	0.00	0.00
			未分配利润	1 323 047.57	1 328 209.64
			所有者权益（或股东权益）合计	3 123 047.57	3 128 290.64
资产合计	4 890 590.46	3 980 470.51	负债和所有者权益（或股东权益）总计	4 890 590.46	3 980 470.51

审核：戴瑞旺　　　　　　　　　制表：刘洪波

▶▶▶ （六）六月份利润表

六月份利润表如表 5-10 所示。

表 5-10　利润表

编制单位：天津森研致和商贸有限公司　　20××年06月30日　　　　　　单位：元

项　　目	本期金额	上期金额
一、营业收入	4 675 150.00	—
减：营业成本	3 401 370.00	—
税金及附加	21 187.12	—
销售费用	256 882.22	—
管理费用	458 227.00	—
研发费用	—	—
财务费用	−168.37	—
其中：利息费用	—	—
利息收入	—	—
加：其他收益		—
投资收益（损失以"−"号填列）	—	—
其中：对联营企业和合营企业的投资收益	—	—
公允价值变动收益（损失以"−"号填列）	—	—
资产减值损失（损失以"−"号填列）	—	—
资产处置收益（损失以"−"号填列）	—	—
二、营业利润（亏损以"−"号填列）	537 652.03	—
加：营业外收入	250.00	—
减：营业外支出	—	—

续表

项　目	本期金额	上期金额
三、利润总额（亏损总额以"－"号填列）	537 902.03	－
减：所得税费用	26 895.10	－
四、净利润（净亏损以"－"号填列）	511 006.93	－
（一）持续经营净利润（净亏损以"－"号填列）		
（二）终止经营净利润（净亏损以"－"号填列）		
五、其他综合收益的税后净额		
（一）不能重分类进损益的其他综合收益		
1. 重新计量设定受益计划变动额		
2. 权益法下不能转损益的其他综合收益		
……		
（二）将重分类进损益的其他综合收益		
1. 权益法下可转损益的其他综合收益		
2. 可供出售金融资产公允价值变动损益		
3. 持有至到期投资重分类为可供出售金融资产损益		
4. 现金流量套期损益的有效部分		
5. 外币财务报表折算差额		
……		
六、综合收益总额		
七、每股收益：		
（一）基本每股收益		
（二）稀释每股收益		

审核：戴瑞旺　　　　　　　　　　制表：刘洪波

项目六

第三季度经济业务的会计处理

实训目的

通过实训能够处理商业物业直运商品、销货退补价等特殊销售业务。

实训内容

商业企业直运商品、销货退补价、委托代销业务及现金折扣、商业折扣、销售折让等特殊销售业务。

实训方法

线下实操与线上实操练习。

实训要求

了解商业企业直运商品、销货退补价及特殊销售业务的会计处理流程；

掌握商业企业直运商品、销货退补价及特殊销售业务的会计处理方法。

一、七月份会计业务处理

▶▶▶ ┌ （一）直运商品的会计处理 ┐

【经济业务 50】

20××年 7 月 2 日，公司从多锐（天津）智能科技有限公司订购按摩垫 1 000 个，每个 490 元，直运给天津智慧商贸有限公司，供应价为每个 512 元。根据银行转来多锐（天津）智能科技有限公司的专用发票，开列按摩垫货款 490 000 元、增值税额 63 700 元，审核无误后入账。

【附件】天津增值税专用发票如图 6-1 所示。

图 6-1　天津增值税专用发票

【会计凭证】

借：在途物资——按摩椅　　　　　　　　　　　　　　　490 000
　　　应交税费——应交增值税——进项税额　　　　　　　63 700
　　贷：应付账款——多锐（天津）智能科技有限公司　　　　　　553 700

【解析】

见【经济业务 32】解析。

【经济业务 51】

20××年 7 月 2 日，直运销售按摩垫 1 000 个，每个 512 元，货款为 512 000 元，增值税额为 66 560 元，向天津智慧商贸有限公司托收。

【附件 1】托收凭证如图 6-2 所示。

【附件 2】天津增值税专用发票如图 6-3 所示。

ICBC 🏦 中国工商银行

托收凭证（受理回单）

1 No.06523174

委托日期20××年 07 月 02 日

业务类型	委托收款（ □邮划、 ☑电划）	托收承付（ □邮划、 □电划）			
付款人	全称	天津智慧商贸有限公司	收款人	全称	天津森研致和商贸有限公司
	帐号	6302015301459730124		账号	0302011251462087642
	地址	天津市东丽区津滨大道201号 市 县	开户行	中国工商银行天津空港第一支行	地址	天津市河东区新开路15号 市 县	开户行	中国工商银行天津新开路支行

| 金额 | 人民币（大写） | 伍拾柒万捌仟伍佰陆拾元整 | 亿 千 百 十 万 千 百 十 元 角 分 ¥ 5 7 8 5 6 0 0 0 |

| 款项内容 | 销售按摩垫 | 托收凭据名称 | | 附寄单证张数 | |

| 商品发运情况 | | 合同名称号码 | |

| 备注： | | 款项收妥日期 | | 收款人开户银行签章 | |

复核：李卫青 记账：孙楠　　　年 月 日　　　年 月 日

B610.324

175*100mm

图6-2 托收凭证

天津增值税专用发票

1200739420

No 09398091

1200739420
09398091

此联不作报销 和税凭证使用

开票日期：20××年07月02日

购买方	名　称： 天津智慧商贸有限公司	密码区	028/<6127<3-7*71-/<>6-*751/
	纳税人识别号： 9112011730125671X2		933*<75563/1+<5821<25367348
	地址、电话： 天津市东丽区津滨大道201号 022-60413527		-2>*3258+7937<3>>/2199275+/
	开户行及账号： 中国工商银行天津-空港第一支行 6302015301459730124		>10<=*1*636/7295>>58+9<4**7

货物或应税劳务、服务名称	规格型号	单位	数量	单价	金额	税率	税额
*医疗仪器机械*按摩椅	AM-607e	个	1 000	512.00	512 000.00	13%	66 560.00
合　　计					￥512 000.00		￥66 560.00

| 价税合计（大写） | ⊗伍拾柒万捌仟伍佰陆拾元整 | （小写）￥578 560.00 |

销售方	名　称： 天津森研致和商贸有限公司	备注	
	纳税人识别号： 9112010232 86038510		
	地址、电话： 河东区新开路15号 022-24320511		
	开户行及账号： 中国工商银行天津新开路支行 0302011251462087642		

收款人：付强旭　　　复核：戴瑞旺　　　开票人：刘洪波　　　销售方：（章）

第一联：记账联 销售方记账凭证

税总函〔2016〕117号北京印钞有限公司

图6-3 天津增值税专用发票

【会计分录】如下：

借：应收账款——天津智慧商贸有限公司　　　　　　　578 560
　　贷：应交税费——应交增值税——销项税额　　　　　　　　66 560
　　　　主营业务收入　　　　　　　　　　　　　　　　　　512 000

【解析】

见【经济业务22】解析。

【经济业务 52】

20××年 7 月 31 日，结转直运商品成本。

【附件】 库存商品结转主营业务成本明细表如表 6-1 所示。

表 6-1　库存商品结转主营业务成本明细表

编制单位：天津森研致和商贸有限公司　　　20××年 07 月 31 日　　　　　　　　金额单位：元

产品名称	期初库存商品		本期转入库存商品		本期销售库存商品		月末库存	
	数量	金额	数量	金额	数量	金额	数量	金额
按摩垫			1 000	490 000.00	1 000	490 000.00		
合计			1 000	490 000.00	1 000	490 000.00		

审核：戴瑞旺　　　　　　　　　　　　　　　　　制表：刘洪波

【会计分录】 如下：

借：主营业务成本　　　　　　　　　　　　　　　　　　　　　　　　　490 000

　　贷：在途物资——按摩椅　　　　　　　　　　　　　　　　　　　　　　490 000

【解析】

见【经济业务 14】解析。

▶▶▶ ┌ **（二）销货退价** ┐

【经济业务 53】

20××年 7 月 8 日，公司销售给天津滨江大饭店有限公司 60 台足疗仪，其单价为 1 040 元，增值税税率为 13%，款项已收到。

【附件 1】 天津增值税专用发票如图 6-4 所示。

图 6-4　天津增值税专用发票

【附件2】中国工商银行业务回单（收款）凭证如图6-5所示。

ICBC 🏦 中国工商银行

凭证

业务回单（收款）

日期：20××年07月08日

回单编号：00962745

付款人户名：天津滨江大饭店有限公司
付款人账号（卡号）：0302011309105261055
收款人户名：天津森研致和商贸有限公司
收款人账号（卡号）：0302011251462087642
金额：柒万零伍佰壹拾贰元整
业务（产品）种类：跨行发报　　　凭证种类：000000000
摘要：货款　　　　　　　　　　用途：销售足疗仪
交易机构0030200150　记账柜员：00023　交易代码：52093
附言：
支付交易序号：32568520　报文种类：跨行收报
业务类型（种类）：

付款人开户行：中国工商银行天津小白楼支行
收款人开户行：中国工商银行天津新开路支行

小写：¥70 512.00

凭证号码：00000000000000000
币种：人民币
渠道：其他

委托日期：20××-07-08

中国工商银行天津新开路支行
自助回单机专用章
（001）

本回单为第1次打印，注意重复　打印日期：20××-07-08　打印柜员：9　验证码：124DC42B2006

图6-5　中国工商银行业务回单（收款）凭证

【附件3】销售出库单如图6-6所示。

销售出库单

联系电话：022-60321928

No. 20××070800031

客户名称：　天津滨江大饭店有限公司
客户地址：　天津市静海区静海镇胜利南路下三里路口586号

制单日期：20××年07月08日

序号	批号	品 名 / 规 格	单位	数量	单价	金额	有效期	备注
01		足疗仪	个	60	1 040.00	62 400.00		

天津森研致和商贸有限公司
送货专用章

总额（大写）：陆万贰仟肆佰元整	总额（小写）：¥62 400.00

制单：王玉良　　库管：王玉良　　业务：刘洪波　　复核：孙春英　　经理审核：刘力卓　　　客户验收：王立

图6-6　销售出库单

【会计分录】如下：

借：银行存款——基本户——中国工商银行天津新开路支行（642）　　70 512
　　贷：应交税费——应交增值税——销项税额　　　　　　　　　　　　　　8 112
　　　　主营业务收入　　　　　　　　　　　　　　　　　　　　　　　　62 400

【解析】

见【经济业务22】解析。

【经济业务54】

20××年7月10日，发现8日销售给天津滨江大饭店有限公司的足疗仪单价开错，该机单价应为 1 020 元，开出红字专用发票，应退对方货款 1 200 元、增值税额 156 元，应退货款已支付。

【附件1】天津增值税专用发票（红字）如图 6-7 所示。

天津增值税专用发票

1200739420

销项负数

此联不作提销货退和税凭证使用

No 09398093

1200739420
09398093

开票日期：20××年07月10日

购买方	名 称：天津滨江大饭店有限公司 纳税人识别号：91120223MA09KT7T2T 地址、电话：天津市静海区胜利南路下三里路口586号 022-60321928 开户行及账号：中国工商银行天津小白楼支行 0302011309105261055			密码区	431/<6127<3-7*71-/<>6-*977/ 933*<75563/1+<5821<25357321 30566258+7937<3>>/2111345+/ >51<=*1*636/7295->58+9<8**7

货物或应税劳务、服务名称	规格型号	单位	数量	单价	金额	税率	税额
*商用设备*足疗仪	CCQ-558	个	-60	20.00	-1 200.00	13%	-156.00
合　　计					¥-1 200.00		¥-156.00

价税合计（大写）	⊗（负数）壹仟叁佰伍拾陆元整	（小写）¥1 356.00

销售方	名 称：天津森研致和商贸有限公司 纳税人识别号：91120102328603851O 地址、电话：河东区新开路15号 022-24320511 开户行及账号：中国工商银行天津新开路支行 0302011251462087642	备注	对应正数发票代码：1200739420 号码：09398092

收款人：付强旭　　　复核：戴瑞旺　　　开票人：刘洪波　　　销售方：（章）

第一联：记账联 销售方记账凭证

税总函〔2016〕117号北京印钞有限公司

图 6-7　天津增值税专用发票（红字）

【附件2】中国工商银行业务回单（付款）凭证如图 6-8 所示。

ICBC 🏛 **中国工商银行**

凭证

业务回单（付款）

日期：20××年07月10日

回单编号：05761824

付款人户名：天津森研致和商贸有限公司
付款人账号（卡号）：0302011251462087642
收款人户名：天津滨江大饭店有限公司
收款人账号（卡号）：0302011309105261055
金额：壹仟叁佰伍拾陆元整
业务（产品）种类：转账　　　凭证种类：000000000
摘要：销货退价　　　用途：
交易机构：102110000285　记账柜员：00010　交易代码：58710632

付款人开户行：中国工商银行天津新开路支行
收款人开户行：中国工商银行天津小白楼支行

小写：¥1 356.00

凭证号码：0000000000000000
币种：人民币
渠道：中间业务后台方式

本回单为第2次打印，注意重复　　打印日期：20××年07月10日　　打印柜员：9　　验证码：1200945306

图 6-8　中国工商银行业务回单（付款）凭证

【会计分录】如下：

借：主营业务收入　　　　　　　　　　　　　　　　　　　　　　　1 200

　　应交税费——应交增值税——销项税额　　　　　　　　　　　　　156

　　　　贷：银行存款——基本户——中国工商银行天津新开路支行（642）　　　　1 356

【解析】

　　《企业会计准则应用指南——会计科目和主要账务处理》规定，本期（月）发生的销售退回或销售折让，按应冲减的营业收入，借记"主营业务收入"科目，按实际支付或应退还的金额，贷记"银行存款""应收账款"等科目。涉及增值税销项税额的，还应进行相应的处理。

▶▶▶ 　（三）销货补价

【经济业务 55】

　　20××年 7 月 10 日，公司销售给天津滨江大饭店有限公司 10 台按摩椅，其单价为 9 400 元，增值税税率为 13%，向对方开具增值税专用发票，款项已收到。

【附件 1】天津增值税专用发票如图 6-9 所示。

图 6-9　天津增值税专用发票

【附件 2】中国工商银行业务回单（收款）凭证如图 6-10 所示。

【附件 3】销售出库单如图 6-11 所示。

【会计分录】如下：

　　借：银行存款——基本户——中国工商银行天津新开路支行（642）　　　　106 220

　　　　贷：应交税费——应交增值税——销项税额　　　　12 220

　　　　　　主营业务收入　　　　94 000

【解析】

见【经济业务 22】解析。

ICBC 图 中国工商银行

日期：20××年07月10日

凭证

业务回单（收款）

回单编号：03024791

付款人户名：天津滨江大饭店有限公司
付款人账号（卡号）：0302011309105261055
收款人户名：天津森研致和商贸有限公司
收款人账号（卡号）：0302011251462087642
金额：壹拾万零陆仟贰佰贰拾元整
业务（产品）种类：跨行收报　　凭证种类：000000000
摘要：货款　　　　　用途：销售按摩椅
交易机构：0030200150　记账柜员：00023　交易代码：52093
附言：货款
支付交易序号：23568952　报文种类：跨行收报
业务类型（种类）：

付款人开户行：中国工商银行天津小白楼支行
收款人开户行：中国工商银行天津新开路支行

小写：¥106 220.00

凭证号码：00000000000000000
币种：人民币
渠道：其他

委托日期：20××-07-10

本回单为第1次打印，注意重复　　打印日期：20××-07-10　　打印柜员：9　　验证码：124DC42B2006

图6-10　中国工商银行业务回单（收款）凭证

销售出库单

客户名称：　天津滨江大饭店有限公司
客户地址：　天津市静海区静海镇胜利南路下三里路口586号

联系电话：　022-60321928

No.20××071000038
制单日期：20××年07月10日

序号	批号	品 名／规 格	单位	数量	单价	金额	有效期	备注
01		按摩椅	台	10	9 400.00	94 000.00		
总额（大写）：玖万肆仟元整					总额（小写）：¥ 94 000.00			

制单：王玉良　　库管：王玉良　　业务：刘洪波　　复核：孙春英　　经理审核：刘力卓　　客户验收：王立

图6-11　销售出库单

【经济业务56】

20××年7月12日，发现10日销售给天津滨江大饭店有限公司的10台按摩椅单价开错，该机单价应为9 500元，开出蓝字专用发票，应收取对方货款1 000元、增值税税额130元，签发转账支票付讫。

【附件1】 天津增值税专用发票如图6-12所示。

【附件2】 中国工商银行业务回单（收款）凭证如图6-13所示。

【会计凭证】

借：银行存款——基本户——中国工商银行天津新开路支行（642）　　1 130

　　贷：应交税费——应交增值税——销项税额　　　　　　　　　　　　　　　130

　　　　主营业务收入　　　　　　　　　　　　　　　　　　　　　　　　　1 000

天津增值税专用发票

1200739420

No 09398096

1200739420
09398096

此联不作报销◯和税证使用

开票日期：20××年07月12日

购买方	名　　　称：天津滨江大饭店有限公司 纳税人识别号：91120223MA09KT7T2T 地址、电话：天津市静海区胜利南路口下三里路口586号　022-60321928 开户行及账号：中国工商银行天津小白楼支行　0302011309105261055	密码区	028/<6127<3-7*71-/<>6-*751/ 933*<75563/1+<5821<25367348 -2>*3258+7937<3>>/2199275+/ >10<=*1*636/7295->58+9<4**7

货物或应税劳务、服务名称	规格型号	单位	数量	单价	金额	税率	税额
*医疗仪器器械*按摩椅	RT7708	个	10	100.00	1 000.00	13%	130.00
合　　　计					¥ 1 000.00		¥ 130.00

价税合计（大写）	⊗壹仟壹佰叁拾元整	（小写）¥ 1 130.00

销售方	名　　　称：天津森研致和商贸有限公司 纳税人识别号：911201023286038510 地址、电话：河东区新开路15号　022-24320511 开户行及账号：中国工商银行天津新开路支行　0302011251462087642	备注	天津森研致和商贸有限公司 911201023286038510 发票专用章

收款人：付强旭　　　复核：戴瑞旺　　　开票人：刘洪波　　　销售方：（章）

税总函〔2016〕117号北京印刷有限公司

第一联：记账联　销售方记账凭证

图 6-12　天津增值税专用发票

ICBC 中国工商银行

凭证

业务回单（收款）

日期：20××年07月12日

回单编号：04215837

付款人户名：天津滨江大饭店有限公司
付款人账号（卡号）：0302011309105261055
收款人户名：天津森研致和商贸有限公司
收款人账号（卡号）：0302011251462087642
金额：壹仟壹佰叁拾元整
业务（产品）种类：跨行收报　　凭证种类：000000000
摘要：　　　　　　　　　　　用途：销货补价
交易机构：0030200150　记账柜员：00023　交易代码：52093
附言：货款
支付交易序号：23568955　报文种类：跨行收报
业务类型（种类）：普通汇兑

付款人开户行：中国工商银行天津小白楼支行
收款人开户行：中国工商银行天津新开路支行

小写：¥ 1 130.00

凭证号码：00000000000000000
币种：人民币
渠道：其他

委托日期：20××-07-12

中国工商银行天津新开路支行
自助回单机专用章
（001）

本回单为第1次打印，注意重复　　打印日期：20××-07-12　　打印柜员：9　　验证码：1244C42B2006

图 6-13　中国工商银行业务回单（收款）凭证

【解析】

《企业会计准则第 14 号——收入》（2017 年修订）规定，因退补价是销售金额的调整，不涉及商品数量，只需增加或减少"主营业务收入"和销项税数额，不调整"库存商品"和"主营业务成本"账户的数额。因此销货补价时，借记"银行存款"科目，贷记"主营业务收入"和"应交税费——应交增值税（销项税额）"科目。

▶▶▶ **（四）预缴第二季度企业所得税**

会计处理方法同四月份。

▶▶▶ **（五）企业所得税月（季）度预缴纳税申报表的填写**

填写表格及方法同四月份。

▶▶▶ **（六）七月份科目余额表**

七月份科目余额表如表6-2所示。

表6-2　科目余额表

编制单位：天津森研致和商贸有限公司　　20××年07月31日　　　　　　金额单位：元

科目编号	科目名称	年初余额		期初余额		本期发生		本年累计		期末余额	
		方向	金额余额	方向	金额余额	借方金额	贷方金额	借方金额	贷方金额	方向	金额余额
1001	库存现金	借	6 241.93	借	8 112.05	8 390.00	2 019.39	577 064.86	568 824.13	借	14 482.66
1002	银行存款	借	2 333 056.88	借	2 547 167.69	268 262.00	195 949.60	4 901 559.47	4 615 136.26	借	2 619 480.09
1122	应收账款	借	182 460.00	借	845 304.00	578 560.00	0	1 830 453.10	589 049.10	借	1 423 864.00
1123	预付账款	平	0	借	21 600.00	0	3 400.00	42 000.00	23 800.00	借	18 200.00
1221	其他应收款	平	0	平	0	0	0	4 000.00	4 000.00	平	0
1402	在途物资	平	0	平	0	490 000.00	490 000.00	562 735.00	562 735.00	平	0
1405	库存商品	借	1 617 895.00	借	1 545 205.00	43 485.00	210 400.00	3 494 650.00	3 734 255.00	借	1 378 290.00
1407	商品进销差价	贷	176 000.00	贷	136 000.00	30 000.00	0	109 000.00	39 000.00	贷	106 000.00
1601	固定资产	借	23 200.00	借	66 685.00	0	0	46 685.00	3 200.00	借	66 685.00
1602	累计折旧	贷	6 383.30	贷	7 483.28	0	2 628.22	1 950.00	5 678.20	贷	10 111.50
1606	固定资产清理	平	0	平	0	0	0	1 500.00	1 500.00	平	0
2202	应付账款	贷	700 990.00	贷	1 553 224.50	0	602 838.05	1 519 070.50	2 974 143.05	贷	2 156 062.55
2211	应付职工薪酬	贷	120 275.28	贷	120 275.28	116 369.40	113 141.40	795 217.80	791 989.80	贷	117 047.28
2221	应交税费	贷	10 444.09	贷	73 572.61	171 228.61	129 948.57	1 442 220.94	1 464 069.42	贷	32 292.57
2241	其他应付款	贷	20 470.50	贷	20 470.50	17 350.50	17 350.50	124 573.50	124 573.50	贷	20 470.50
4001	实收资本（股本）	贷	1 800 000.00	贷	1 800 000.00					贷	1 800 000.00
4103	本年利润	平	0	贷	511 006.93	795 230.22	751 200.00	4 959 623.29	5 426 600.00	贷	466 976.71
4104	利润分配	贷	1 328 290.64	贷	812 040.64	0	0	516 250.00	0	贷	812 040.64
6001	主营业务收入	平	0	平	0	748 200.00	748 200.00	5 420 350.00	5 420 350.00	平	0
6051	其他业务收入	平	0	平	0	3 000.00	3 000.00	6 000.00	6 000.00	平	0
6301	营业外收入	平	0	平	0	0	0	250	250	平	0
6401	主营业务成本	平	0	平	0	670 400.00	670 400.00	4 071 770.00	4 071 770.00	平	0
6402	其他业务成本	平	0	平	0	2 119.89	2 119.89	2 119.89	2 119.89	平	0
6403	税金及附加	平	0	平	0	3 703.16	3 703.16	24 890.28	24 890.28	平	0
6601	销售费用	平	0	平	0	42 289.20	42 289.20	299 171.42	299 171.42	平	0

续表

科目编号	科目名称	年初余额		期初余额		本期发生		本年累计		期末余额	
		方向	金额余额	方向	金额余额	借方金额	贷方金额	借方金额	贷方金额	方向	金额余额
6602	管理费用	平	0	平	0	76 717.97	76 717.97	534 944.97	534 944.97	平	0
6603	财务费用	平	0	平	0	0	0	168.37	168.37	平	0
6801	所得税费用	平	0	平	0	0	0	26 895.10	26 895.10	平	0
6901	以前年度损益调整	平	0	平	0	0	0	516 250.00	516 250.00	平	0
	合计	借	4 162 853.81	借	5 034 073.74	4 065 305.95	4 065 305.95	31 831 026.75	31 831 026.75	借	5 521 001.75
		贷	4 162 853.81	贷	5 034 073.74					贷	5 521 001.75

审核：戴瑞旺　　　　　　　　　　　　　制表：刘洪波

▶▶▶ （七）七月份资产负债表

七月份资产负债表如表6-3所示。

表6-3　资产负债表

编制单位：天津森研致和商贸有限公司　　20××年07月31日　　　　　　　单位：元

资　产	期末余额	上年年末余额	负债和所有者权益（或股东权益）	期末余额	上年年末余额
流动资产			流动负债		
货币资金	2 633 962.75	2 339 298.81	短期借款	0.00	0.00
以公允价值计量且其变动计入当期损益的金融资产	0.00	0.00	以公允价值计量且其变动计入当期损益的金融负债	0.00	0.00
衍生金融资产	0.00	0.00	衍生金融负债	0.00	0.00
应收票据	0.00	0.00	应付票据	0.00	0.00
应收账款	1 423 864.00	182 460.00	应付账款	2 156 062.55	700 990.00
预付款项	18 200.00	0.00	预收款项	0.00	0.00
其他应收款	0.00	0.00	应付职工薪酬	117 047.28	120 275.28
存货	1 272 290.00	1 441 895.00	应交税费	32 292.57	10 444.09
持有待售资产	0.00	0.00	其他应付款	20 470.50	20 470.50
一年内到期的非流动资产	0.00	0.00	持有待售负债	0.00	0.00
其他流动资产	0.00	0.00	一年内到期的非流动负债	0.00	0.00
流动资产合计	5 348 316.75	3 963 653.81	其他流动负债	0.00	0.00
非流动资产：	0.00	0.00	流动负债合计	2 325 872.90	852 179.87
可供出售金融资产	0.00	0.00	非流动负债：	0.00	0.00
持有至到期投资	0.00	0.00	长期借款	0.00	0.00
长期应收款	0.00	0.00	应付债券	0.00	0.00
长期股权投资	0.00	0.00	其中：优先股	0.00	0.00

续表

资　产	期末余额	上年年末余额	负债和所有者权益（或股东权益）	期末余额	上年年末余额
投资性房地产	0.00	0.00	永续债	0.00	0.00
固定资产	56 573.50	16 816.70	长期应付款	0.00	0.00
在建工程	0.00	0.00	预计负债	0.00	0.00
生产性生物资产	0.00	0.00	递延收益	0.00	0.00
油气资产	0.00	0.00	递延所得税负债	0.00	0.00
无形资产	0.00	0.00	其他非流动负债	0.00	0.00
开发支出	0.00	0.00	非流动负债合计	0.00	0.00
商誉	0.00	0.00	负债合计	2 325 872.90	852 179.87
长期待摊费用	0.00	0.00	所有者权益（或股东权益）：	0.00	0.00
递延所得税资产	0.00	0.00	实收资本（或股本）	1 800 000.00	1 800 000.00
其他非流动资产	0.00	0.00	其他权益工具	0.00	0.00
非流动资产合计	56 573.50	16 816.70	其中：优先股	0.00	0.00
			永续债	0.00	0.00
			资本公积	0.00	0.00
			减：库存股	0.00	0.00
			其他综合收益	0.00	0.00
			专项储备	0.00	0.00
			盈余公积	0.00	0.00
			未分配利润	1 279 017.35	1 328 209.64
			所有者权益（或股东权益）合计	3 079 017.35	3 128 290.64
资产合计	5 404 890.25	3 980 470.51	负债和所有者权益（或股东权益）总计	5 404 890.25	3 980 470.51

审核：戴瑞旺　　　　　　　　　　　　　　　制表：刘洪波

▶▶▶ （八）七月份利润表

七月份利润表如表 6-4 所示。

表 6-4　利润表

编制单位：天津森研致和商贸有限公司　　20××年 07 月 31 日　　　　　　　　单位：元

项　目	本期金额	上期金额
一、营业收入	5 426 350.00	—
减：营业成本	4 073 889.89	—
税金及附加	24 890.28	—

续表

项　目	本期金额	上期金额
销售费用	299 171.42	—
管理费用	534 944.97	—
研发费用	—	—
财务费用	−168.37	—
其中：利息费用	—	—
利息收入	—	—
加：其他收益		
投资收益（损失以"−"号填列）	—	—
其中：对联营企业和合营企业的投资收益	—	—
公允价值变动收益（损失以"−"号填列）	—	—
资产减值损失（损失以"−"号填列）	—	—
资产处置收益（损失以"−"号填列）	—	—
二、营业利润（亏损以"−"号填列）	493 621.81	—
加：营业外收入	250.00	—
减：营业外支出	—	—
三、利润总额（亏损总额以"−"号填列）	493 871.81	—
减：所得税费用	26 895.10	—
四、净利润（净亏损以"−"号填列）	466 976.71	—
（一）持续经营净利润（净亏损以"−"号填列）		
（二）终止经营净利润（净亏损以"−"号填列）		
五、其他综合收益的税后净额		
（一）不能重分类进损益的其他综合收益		
1. 重新计量设定受益计划变动额		
2. 权益法下不能转损益的其他综合收益		
……		
（二）将重分类进损益的其他综合收益		
1. 权益法下可转损益的其他综合收益		
2. 可供出售金融资产公允价值变动损益		
3. 持有至到期投资重分类为可供出售金融资产损益		
4. 现金流量套期损益的有效部分		
5. 外币财务报表折算差额		
……		
六、综合收益总额		

续表

项　　目	本期金额	上期金额
七、每股收益：		
（一）基本每股收益		
（二）稀释每股收益		

审核：戴瑞旺　　　　　　　　　　　　　　制表：刘洪波

二、八月份会计业务处理

（一）委托代销的业务处理

【经济业务57】

20××年8月1日，企业根据商品委托代销合同，将变频冷暖空调30个委托天津市安腾商贸有限公司代销，其购进不含税价为2 800元/台，合同规定销售单价为4 200元/台，每个月末受托方向委托方开具代销清单，据以结算货款，代销手续费为销货款的10%。8月1日，企业已发出商品。

【附件】销售出库单如图6-14所示。

销售出库单

客户名称：　天津市安腾商贸有限公司　　　联系电话：　022-29341010　　　No.20××080100001

客户地址：　天津市武清区杨村镇和平里企业局东楼　　　制单日期：20××年08月01日

序号	批号	品名/规格	单位	数量	单价	金额	有效期	备注
01		变频冷暖空调	台	30	2 800.00	84 000.00		
总额(大写)：捌万肆仟元整				总额（小写）：¥84 000.00				

天津鑫研致和商贸有限公司 送货专用章

制单：王玉良　　库管：王玉良　　业务：刘洪波　　复核：孙春英　　经理审核：刘力卓　　客户验收：王欢

图6-14　销售出库单

【会计分录】如下：

借：发出商品——变频冷暖空调　　　　84 000

　贷：库存商品——变频冷暖空调　　　　84 000

【解析】

《企业会计准则应用指南——会计科目和主要账务处理》规定，对于未满足收入确认条件的发出商品，应按发出商品的实际成本（或进价）或计划成本（或售价），借记“发出商品”科目，贷记“库存商品”科目。

【经济业务58】

20××年8月31日，企业收到天津市安腾商贸有限公司送来的代销商品清单，填制专用发票，列明销售空调10个，销售单价为4 200元，货款金额为42 000元，增值税税额为6 720元。

【附件1】代销商品结算清单如表6-5所示。

表6-5 代销商品结算清单

委托单位：天津森研致和商贸有限公司　　20××年08月31日　　　　　　　　　　金额单位：元

品名	单位	数量	单价	金额	手续费	增值税税额	应付委托单位金额
变频冷暖空调	个	10	4 746.00	47 460.00	4 200.00	252.00	43 008.00
合计							

受托单位：天津市安腾商贸有限公司　　　　会计：崔连　　　　制单：崔连

【附件2】天津增值税专用发票如图6-15所示。

图6-15 天津增值税专用发票

【会计分录】如下：

借：应收账款——天津市安腾商贸有限公司　　　　　　　　　　47 460

　　贷：应交税费——应交增值税——销项税额　　　　　　　　　　5 460

　　　　主营业务收入　　　　　　　　　　　　　　　　　　　　42 000

【解析】

（1）见【经济业务22】解析。

（2）《企业会计准则第14号——收入》（2017年修订）规定，销售商品采用支付手续费方式委托代销的，在收到代销清单时确认收入。

【经济业务59】

20××年8月31日，结转委托代销商品成本。

【附件】 库存商品结转主营业务成本明细表如表6-6所示。

表6-6 库存商品结转主营业务成本明细表

编制单位：天津森研致和商贸有限公司　20××年08月31日　金额单位：元

产品名称	期初库存商品		本期转入库存商品		本期销售库存商品		月末库存	
	数量	金额	数量	金额	数量	金额	数量	金额
变频冷暖空调			10	28 000.00	10	28 000.00		
合计			10	28 000.00	10	28 000.00		

审核：戴瑞旺　制表：刘洪波

【会计分录】 如下：

借：主营业务成本　28 000

　贷：发出商品——变频冷暖空调　28 000

【解析】

《企业会计准则应用指南——会计科目和主要账务处理》规定，发出商品满足收入确认条件时，应结转销售成本，借记“主营业务成本”科目，贷记“发出商品”科目。

【经济业务60】

20××年8月31日，结算代销手续费。

【附件】 天津增值税专用发票如图6-16所示。

1200739420　天津增值税专用发票　No 07583205　1200739420　07583205

（全国统一发票监制章 天津 国家税务局监制）发票联

开票日期：20××年08月31日

购买方	名称：天津森研致和商贸有限公司 纳税人识别号：911201023286038510 地址、电话：河东区新开路15号 022-24320511 开户行及账号：中国工商银行天津新开路支行 0302011251462087642	密码区	<23408><4>50909-0771><*8+252/ 626/033>1+10-3*34<5-+9<+3/4> -5<76789-->3<50/0<*<--8*82+7 48/3<5576*>3758/0740871392

货物或应税劳务、服务名称	规格型号	单位	数量	单价	金额	税率	税额
*销售服务*代销服务		次	10	420.00	4 200.00	6%	252.00
合计					¥4 200.00		¥252.00
价税合计（大写）	⊗肆仟肆佰伍拾贰元整				（小写）¥4 452.00		

销售方	名称：天津市安腾商贸有限公司 纳税人识别号：911201140520913851 地址、电话：天津市武清区杨村镇和平里企业局东楼 022-29341010 开户行及账号：天津农村商业银行股份有限公司武清支行907270101001000071479З	备注	（天津市安腾商贸有限公司 911201140520913851 发票专用章）

收款人：刘云　复核：陈红玉　开票人：王欢　销售方：（章）

税总函〔2016〕117号北京印钞有限公司

第三联：发票联 购买方记账凭证

图6-16 天津增值税专用发票

【会计分录】如下：

借：应交税费——应交增值税——进项税额　　　　　　　　　　　　　252
　　销售费用——代销手续费　　　　　　　　　　　　　　　　　　4 200
　　贷：应收账款——天津市安腾商贸有限公司　　　　　　　　　　　　　4 452

【解析】

（1）《企业会计准则第 14 号——收入》（2017 年修订）规定，采用支付手续费委托代销方式下，委托方在发出商品时，商品所有权上的主要风险和报酬并未转移给受托方，委托方在发出商品时通常不应确认销售商品收入，而应在收到受托方开出的代销清单时确认销售商品收入，同时将应支付的代销手续费计入销售费用。结算代销手续费时，借记"销售费用"科目，贷记"应收账款"等科目。

（2）《增值税暂行条例实施细则》第四条规定，单位或者个体工商户的下列行为，视同销售货物：A. 将货物交付其他单位或者个人代销；B. 销售代销货物。

【经济业务 61】

20××年 8 月 31 日，收到支付的货款。

【附件】中国工商银行业务回单（收款）凭证如图 6-17 所示。

ICBC 中国工商银行　　　　　　　　　　凭证

日期：20××年08月31日　　　　业务回单（收款）

回单编号：05274380

付款人户名：天津市安腾商贸有限公司
付款人账号（卡号）：9072701010010000714793
收款人户名：天津森研致和商贸有限公司
收款人账号（卡号）：0302011251462087642
金额：肆万叁仟零捌元整
业务（产品）种类：跨行收报　　凭证种类：000000000
摘要：货款　　　　　　　　用途：委托代销商品款
交易机构：0030200150　　记账柜员：00023　　交易代码：52093
附言：货款
支付交易序号：15256952　报文种类：跨行收报
业务类型（种类）：

付款人开户行：天津农村商业银行股份有限公司武清支行
收款人开户行：中国工商银行天津新开路支行

小写：¥43 008.00

凭证号码：00000000000000000
币种：人民币
渠道：其他

委托日期：20××-08-31

本回单为第1次打印，注意重复　　打印日期：20××-08-31　　打印柜员：9　　验证码：124DC42B2006

图 6-17　中国工商银行业务回单（收款）凭证

【会计分录】如下：

借：银行存款——基本户——中国工商银行天津新开路支行（642）　　43 008
　　贷：应收账款——天津市安腾商贸有限公司　　　　　　　　　　　　43 008

【解析】

见【经济业务 45】解析。

▶▶▶ （二）受托代销的业务处理

【经济业务 62】

20××年 8 月 8 日，公司根据商品委托代销合同，接受多锐（天津）智能科技有限公司 300 个按摩垫的委托代销业务，合同规定该按摩垫的协议销售以单价为 600 元，增值税税率为 13％，多锐（天津）智能科技有限公司按不含增值税的销售价格的 10％向公司支付手续费。当天已收到代销商品。

【附件】代销货品清单如表 6－7 所示。

表 6－7　代销货品清单

零售价模式		□ 建议零售价/	确定零售价	☑ 确定零售价	
甲方（发货单位）：多锐（天津）智能科技有限公司			乙方（代销单位）：天津森研致和商贸有限公司		
单位名称：多锐（天津）智能科技有限公司			单位名称：天津森研致和商贸有限公司		
仓库人员：			仓库人员：孙春英		
财务主管：张浩			财务主管：戴瑞旺		
序号	商品名称	规格	单位	数量	采购价	售价	售价金额	手续费
01	按摩椅		个	300		600	180 000.00	10％
	合计			300			180 000.00	

【会计分录】如下：

借：受托代销商品　　　　　　　　　　　　　　　　　　　　　　　180 000

　　贷：受托代销商品款　　　　　　　　　　　　　　　　　　　　　180 000

【解析】

《企业会计准则应用指南——会计科目和主要账务处理》规定，收到受托代销的商品，按约定的价格，借记"受托代销商品"科目，贷记"受托代销商品款"科目。

【经济业务 63】

20××年 8 月 31 日，公司对外实际销售 100 个，开出的增值税专用发票上注明的销售价格为 60 000 元，增值税额为 7 800 元，款项已收到，向委托方开具代销清单，公司收到增值税专用发票。

【附件 1】天津增值税专用发票如图 6－18 所示。

【附件 2】中国工商银行业务回单（收款）凭证如图 6－19 所示。

【会计分录】如下：

借：银行存款——基本户——中国工商银行天津新开路支行（642）　67 800

　　贷：受托代销商品　　　　　　　　　　　　　　　　　　　　　　60 000

　　　　应交税费——应交增值税——销项税额　　　　　　　　　　　7 800

【解析】

《企业会计准则应用指南——会计科目和主要账务处理》规定，售出受托代销商品后，按实际收到或应收的金额，借记"银行存款""应收账款"等科目，贷记"受托代销商品"科目。

【经济业务 64】

20××年 8 月 31 日，收到委托方开来的增值税专用发票。

【附件】天津增值税专用发票如图 6－20 所示。

1200739420

天津增值税专用发票

此联不作报销、退税和税证使用

No 01970356　1200739420
01970356

开票日期：20××年08月31日

购买方	名　　称：	天津滨江大饭店有限公司					密码区	028/<6127<3-7*71-/<>6-*751/
	纳税人识别号：	91120223MA09KT7T2T						933*<75563/1+<5821<25367348
	地址、电话：	天津市静海区胜利南路下三里路口586号　022-60321928						-2>*3258+7937<3>>/2199275+/
	开户行及账号：	中国工商银行天津小白楼支行　0302011309105261055						>10<=*1*636/7295->58+9<4**7

货物或应税劳务、服务名称	规格型号	单位	数量	单价	金额	税率	税额
*医疗仪器器械*按摩椅	AM-607e	个	100	600.00	60 000.00	13%	7 800.00
合　　　计					￥60 000.00		￥7 800.00

价税合计（大写）	⊗陆万柒仟捌佰元整		（小写）￥67 800.00

销售方	名　　称：	天津森研致和商贸有限公司	备注	天津森研致和商贸有限公司
	纳税人识别号：	911201023286038510		911201023286038510
	地址、电话：	河东区新开路15号　022-24320511		发票专用章
	开户行及账号：	中国工商银行天津新开路支行　0302011251462087642		

收款人：付强旭　　　复核：戴瑞旺　　　开票人：刘洪波　　　销售方：（章）

第一联：记账联　销售方记账凭证

税总函〔2016〕117号北京印钞有限公司

图6-18　天津增值税专用发票

ICBC 🏦 中国工商银行

凭证

业务回单（收款）

日期：20××年08月31日

回单编号：01245135

付款人户名：天津滨江大饭店有限公司
付款人账号（卡号）：0302011309105261055
收款人户名：天津森研致和商贸有限公司
收款人账号（卡号）：0302011251462087642
金额：陆万柒仟捌佰元整
业务（产品）种类：跨行收报　　凭证种类：000000000
摘要：　　　　　　　用途：支付货款
交易机构：0030200150　记账柜员：00023　交易代码：52093
附言：
支付交易序号：23568952　报文种类：跨行收报　　委托日期：20××-08-31
业务类型（种类）：

付款人开户行：中国工商银行天津小白楼支行
收款人开户行：中国工商银行天津新开路支行

小写：￥67 800.00
凭证号码：00000000000000000
币种：人民币
渠道：其他

中国工商银行天津新开路支行
自助回单机专用章
（001）

本回单为第1次打印，注意重复　　打印日期：20××-08-31　　打印柜员：9　　验证码：124DC42B2006

图6-19　中国工商银行业务回单（收款）凭证

【会计分录】如下：

借：受托代销商品款　　　　　　　　　　　　　　　　　　　　60 000
　　应交税费——应交增值税——进项税额　　　　　　　　　　7 800
　　贷：应付账款——多锐（天津）智能科技有限公司　　　　　　　　67 800

【解析】

《企业会计准则应用指南——会计科目和主要账务处理》规定，结清代销商品款时，借记"受托代销商品款"科目，贷记"银行存款"或"应付账款"科目。

1200739420

天津增值税专用发票　　No 02087613　1200739420

02087613

开票日期：20××年08月31日

购买方	名　　称：天津森研致和商贸有限公司 纳税人识别号：911201023286038510 地址、电话：河东区新开路15号　022-24320511 开户行及账号：中国工商银行天津新开路支行　0302011251462087642				密码区	<23408><4>50909-0771><*8+252/ 626/033>1+10-3*34<5-+9<+3/4 -5<76789-->3<50/0<*<--8*82+7 48/3<5576*>3758/0740871392			
货物或应税劳务、服务名称	规格型号	单位	数量	单价	金额	税率	税额	
*医疗仪器器械*按摩垫	AM-607e	个	100	600.00	60 000.00	13%	7 800.00	
合　　计					¥60 000.00		¥7 800.00	
价税合计（大写）	⊗陆万柒仟捌佰元整					（小写）¥67 800.00		
销售方	名　　称：多锐（天津）智能科技有限公司 纳税人识别号：91121040667747000M 地址、电话：天津市华苑产业园区榕苑路15号　022-58386511 开户行及账号：中国工商银行天津-华苑支行　0302011200000000001				备注				

收款人：魏芳　　复核：张浩　　开票人：李志伟　　销售方：（章）

税总函〔2016〕117号北京印钞有限公司

第三联：发票联　购买方记账凭证

图6-20　天津增值税专用发票

【经济业务65】

20××年8月31日，结算代销手续费。

【附件】天津增值税专用发票如图6-21所示。

1200739420

天津增值税专用发票　　No 01970355　1200739420

01970355

此联不作报销凭证和税凭证使用

开票日期：20××年08月31日

购买方	名　　称：多锐（天津）智能科技有限公司 纳税人识别号：91121040667747000M 地址、电话：天津市华苑产业园区榕苑路15号　022-58386511 开户行及账号：中国工商银行天津华苑支行　0302011200000000001				密码区	028/<6127<3-7*71-/<>6-*751/ 933*<75563/1+<5821<25367348 -2>*3258+7937<3>>/2199275+/ >10<=*1*636/7295->58+9<4*7			
货物或应税劳务、服务名称	规格型号	单位	数量	单价	金额	税率	税额	
*销售服务*代销服务		次	1	6 000.00	6 000.00	6%	360.00	
合　　计					¥6 000.00		¥360.00	
价税合计（大写）	⊗陆仟叁佰陆拾陆元整					（小写）¥6 360.00		
销售方	名　　称：天津森研致和商贸有限公司 纳税人识别号：911201023286038510 地址、电话：河东区新开路15号　022-24320511 开户行及账号：中国工商银行天津新开路支行　0302011251462087642				备注				

收款人：付强旭　　复核：戴瑞旺　　开票人：刘洪波　　销售方：（章）

税总函〔2016〕117号北京印钞有限公司

第一联：记账联　销售方记账凭证

图6-21　天津增值税专用发票

【会计分录】如下：

借：银行存款——基本户——中国工商银行天津新开路支行（642）　　　　6 360

　　贷：其他业务收入　　　　　　　　　　　　　　　　　　　　　　　　6 000

　　　　应交税费——应交增值税——销项税额　　　　　　　　　　　　　　360

【解析】

（1）《企业会计准则应用指南——会计科目和主要账务处理》规定，计算代销手续费等收入，借记"受托代销商品款"科目，贷记"其他业务收入"科目。

（2）见【经济业务60】解析（2）。

【经济业务66】

20××年8月31日，支付货款。

【附件】中国工商银行业务回单（付款）凭证如图6-22所示。

ICBC 中国工商银行　　　　　　　　　　　　　　　　　　凭证

业务回单（付款）

日期：20××年08月31日　　　　　　　　　回单编号：09841376

付款人户名：天津森研致和商贸有限公司　　　　　付款人开户行：中国工商银行天津新开路支行

付款人账号（卡号）：0302011251462087642　　　收款人开户行：中国工商银行天津华苑支行

收款人户名：多锐（天津）智能科技有限公司

收款人账号（卡号）：0302011200000000001

金额：陆万壹仟肆佰肆拾元整　　　　　　　　　　　　小写：¥61 440.00

业务（产品）种类：转账　　　凭证种类：000000000　　凭证号码：0000000000000000

摘要：代销货款　　　用途：　　　　　　　　　　　　币种：人民币

交易机构：102110000285　记账柜员：00010　交易代码：31597620　　渠道：中间业务后台方式

中国工商银行天津新开路支行
自助回单机专用章
（001）

本回单为第2次打印，注意重复　　打印日期：20××年08月31日　　打印柜员：9　　验证码：1200416253

图6-22　中国工商银行业务回单（付款）凭证

【会计分录】如下：

借：应付账款——多锐（天津）智能科技有限公司　　　　　　　　　　　61 440

　　贷：银行存款——基本户——中国工商银行天津新开路支行（642）　　　61 440

【解析】

见【经济业务36】解析。

▶▶▶　（三）八月份科目余额表

八月份科目余额表如表6-8所示。

表6-8　科目余额表

编制单位：天津森研致和商贸有限公司　　　20××年08月31日　　　　　　　金额单位：元

科目编号	科目名称	年初余额		期初余额		本期发生		本年累计		期末余额	
		方向	金额余额	方向	金额余额	借方金额	贷方金额	借方金额	贷方金额	方向	金额余额
1001	库存现金	借	6 241.93	借	14 482.66	3 390.00	1 003.39	580 454.86	569 827.52	借	16 869.27

续表

科目编号	科目名称	年初余额		期初余额		本期发生		本年累计		期末余额	
		方向	金额余额	方向	金额余额	借方金额	贷方金额	借方金额	贷方金额	方向	金额余额
1002	银行存款	借	2 333 056.88	借	2 619 480.09	1 572 267.06	752 494.50	6 473 826.53	5 367 630.76	借	3 439 252.65
1122	应收账款	借	182 460.00	借	1 423 864.00	47 460.00	554 604.00	1 877 913.10	1 143 653.10	借	916 720.00
1123	预付账款	平	0	借	18 200.00	0	3 400.00	42 000.00	27 200.00	借	14 800.00
1221	其他应收款	平	0	平	0	0	0	4 000.00	4 000.00	平	0
1321	受托代销商品	平	0	平	0	180 000.00	60 000.00	180 000.00	60 000.00	借	120 000.00
1402	在途物资	平	0	平	0	0	0	562 735.00	562 735.00	平	0
1405	库存商品	借	1 617 895.00	借	1 378 290.00	483 920.00	678 122.00	3 978 570.00	4 412 377.00	借	1 184 088.00
1406	发出商品	平	0	平	0	84 000.00	28 000.00	84 000.00	28 000.00	借	56 000.00
1407	商品进销差价	贷	176 000.00	贷	106 000.00	54 000.00	0	163 000.00	39 000.00	贷	52 000.00
1601	固定资产	借	23 200.00	借	66 685.00	0	0	46 685.00	3 200.00	借	66 685.00
1602	累计折旧	贷	6 383.30	贷	10 111.50	0	2 628.22	1 950.00	8 306.42	贷	12 739.72
1606	固定资产清理	平	0	平	0	0	0	1 500.00	1 500.00	平	0
2202	应付账款	贷	700 990.00	贷	2 156 062.55	67 800.00	67 800.00	1 586 870.50	3 041 943.05	贷	2 156 062.55
2203	预收账款	平	0	平	0	0	24 594.00	0	24 594.00	贷	24 594.00
2211	应付职工薪酬	贷	120 275.28	贷	117 047.28	111 527.40	113 141.40	906 745.20	905 131.20	贷	118 661.28
2221	应交税费	贷	10 444.09	贷	32 292.57	153 261.63	177 495.70	1 595 482.57	1 641 565.12	贷	56 526.64
2241	其他应付款	贷	20 470.50	贷	20 470.50	17 350.50	17 350.50	141 924.00	141 924.00	贷	20 470.50
2314	受托代销商品款	平	0	平	0	60 000.00	180 000.00	60 000.00	180 000.00	贷	120 000.00
4001	实收资本（股本）	贷	1 800 000.00	贷	1 800 000.00	0	0	0	0	贷	1 800 000.00
4103	本年利润	平	0	贷	466 976.71	699 419.12	873 762.00	5 659 042.41	6 300 362.00	贷	641 319.59
4104	利润分配	贷	1 328 290.64	贷	812 040.64	0	0	516 250.00	0	贷	812 040.64
6001	主营业务收入	平	0	平	0	864 762.00	864 762.00	6 285 112.00	6 285 112.00	平	0
6051	其他业务收入	平	0	平	0	9 000.00	9 000.00	15 000.00	15 000.00	平	0
6301	营业外收入	平	0	平	0	0	0	250	250	平	0
6401	主营业务成本	平	0	平	0	568 122.00	568 122.00	4 639 892.00	4 639 892.00	平	0
6402	其他业务成本	平	0	平	0	2 119.89	2 119.89	4 239.78	4 239.78	平	0
6403	税金及附加	平	0	平	0	6 343.39	6 343.39	31 233.67	31 233.67	平	0
6601	销售费用	平	0	平	0	46 489.20	46 489.20	345 660.62	345 660.62	平	0
6602	管理费用	平	0	平	0	76 344.64	76 344.64	611 289.61	611 289.61	平	0
6603	财务费用	平	0	平	0	0	0	168.37	168.37	平	0
6801	所得税费用	平	0	平	0	0	0	26 895.10	26 895.10	平	0
6901	以前年度损益调整	平	0	平	0	0	0	516 250.00	516 250.00	平	0
合计		借： 4 162 853.81		借： 5 521 001.75		5 107 576.83	5 107 576.83	36 938 603.58	36 938 603.58	借： 5 814 414.92	
		贷： 4 162 853.81		贷： 5 521 001.75						贷： 5 814 414.92	

审核：戴瑞旺　　　　　　　　制表：刘洪波

▶▶▶ ┌ （四）八月份资产负债表 ┐

八月份资产负债表如表6-9所示。

表6-9 资产负债表

编制单位：天津森研致和商贸有限公司　　20××年08月31日　　　　　　　　　　单位：元

资　产	期末余额	上年年末余额	负债和所有者权益（或股东权益）	期末余额	上年年末余额
流动资产			流动负债		
货币资金	3 456 121.92	2 339 298.81	短期借款	0.00	0.00
以公允价值计量且其变动计入当期损益的金融资产	0.00	0.00	以公允价值计量且其变动计入当期损益的金融负债	0.00	0.00
衍生金融资产	0.00	0.00	衍生金融负债	0.00	0.00
应收票据	0.00	0.00	应付票据	0.00	0.00
应收账款	916 720.00	182 460.00	应付账款	2 156 062.55	700 990.00
预付款项	14 800.00	0.00	预收款项	24594.00	0.00
其他应收款	0.00	0.00	应付职工薪酬	118 661.28	120 275.28
存货	1 308 088.00	1 441 895.00	应交税费	56 526.64	10 444.09
持有待售资产	0.00	0.00	其他应付款	20 470.50	20 470.50
一年内到期的非流动资产	0.00	0.00	持有待售负债	0.00	0.00
其他流动资产	0.00	0.00	一年内到期的非流动负债	0.00	0.00
流动资产合计	5 695 729.92	3 963 653.81	其他流动负债	120 000.00	0.00
非流动资产：	0.00	0.00	流动负债合计	2 496 314.97	852 179.87
可供出售金融资产	0.00	0.00	非流动负债：	0.00	0.00
持有至到期投资	0.00	0.00	长期借款	0.00	0.00
长期应收款	0.00	0.00	应付债券	0.00	0.00
长期股权投资	0.00	0.00	其中：优先股	0.00	0.00
投资性房地产	0.00	0.00	永续债	0.00	0.00
固定资产	53 945.28	16 816.70	长期应付款	0.00	0.00
在建工程	0.00	0.00	预计负债	0.00	0.00
生产性生物资产	0.00	0.00	递延收益	0.00	0.00
油气资产	0.00	0.00	递延所得税负债	0.00	0.00
无形资产	0.00	0.00	其他非流动负债	0.00	0.00
开发支出	0.00	0.00	非流动负债合计	0.00	0.00
商誉	0.00	0.00	负债合计	2 496 314.97	852 179.87
长期待摊费用	0.00	0.00	所有者权益（或股东权益）：	0.00	0.00
递延所得税资产	0.00	0.00	实收资本（或股本）	1 800 000.00	1 800 000.00

续表

资　产	期末余额	上年年末余额	负债和所有者权益（或股东权益）	期末余额	上年年末余额
其他非流动资产	0.00	0.00	其他权益工具	0.00	0.00
非流动资产合计	53 945.28	16 816.70	其中：优先股	0.00	0.00
			永续债	0.00	0.00
			资本公积	0.00	0.00
			减：库存股	0.00	0.00
			其他综合收益	0.00	0.00
			专项储备	0.00	0.00
			盈余公积	0.00	0.00
			未分配利润	1 453 360.23	1 328 209.64
			所有者权益（或股东权益）合计	3 253 360.23	3 128 290.64
资产合计	5 749 675.20	3 980 470.51	负债和所有者权益（或股东权益）总计	5 749 675.20	3 980 470.51

审核：戴瑞旺　　　　　　　　　　　　　　制表：刘洪波

▶▶▶ （五）八月份利润表

八月份利润表如表 6-10 所示。

表 6-10　利润表

编制单位：天津森研致和商贸有限公司　　20××年 08 月 31 日　　　　　　单位：元

项　　目	本期金额	上期金额
一、营业收入	6 300 112.00	—
减：营业成本	4 644 131.78	—
税金及附加	31 233.67	—
销售费用	345 660.62	—
管理费用	611 289.61	—
研发费用	—	—
财务费用	−168.37	—
其中：利息费用	—	—
利息收入	—	—
加：其他收益	—	—
投资收益（损失以"—"号填列）	—	—
其中：对联营企业和合营企业的投资收益	—	—
公允价值变动收益（损失以"—"号填列）	—	—

续表

项　　目	本期金额	上期金额
资产减值损失（损失以"－"号填列）	—	—
资产处置收益（损失以"－"号填列）	—	—
二、营业利润（亏损以"－"号填列）	667 964.69	—
加：营业外收入	250.00	—
减：营业外支出	—	—
三、利润总额（亏损总额以"－"号填列）	668 214.69	—
减：所得税费用	26 895.10	—
四、净利润（净亏损以"－"号填列）	641 319.59	—
（一）持续经营净利润（净亏损以"－"号填列）		
（二）终止经营净利润（净亏损以"－"号填列）		
五、其他综合收益的税后净额		
（一）不能重分类进损益的其他综合收益		
1. 重新计量设定受益计划变动额		
2. 权益法下不能转损益的其他综合收益		
……		
（二）将重分类进损益的其他综合收益		
1. 权益法下可转损益的其他综合收益		
2. 可供出售金融资产公允价值变动损益		
3. 持有至到期投资重分类为可供出售金融资产损益		
4. 现金流量套期损益的有效部分		
5. 外币财务报表折算差额		
……		
六、综合收益总额		
七、每股收益：		
（一）基本每股收益		
（二）稀释每股收益		

　　　　审核：戴瑞旺　　　　　　　　　　　　制表：刘洪波

三、九月份会计业务处理

▶▶▶ （一）现金折扣

【经济业务 67】

公司于 20××年 9 月 1 日将 10 个足疗仪出售给天津滨江大饭店，该设备不含税售价为 1 020 元，成本为 820 元，增值税专用发票注明增值税税额为 1 326 元。为鼓励购货方及早付清款项，销货方规定的现金折扣条件为 2/10，1/20，n/30。按总价法进行核算（计算现金折扣不考虑增值税）。

【附件 1】 天津增值税专用发票如图 6-23 所示。

图 6-23 天津增值税专用发票

【附件 2】 销售出库单如图 6-24 所示。

销售出库单

客户名称： 天津滨江大饭店有限公司   联系电话： 022-60321928   No.20××090100003

客户地址： 天津市静海区静海镇胜利南路口三里路口586号   制单日期：20××年09月01日

序号	批号	品名／规格	单位	数量	单价	金额	有效期	备注
01		足疗仪	台	10	1 020.00	10 200.00		

总额（大写）：壹万零贰佰元整   总额（小写）：¥ 10 200.00

制单：王玉良   库管：王玉良   业务：刘洪波   复核：孙春英   经理审核：刘力卓   客户验收：王立

图 6-24 销售出库单

【会计凭证】

借：应收账款——天津滨江大饭店有限公司   11 526

贷：应交税费——应交增值税——销项税额   1 326
　　主营业务收入   10 200

【解析】

（1）见【经济业务 22】解析。

（2）《企业会计准则第 14 号——收入》（2017 年修订）规定，销售商品涉及现金折扣的，应当按照扣除现金折扣前的金额确定销售商品收入金额。

【经济业务 68】

20××年 9 月 9 日，收到天津滨江大饭店的款项。

【附件】中国工商银行业务回单（收款）凭证如图 6-25 所示。

ICBC 🏦 中国工商银行

凭证

业务回单（收款）

日期：20××年09月09日

回单编号：09135462

付款人户名：天津滨江大饭店有限公司
付款人账号（卡号）：0302011309105261055
收款人户名：天津森研致和商贸有限公司
收款人账号（卡号）：0302011251462087642
金额：壹万壹仟叁佰贰拾贰元
业务（产品）种类：跨行收报　　凭证种类：000000000
摘要：　　　　　　　　　　用途：销售足疗仪
交易机构：0030200150　　记账柜员：00023　　交易代码：52093
附言：
支付交易序号：152452365报文种类：跨行收报

付款人开户行：中国工商银行天津小白楼支行
收款人开户行：中国工商银行天津新开路支行

小写：¥11 322.00
凭证号码：00000000000000000
币种：人民币

委托日期：20××-09-09

中国工商银行天津新开路支行
自助回单机专用章
（001）

本回单为第1次打印，注意重复　　打印日期：20××-09-09　　打印柜员：9　　验证码：124DC42B2006

图 6-25　中国工商银行业务回单（收款）凭证

【会计分录】如下：

借：银行存款——基本户——中国工商银行天津新开路支行（642）   11 322
　　财务费用   204
　　贷：应收账款——天津滨江大饭店有限公司   11 526

【解析】

《企业会计准则第 14 号——收入》（2017 年修订）规定，销售商品涉及现金折扣的，现金折扣在实际发生时计入当期损益。

▶▶▶ （二）商业折扣

【经济业务 69】

公司于 20××年 9 月 3 日将 5 个变频冷暖空调出售给安腾商贸有限公司，该设备不含税售价为 4 488 元，成本为 2 800 元。公司打八折出售。

【附件 1】天津增值税专用发票如图 6-26 所示。

【附件 2】销售出库单如图 6-27 所示。

图 6-26 天津增值税专用发票

销售出库单

客户名称：天津市安腾商贸有限公司　　　联系电话：022-29341010　　　No.20××090300023

客户地址：天津市武清区杨村镇和平里企业局东楼　　　制单日期：20××年09月03日

序号	批号	品名／规格	单位	数量	单价	金额	有效期	备注
01		变频冷暖空调	台	5	3 590.40	17 952.00		

总额(大写)：壹万柒仟玖佰伍拾贰元	总额(小写)：￥17 952.00

制单：王玉良　　库管：王玉良　　业务：刘洪波　　复核：孙春英　　经理审核：刘力卓　　客户验收：王欢

图 6-27 销售出库单

【会计分录】如下：

借：应收账款——天津市安腾商贸有限公司　　　　　　　　20 285.76

　　贷：主营业务收入　　　　　　　　　　　　　　　　　　　　17 952

　　　　应交税费——应交增值税——销项税费　　　　　　　　2 333.76

【解析】

（1）见【经济业务 22】解析。

（2）《企业会计准则第 14 号——收入》（2017 年修订）规定，销售商品涉及商业折扣的，应当按照扣除商业折扣后的金额确定销售商品收入金额。

▶▶▶ （三）销售折让

【经济业务70】

公司20××年9月18日向天津市海河中学销售10台沙发椅，不含税单价为2700元，产品的成本为1625元。

【附件1】天津增值税专用发票如图6-28所示。

图6-28　天津增值税专用发票

【附件2】销售出库单如图6-29所示。

销售出库单

客户名称：　天津海河中学　　　　　　联系电话：　022-23391721　　　　　No.20××091800071

客户地址：　天津市河西区南京路5号　　　　　　　　　　　　　　　　　　制单日期：20××年09月18日

序号	批号	品 名／规 格	单位	数量	单价	金额	有效期	备注
01		沙发椅	台	10	2 700.00	27 000.00		
总额（大写）：贰万柒仟元整				总额（小写）：￥27 000.00				

制单：王玉良　　库管：王玉良　　业务：刘洪波　　复核：孙春英　　经理审核：刘力卓　　客户验收：王顺

图6-29　销售出库单

【会计分录】如下：

借：应收账款——天津海河中学　　　　　　　　　　　　　　　30 510

　　贷：主营业务收入　　　　　　　　　　　　　　　　　　　27 000

　　　　应交税费——应交增值税——销项税额　　　　　　　　　3 510

【解析】

见【经济业务22】解析。

【经济业务71】

20××年9月20日，货到后买方发现商品质量与合同要求不一致，要求给予价款5%的折让，公司同意折让。

【附件】天津增值税专用发票（红字）如图6-30所示。

图6-30　天津增值税专用发票（红字）

【会计分录】如下：

借：主营业务收入　　　　　　　　　　　　　　　　　　　　　1 350

　　应交税费——应交增值税——销项税额　　　　　　　　　　　175.5

　　贷：银行存款——基本户——中国工商银行天津新开路支行　　1 525.5

【解析】

《企业会计准则第14号——收入》（2017年修订）规定，企业已经确认销售商品收入的售出商品发生销售折让的，应当在发生时冲减当期销售商品收入。

【经济业务72】

20××年9月22日，收到天津市海河中学开来的转账支票。

【附件】中国工商银行业务回单（收款）凭证如图6-31所示。

中国工商银行业务回单（收款）凭证

ICBC 🈺 **中国工商银行**　　　　　　　　　　　凭证

业务回单（收款）

日期：20××年09月22日　　　　　回单编号：07249015

付款人户名：天津海河中学　　　　　　　　　付款人开户行：中国银行天津琼州道支行
付款人账号（卡号）：800108327656001444　收款人开户行：中国工商银行天津新开路支行
收款人户名：天津森研致和商贸有限公司
收款人账号（卡号）：0302011251462087642　小写：¥28 984.50
金额：贰万捌仟玖佰捌拾肆元伍角整
业务（产品）种类：跨行收报　　凭证种类：000000000　凭证号码：00000000000000000
摘要：货款　　　　　　用途：销售沙发椅　　币种：人民币
交易机构：0030200150　记账柜员：00023　交易代码：52093　渠道：其他
附言：
支付交易序号：25462585　报文种类：跨行收报　　委托日期：20××-09-22
业务类型（种类）：普通汇兑

（印章：中国工商银行天津新开路支行 自助回单机专用章（001））

本回单为第1次打印，注意重复　　打印日期：20××-09-22　　打印柜员：9　　验证码：124DC42B2006

图 6-31　中国工商银行业务回单（收款）凭证

【会计分录】如下：

借：银行存款——基本户——中国工商银行天津新开路支行（642）　28 984.5
　　贷：应收账款——天津海河中学　　　　　　　　　　　　　　　　　　28 984.5

【解析】

见【经济业务45】解析。

▶▶▶ ┌ **（四）现金盘盈会计处理** ┐

【经济业务73】

20××年9月20日，进行现金盘点时，发现现金盘盈147.3元。

【附件】库存现金盘点报告表如表6-11所示。

表 6-11　库存现金盘点报告表

20××年09月20日

单位名称：天津森研致和商贸有限公司

实存金额	账存金额	盈亏情况		备注
		盘盈数	盘亏数	
9 580.21	9 432.91	147.30		
处理意见：				

主管：戴瑞旺　　　　　　会计：刘洪波　　　　　　出纳：付强旭

【会计分录】如下：

借：库存现金　　　　　　　　　　　　　　　　　　147.3
　　贷：待处理财产损益　　　　　　　　　　　　　　　　147.3

【解析】

《企业会计准则应用指南——会计科目和主要账务处理》规定，盘盈的现金、各种材料、产成品、商品、生物资产等，借记"库存现金""原材料""库存商品""消耗性生物资产"等科目，贷记"待处理财产损溢"科目。

【经济业务74】

20××年9月22日，经批准，将发现的盘盈的现金147.3元计入营业外收入。

【附件】 库存现金盘点报告表如表6-12所示。

表6-12　库存现金盘点报告表

20××年09月20日

单位名称：天津森研致和商贸有限公司

实存金额	账存金额	盈亏情况		备注
		盘盈数	盘亏数	
9 580.21	9 432.91	147.30		
处理意见：计入营业外收入				

主管：戴瑞旺　　　　　　　　会计：刘洪波　　　　　　　　出纳：付强旭

【会计分录】 如下：

借：待处理财产损溢　　　　　　　　　　　　　　　　　　　147.3
　　贷：营业外收入——非流动资产处置净收益　　　　　　　　147.3

【解析】

《企业会计准则应用指南——会计科目和主要账务处理》规定，盘盈的除固定资产以外的其他财产，借记"待处理财产损溢"科目，贷记"管理费用""营业外收入"等科目。

▶▶▶ （五）计提第三季度企业所得税和结转所得税费用

计提季度企业所得税和结转所得税费用会计处理方法同三月份，计提第三季度企业所得税和结转所得税费用共计9 812.86元。

▶▶▶ （六）九月份科目余额表

九月份科目余额表如表6-13所示。

表6-13　科目余额表

编制单位：天津森研致和商贸有限公司　　　20××年09月30日　　　　　　金额单位：元

科目编号	科目名称	年初余额		期初余额		本期发生		本年累计		期末余额	
		方向	金额余额	方向	金额余额	借方金额	贷方金额	借方金额	贷方金额	方向	金额余额
1001	库存现金	借	6 241.93	借	16 869.27	3 537.30	579.39	583 992.16	570 406.91	借	19 827.18
1002	银行存款	借	2 333 056.88	借	3 439 252.65	779 734.78	1 340 584.33	7 253 561.31	6 708 215.09	借	2 878 403.10
1122	应收账款	借	182 460.00	借	916 720.00	62 321.76	276 922.00	1 940 234.86	1 420 575.10	借	702 119.76
1123	预付账款	平	0	借	14 800.00	0	3 400.00	42 000.00	30 600.00	借	11 400.00
1221	其他应收款	平	0	平	0	0	0	4 000.00	4 000.00	平	0
1321	受托代销商品	平	0	借	120 000.00	0	0	180 000.00	60 000.00	借	120 000.00
1402	在途物资	平	0	平	0	0	0	562 735.00	562 735.00	平	0

续表

科目编号	科目名称	年初余额		期初余额		本期发生		本年累计		期末余额	
		方向	金额余额	方向	金额余额	借方金额	贷方金额	借方金额	贷方金额	方向	金额余额
1405	库存商品	借	1 617 895.00	借	1 184 088.00	176 990.00	333 420.00	4 155 560.00	4 745 797.00	借	1 027 658.00
1406	发出商品	平	0	借	56 000.00	0	0	84 000.00	28 000.00	借	56 000.00
1407	商品进销差价	贷	176 000.00	贷	52 000.00	0	24 000.00	163 000.00	63 000.00	贷	76 000.00
1601	固定资产	借	23 200.00	借	66 685.00	0	0	46 685.00	3 200.00	借	66 685.00
1602	累计折旧	贷	6 383.30	贷	12 739.72	0	2 628.22	1 950.00	10 934.64	贷	15 367.94
1606	固定资产清理	平	0	平	0	0	0	1 500.00	1 500.00	平	0
1901	待处理财产损溢	平	0	平	0	147.3	147.3	147.3	147.3	平	0
2202	应付账款	贷	700 990.00	贷	2 156 062.55	1 000 000.00	0	2 586 870.50	3 041 943.05	贷	1 156 062.55
2203	预收账款	平	0	贷	24 594.00	24 594.00	0	24 594.00	24 594.00	平	0
2211	应付职工薪酬	贷	120 275.28	贷	118 661.28	111 527.40	113 141.40	1 018 272.60	1 018 272.60	贷	120 275.28
2221	应交税费	贷	10 444.09	贷	56 526.64	124 731.40	132 629.72	1 720 213.97	1 774 194.84	贷	64 424.96
2241	其他应付款	贷	20 470.50	贷	20 470.50	17 350.50	17 350.50	159 274.50	159 274.50	贷	20 470.50
2314	受托代销商品款	平	0	贷	120 000.00	0	0	60 000.00	180 000.00	贷	120 000.00
4001	实收资本（股本）	贷	1 800 000.00	贷	1 800 000.00	0	0	0	0	贷	1 800 000.00
4103	本年利润	平	0	贷	641 319.59	468 667.72	524 799.30	6 127 710.13	6 825 161.30	贷	697 451.17
4104	利润分配	贷	1 328 290.64	贷	812 040.64	0	0	516 250.00	0	贷	812 040.64
6001	主营业务收入	平	0	平	0	521 652.00	521 652.00	6 806 764.00	6 806 764.00	平	0
6051	其他业务收入	平	0	平	0	3 000.00	3 000.00	18 000.00	18 000.00	平	0
6301	营业外收入	平	0	平	0	147.3	147.3	397.3	397.3	平	0
6401	主营业务成本	平	0	平	0	333 420.00	333 420.00	4 973 312.00	4 973 312.00	平	0
6402	其他业务成本	平	0	平	0	2 119.89	2 119.89	6 359.67	6 359.67	平	0
6403	税金及附加	平	0	平	0	6 009.58	6 009.58	37 243.25	37 243.25	平	0
6601	销售费用	平	0	平	0	42 289.20	42 289.20	387 949.82	387 949.82	平	0
6602	管理费用	平	0	平	0	75 277.97	75 277.97	686 567.58	686 567.58	平	0
6603	财务费用	平	0	平	0	261.78	261.78	430.15	430.15	平	0
6801	所得税费用	平	0	平	0	9 812.86	9 812.86	36 707.96	36 707.96	平	0
6901	以前年度损益调整	平	0	平	0	0	0	516 250.00	516 250.00	平	0
合计		借	4 162 853.81	借	5 814 414.92	3 763 069.18	3 763 069.18	40 701 672.76	40 701 672.76	借	4 882 093.04
		贷	4 162 853.81	贷	5 814 414.92					贷	4 882 093.04

审核：戴瑞旺　　　　　　　制表：刘洪波

▶▶▶ （七）九月份资产负债表

九月份资产负债表如表 6-14 所示。

表 6‑14　资产负债表

编制单位：天津森研致和商贸有限公司　　20××年09月30日　　　　　　　　单位：元

资　　产	期末余额	上年年末余额	负债和所有者权益（或股东权益）	期末余额	上年年末余额
流动资产			流动负债		
货币资金	2 898 230.28	2 339 298.81	短期借款	0.00	0.00
以公允价值计量且其变动计入当期损益的金融资产	0.00	0.00	以公允价值计量且其变动计入当期损益的金融负债	0.00	0.00
衍生金融资产	0.00	0.00	衍生金融负债	0.00	0.00
应收票据	0.00	0.00	应付票据	0.00	0.00
应收账款	702 119.76	182 460.00	应付账款	1 156 062.55	700 990.00
预付款项	11 400.00	0.00	预收款项	0.00	0.00
其他应收款	0.00	0.00	应付职工薪酬	120 275.28	120 275.28
存货	1 127 658.00	1 441 895.00	应交税费	64 424.96	10 444.09
持有待售资产	0.00	0.00	其他应付款	20 470.50	20 470.50
一年内到期的非流动资产	0.00	0.00	持有待售负债	0.00	0.00
其他流动资产	0.00	0.00	一年内到期的非流动负债	0.00	0.00
流动资产合计	4 739 408.04	3 963 653.81	其他流动负债	120000.00	0.00
非流动资产：	0.00	0.00	流动负债合计	1 481 233.29	852 179.87
可供出售金融资产	0.00	0.00	非流动负债：		
持有至到期投资	0.00	0.00	长期借款	0.00	0.00
长期应收款	0.00	0.00	应付债券	0.00	0.00
长期股权投资	0.00	0.00	其中：优先股	0.00	0.00
投资性房地产	0.00	0.00	永续债	0.00	0.00
固定资产	51 317.06	16 816.70	长期应付款	0.00	0.00
在建工程	0.00	0.00	预计负债	0.00	0.00
生产性生物资产	0.00	0.00	递延收益	0.00	0.00
油气资产	0.00	0.00	递延所得税负债	0.00	0.00
无形资产	0.00	0.00	其他非流动负债	0.00	0.00
开发支出	0.00	0.00	非流动负债合计	0.00	0.00
商誉	0.00	0.00	负债合计	1 481 233.29	852 179.87
长期待摊费用	0.00	0.00	所有者权益（或股东权益）：	0.00	0.00
递延所得税资产	0.00	0.00	实收资本（或股本）	1 800 000.00	1 800 000.00
其他非流动资产	0.00	0.00	其他权益工具	0.00	0.00
非流动资产合计	51 317.06	16 816.70	其中：优先股	0.00	0.00
			永续债	0.00	0.00

续表

资　产	期末余额	上年年末余额	负债和所有者权益（或股东权益）	期末余额	上年年末余额
			资本公积	0.00	0.00
			减：库存股	0.00	0.00
			其他综合收益	0.00	0.00
			专项储备	0.00	0.00
			盈余公积	0.00	0.00
			未分配利润	1 509 491.81	1 328 209.64
			所有者权益（或股东权益）合计	3 309 491.81	3 128 290.64
资产合计	4 790 725.10	3 980 470.51	负债和所有者权益（或股东权益）总计	4 790 725.10	3 980 470.51

审核：戴瑞旺　　　　　　　　　制表：刘洪波

▶▶▶ （八）九月份利润表

九月份利润表如表 6-15 所示。

表 6-15　利润表

编制单位：天津森研致和商贸有限公司　　20××年 09 月 30 日　　　　单位：元

项　目	本期金额	上期金额
一、营业收入	6 824 764.00	—
减：营业成本	4 979 671.67	—
税金及附加	37 243.25	—
销售费用	387 949.82	—
管理费用	686 567.58	—
研发费用	—	—
财务费用	−430.15	—
其中：利息费用	—	—
利息收入	—	—
加：其他收益	—	—
投资收益（损失以"−"号填列）	—	—
其中：对联营企业和合营企业的投资收益	—	—
公允价值变动收益（损失以"−"号填列）	—	—
资产减值损失（损失以"−"号填列）	—	—
资产处置收益（损失以"−"号填列）	—	—

续表

项　目	本期金额	上期金额
二、营业利润（亏损以"－"号填列）	733 761.83	－
加：营业外收入	397.30	－
减：营业外支出	－	－
三、利润总额（亏损总额以"－"号填列）	734 159.13	－
减：所得税费用	36 707.96	－
四、净利润（净亏损以"－"号填列）	697 451.17	－
（一）持续经营净利润（净亏损以"－"号填列）		
（二）终止经营净利润（净亏损以"－"号填列）		
五、其他综合收益的税后净额		
（一）不能重分类进损益的其他综合收益		
1. 重新计量设定受益计划变动额		
2. 权益法下不能转损益的其他综合收益		
……		
（二）将重分类进损益的其他综合收益		
1. 权益法下可转损益的其他综合收益		
2. 可供出售金融资产公允价值变动损益		
3. 持有至到期投资重分类为可供出售金融资产损益		
4. 现金流量套期损益的有效部分		
5. 外币财务报表折算差额		
……		
六、综合收益总额		
七、每股收益：		
（一）基本每股收益		
（二）稀释每股收益		

　　　　　审核：戴瑞旺　　　　　　　　　　　　制表：刘洪波

项目七

第四季度经济业务的会计处理

实训目的

通过实训能够处理商业企业买一赠一、返券销售、以旧换新、购货单位拒付货款和拒收商品及非货币型职工薪酬的会计处理。

实训内容

商业企业买一送一、返券销售、以旧换新的会计处理；销售退回及购货单位拒付货款和拒收商品的会计处理；非货币型职工薪酬的会计处理；商品进销价的会计处理；预缴季度所得税。

实训方法

线下实操与线上实操练习。

实训要求

了解商业企业买一送一、返券销售、以旧换新的会计处理流程；

掌握商业企业买一送一、返券销售、以旧换新的会计处理方法；

掌握商业企业非货币型职工薪酬的会计处理；

掌握商业企业商品进销价的会计处理。

一、十月份会计业务处理

▶▶▶ ┌ （一）买一送一的会计处理 ┐

【经济业务75】

20××年10月2日，企业用买一赠一的方式销售给天津晨越建筑工程有限公司10把按摩椅，规定以每把9 500元（不含增值税价，下同）购买按摩椅的客户可获赠一个按摩垫，按摩椅正常出厂价格为每套9 500元，按摩垫正常出厂价格为每个750元，按摩椅单位成本为8 120元/件，按摩垫单位成本为512元/件。

【附件1】天津增值税专用发票如图7-1所示。

图7-1　天津增值税专用发票

【附件2】销售出库单如图7-2所示。

【附件3】中国工商银行业务回单（收款）凭证如图7-3所示。

【会计分录】如下：

借：银行存款——基本户——中国工商银行天津新开路支行（642）　　　107 350
　　贷：主营业务收入　　　　　　　　　　　　　　　　　　　　　　95 000
　　　　应交税费——应交增值税——销项税额　　　　　　　　　　　12 350

【解析】

（1）见【经济业务22】解析。

（2）《国家税务总局关于确认企业所得税收入若干问题的通知》（国税函〔2008〕875号）第三条规定："企业以买一赠一等方式组合销售本企业商品的，不属于捐赠，应将总的销售金额按各项商品的公允价值的比例分摊确认各项的销售收入。"该题目中：按摩椅

销售出库单

客户名称：　天津晨越建筑工程有限公司　　　联系电话：　022-84965214　　　No.20××100200015

客户地址：　天津市东丽开发区三经路222号　　　　　　　　　　　　　　　　制单日期：20××年10月02日

序号	批号	品 名 / 规 格	单位	数量	单价	金额	有效期	备注
01		按摩椅	台	10	8 804.88	88 048.80		
02		按摩垫	个	10	695.12	6 951.20		
总额（大写）：玖万伍仟元整				总额（小写）：¥95 000.00				

制单：王玉良　　库管：王玉良　　业务：刘洪波　　复核：孙春英　　经理审核：刘力卓　　客户验收：孙春英

图 7-2　销售出库单

ICBC　中国工商银行　　　　　　　　　　　　　　　　凭证

业务回单（收款）

日期：20××年10月02日　　　　　　　　　　　　　回单编号：05218436

付款人户名：天津晨越建筑工程有限公司　　　　　　　付款人开户行：中国工商银行天津张贵庄支行
付款人账号（卡号）：0302011254252188587　　　　收款人开户行：中国工商银行天津新开路支行
收款人户名：天津森研致和商贸有限公司
收款人账号（卡号）：0302011251462087642　　　　小写：¥107 350.00
金额：壹拾万零柒仟叁佰伍拾元整
业务（产品）种类：跨行收报　　凭证种类：000000000　　凭证号码：00000000000000000
摘要：货款　　　　　用途：　　　　　　　　　　　　　币种：人民币
交易机构：0030200150　　记账柜员：00023　　交易代码：52093　　渠道：其他
附言：
支付交易序号：12563255　报文种类：跨行收报　　　委托日期：20××-10-02

本回单为第1次打印，注意重复　　打印日期：20××-10-02　　打印柜员：9　　验证码：124DC42B2006

图 7-3　中国工商银行业务回单（收款）凭证

应确认的销售收入＝95 000×9 500/（9 500+750）＝88 048.78（元）；按摩垫应确认的销售收入＝95 000×750/（9 500+750）＝6 951.22（元）。

（3）《中华人民共和国增值税暂行条例实施细则》（财政部、国家税务总局令 2008 年第 50 号）规定，单位或者个体工商户将自产、委托加工或者购进的货物无偿赠送其他单位或者个人，视同销售货物。

▶▶▶ （二）返券销售

【经济业务76】

20××年10月9日，企业向天津市诺心远商贸有限公司销售5台空气净化器，不含税售价为4 099元。

【附件1】天津增值税专用发票如图7-4所示。

天津增值税专用发票

1200739420

No 03191480

1200739420
03191480

此联不作报销和税凭证使用

开票日期：20××年10月09日

购买方	名　称：天津市诺心远商贸有限公司 纳税人识别号：911201040825836260 地址、电话：天津市南开区黄河道77号　022-83550011 开户行及账号：华夏银行天津滨海新区支行　12351000001428276	密码区	028/〈6127〈3-7*71-/〈〉6-*751/ 933*〈75563/1+〈5821〈25367348 -2〉*3258+7937〈3〉〉/2199275+/ 〉10〈=*1*636/7295-〉58+9〈4**7

货物或应税劳务、服务名称	规格型号	单位	数量	单价	金　额	税率	税　额
*通用设备*空气净化器	TP04 SILVER	台	5	4 099.00	20 495.00	13%	2 664.35
合　　计					￥20 495.00		￥2 664.35

价税合计（大写）	⊗ 贰万叁仟壹佰伍拾玖元叁角伍分	（小写）￥23 159.35

销售方	名　称：天津森研致和商贸有限公司 纳税人识别号：911201023286038510 地址、电话：河东区新开路15号　022-24320511 开户行及账号：中国工商银行天津新开路支行　0302011251462087642	备注	

收款人：付强旭　　　复核：戴瑞旺　　　开票人：刘洪波　　　销售方：（章）

第一联：记账联　销售方记账凭证

图7-4　天津增值税专用发票

【附件2】中国工商银行业务回单（收款）凭证如图7-5所示。

ICBC 中国工商银行

凭证

业务回单（收款）

回单编号：09278163

日期：20××年10月09日

付款人户名：天津市诺心远商贸有限公司
付款人账号（卡号）：12351000001428276
收款人户名：天津森研致和商贸有限公司
收款人账号（卡号）：0302011251462087642
金额：贰万叁仟壹佰伍拾玖元叁角伍分
业务（产品）种类：跨行收报　　凭证种类：000000000
摘要：货款　　　　　　用途：销售空气净化器
交易机构：0030200150　记账柜员：00023　交易代码：52093
附言：
支付交易序号：12563255　报文种类：　　　委托日期：20××-10-09
业务类型（种类）：

付款人开户行：华夏银行天津滨海新区支行
收款人开户行：中国工商银行天津新开路支行

小写：￥23 159.35

凭证号码：0000000000000000

币种：人民币

渠道：其他

本回单为第1次打印，注意重复　　打印日期：20××-10-09　　打印柜员：9　　验证码：124DC42B2006

图7-5　中国工商银行业务回单（收款）凭证

【附件3】销售出库单如图7-6所示。

【会计分录】如下：

借：银行存款——基本户——中国工商银行天津新开路支行（642）　　23 159.35
　　贷：应交税费——应交增值税——销项税额　　　　　　　　　　　　　　　　2 664.35
　　　　主营业务收入　　　　　　　　　　　　　　　　　　　　　　　　　　20 495

销售出库单

客户名称：天津市诺心远商贸有限公司　　联系电话：022-83550011　　No.20××100900031

客户地址：天津市南开区黄河道77号　　　　　　　　　　　　　制单日期：20××年10月09日

序号	批号	品名／规格	单位	数量	单价	金额	有效期	备注
01		空气净化器	台	5	4 099.00	20 495.00		

总额（大写）：贰万零肆佰玖拾伍元整　　　　　　　总额（小写）：¥20 495.00

制单：王玉良　　库管：王玉良　　业务：刘洪波　　复核：孙春英　　经理审核：刘力卓　　客户验收：范文

图 7 - 6　销售出库单

【解析】

见【经济业务 22】解析。

【经济业务 77】

20××年 10 月 9 日，企业向天津市诺心远商贸有限公司销售空气净化器返 200 元购物券，购物券有效期 15 天。

【附件】购物券记录表如表 7 - 1 所示。

表 7 - 1　购物券记录表

序号	日期	消费项目	客户	购物券编号	购物券金额	购物券有效期	客户签字	电话	备注	经办人
01	20××年10月09日	空气净化器	天津市诺心远商贸有限公司	01	200.00	20××年10月24日			发放	刘洪波

【会计分录】如下：

借：销售费用——促销费　　　　　　　　　　　　　　　　　　　200

　　贷：预计负债　　　　　　　　　　　　　　　　　　　　　　　　　200

【解析】

《企业会计准则——基本准则》第二章"会计信息质量要求"第十八条规定：企业对交易或者事项进行会计确认、计量和报告应当保持应有的谨慎，不应高估资产或者收益、低估负债或者费用。根据此规定，在销售货物的同时应该对购物返券按或有事项的核算原则处理。企业在销售实现时将派发的购物券确认为"销售费用"科目，同时贷记"预计负债"科目。

【经济业务 78】

20××年 10 月 31 日，持券人未返券购物，购物券过期作废。

【附件】购物券记录表如表 7 - 2 所示。

表7-2　购物券记录表

序号	日期	消费项目	客户	购物券编号	购物券金额	购物券有效期	客户签字	电话	备注	经办人
02	20××年10月09日	空气净化器	天津市诺心远商贸有限公司	01	200.00	20××年10月24日			作废	刘洪波

【会计分录】如下：
借：销售费用——促销费　　　　　　　　　　　　　　　　　　　　　200
　　贷：预计负债　　　　　　　　　　　　　　　　　　　　　　　　　　　　　200

【解析】

《企业会计准则——基本准则》第二章"会计信息质量要求"第十八条规定：企业对交易或者事项进行会计确认、计量和报告应当保持应有的谨慎，不应高估资产或者收益、低估负债或者费用。根据此规定，当顾客使用购物券时，借记"预计负债"科目，贷记"主营业务收入"等科目，同时结转销售成本；若顾客逾期弃用购物券时，将"销售费用"科目和"预计负债"科目冲销。

▶▶▶ （三）以旧换新

【经济业务79】

公司响应我国政府有关部门倡导的汽车家电以旧换新、搞活流通扩大消费、促进再生资源回收利用的相关政策，积极开展家电以旧换新业务。20××年10月份，公司共向天津市骏鑫贸易有限公司销售变频冷暖空调20台，每台不含增值税销售价格为4 488元，每台销售成本为2 800元。

【附件1】天津增值税专用发票如图7-7所示。

图7-7　天津增值税专用发票

【附件 2】中国工商银行业务回单（收款）凭证如图 7-8 所示。

ICBC 中国工商银行　　　　　　　　　　　　　凭证

业务回单（收款）

日期：20××年10月31日　　　　　　　　　回单编号：07249015

付款人户名：天津市骏鑫贸易有限公司　　　　　付款人开户行：天津农村商业银行股份有限公司东丽
付款人账号（卡号）：9011001000010000035295　　　　　　　　　　　　　　　开发区支行
收款人户名：天津森研致和商贸有限公司　　　　收款人开户行：中国工商银行天津新开路支行
收款人账号（卡号）：0302011251462087642
金额：壹拾万零壹仟肆佰贰拾捌元捌角整　　　　小写：¥101 428.80
业务（产品）种类：跨行收报　　凭证种类：000000000　　凭证号码：00000000000000000
摘要：货款　　　　用途：销售变频冷暖空调　　币种：人民币
交易机构：0030200150　　记账柜员：00023　　交易代码：52093　　渠道：其他
附言：
支付交易序号：12563255　报文种类：　　　　　委托日期：20××-10-31
业务类型（种类）：

本回单为第1次打印，注意重复　　打印日期：20××-10-31　　打印柜员：9　　验证码：124DC42B2006

图 7-8　中国工商银行业务回单（收款）凭证

【附件 3】销售出库单如图 7-9 所示。

销售出库单

客户名称：　天津市骏鑫贸易有限公司　　联系电话：022-24094550　　No. 20××103100209
客户地址：　天津市东丽区栖霞道23号　　　　　　　　　　　制单日期：20××年10月31日

序号	批号	品　名／规　格	单位	数量	单价	金额	有效期	备注
01		变频冷暖空调	台	20	4 488.00	89 760.00		
总额（大写）：捌万玖仟柒佰陆拾元整					总额（小写）：¥89 760.00			

制单：王玉良　　库管：王玉良　　业务：刘洪波　　复核：孙春英　　经理审核：刘力卓　　客户验收：张华

图 7-9　销售出库单

【会计分录】如下：

借：银行存款——基本户——中国工商银行天津新开路支行（642）　　101 428.8
　　贷：主营业务收入　　　　　　　　　　　　　　　　　　　　　　　　　89 760
　　　　应交税费——应交增值税——销项税额　　　　　　　　　　　　　11 668.8

【解析】

见【经济业务 22】解析。

【经济业务 80】

20××年 10 月 31 日，回收 20 台旧变频冷暖空调，每台回收价格为 800 元；款项已付。

【附件1】天津增值税专用发票如图7-10所示。

1200739420	天津增值税专用发票	No 03287651	1200739420
	发票联		03287651
		开票日期：20××年10月31日	

购买方	名　　称：天津森研致和商贸有限公司 纳税人识别号：91120102328603 8510 地址、电话：河东区新开路15号　022-24320511 开户行及账号：中国工商银行天津新开路支行　0302011251462087642	密码区	<23408><4>50909-0771><*8+252/ 626/033>1+10-3*34<5-+9<+3/4> -5<76789-->3<50/0<*<--8*82+7 48/3<5576*>3758/0740871392

货物或应税劳务、服务名称	规格型号	单位	数量	单价	金　额	税率	税　额
*制冷空调设备*变频冷暖空调	NF I 19+3	台	20	800.00	16 000.00	13%	2 080.00
合　　计					￥16 000.00		￥2 080.00

价税合计（大写）	⊗壹万捌仟零捌拾元整	（小写）￥18 080.00

销售方	名　　称：天津市骏鑫贸易有限公司 纳税人识别号：91120110MA05J6W11G 地址、电话：天津市东丽区栖霞道23号　022-24094550 开户行及账号：天津农村商业银行股份有限公司东丽开发区支行9011001000010000035 29	备注	天津市骏鑫贸易有限公司 91120110MA05J6W11G 发票专用章

收款人：孙春英　　　复核：张广京　　　开票人：张华　　　销售方：（章）

第三联：发票联　购买方记账凭证

税总函[2016]117号北京印钞有限公司

图7-10　天津增值税专用发票

【附件2】中国工商银行业务回单（付款）凭证如图7-11所示。

ICBC 中国工商银行

凭证

业务回单 (付款)

回单编号：05319760

日期：20××年10月31日

付款人户名：天津森研致和商贸有限公司
付款人账号（卡号）：0302011251462087642
收款人户名：天津市骏鑫贸易有限公司
收款人账号（卡号）：9011001000010000035295
金额：壹万捌仟零捌拾元整
业务（产品）种类：转账　　　凭证种类：000000000
摘要：以旧换新回收旧变频冷暖空调　用途：
交易机构：102110000285　记账柜员：00010　交易代码：67380924

付款人开户行：中国工商银行天津新开路支行
收款人开户行：天津农村商业银行股份有限公司
东丽开发区支行

小写：￥18 080.00

凭证号码：00000000000000000
币种：人民币
渠道：中间业务后台方式

中国工商银行股份有限公司天津
新开路支行
自主回单机专用章
〈001〉

本回单为第2次打印，注意重复　　打印日期：20××年10月31日　　打印柜员：9　　验证码：1200092136

图7-11　中国工商银行业务回单（付款）凭证

【附件3】入库单如图7-12所示。

入 库 单
STOCK IN （记账）No.02906155

20×× 年 10月 31日   对方科目 银行存款

名 Product name 称	单位 Unit	数 量 Quantity	单 价 Unit Price	金 AOMOUT 额									备 注 REMARK
				百	十	万	千	百	十	元	角	分	
变频冷暖空调	台	20	800.00	¥	1	6	0	0	0	0	0	0	

附件   张

主 管 孙春英   会 计 刘洪波   保管员 王玉良   经 手 人 王玉良
Director   Accountant   Storeman   Handler

图 7 - 12 入库单

【会计分录】如下：

借：原材料   16 000
  应交税费——应交增值税——进项税额   2 080
  贷：银行存款——基本户——中国工商银行天津新开路支行（642）   18 080

【解析】

（1）《企业会计准则第14号——收入》（2017 年修订）规定，销售商品采用以旧换新方式的，销售的商品应当按照销售商品收入确认条件确认收入，回收的商品作为购进商品处理。

（2）《国家税务总局关于印发增值税若干具体问题的规定的通知》规定，纳税人采取以旧换新式销售货物，应按新货物的同期销售价格确定销售额。收取旧货物，取得增值税专用发票注明的进项税额可以抵扣。

▶▶▶ （四）预缴第三季度企业所得税

会计处理方法同四月份。

▶▶▶ （五）企业所得税月（季）度预缴纳税申报表的填写

填写表格及方法同四月份。

▶▶▶ （六）十月份科目余额表

十月份科目余额表如表 7-3 所示。

表 7-3　科目余额表

编制单位：天津森研致和商贸有限公司　　20××年10月31日　　　　　　　　　　金额单位：元

科目编号	科目名称	年初余额		期初余额		本期发生		本年累计		期末余额	
		方向	金额余额	方向	金额余额	借方金额	贷方金额	借方金额	贷方金额	方向	金额余额
1001	库存现金	借	6 241.93	借	19 827.18	3 390.00	1 241.89	587 382.16	571 648.80	借	21 975.29
1002	银行存款	借	2 333 056.88	借	2 878 403.10	583 806.35	198 525.95	7 837 367.66	6 906 741.04	借	3 263 683.50
1122	应收账款	借	182 460.00	借	702 119.76	0	0	1 940 234.86	1 420 575.10	借	702 119.76
1123	预付账款	平	0	借	11 400.00		3 400.00	42 000.00	34 000.00	借	8 000.00
1221	其他应收款	平	0	平	0	0	0	4 000.00	4 000.00	平	0
1321	受托代销商品	平	0	借	120 000.00	0	0	180 000.00	60 000.00	借	120 000.00
1402	在途物资	平	0	平	0	0	0	562 735.00	562 735.00	平	0
1403	原材料	平	0	平	0	16 000.00	0	16 000.00	0	借	16 000.00
1405	库存商品	借	1 617 895.00	借	1 027 658.00	348 990.00	343 315.00	4 504 550.00	5 089 112.00	借	1 033 333.00
1406	发出商品	平	0	借	56 000.00	0	0	84 000.00	28 000.00	借	56 000.00
1407	商品进销差价	贷	176 000.00	贷	76 000.00	20 000.00	0	183 000.00	63 000.00	贷	56 000.00
1601	固定资产	借	23 200.00	借	66 685.00	0	0	46 685.00	3 200.00	借	66 685.00
1602	累计折旧	贷	6 383.30	贷	15 367.94		2 628.22	1 950.00	13 562.86	贷	17 996.16
1606	固定资产清理	平	0	平	0	0	0	1 500.00	1 500.00	平	0
1901	待处理财产损溢	平	0	平	0	0	0	147.3	147.3	平	0
2202	应付账款	贷	700 990.00	贷	1 156 062.55	0	394 358.70	2 586 870.50	3 436 301.75	贷	1 550 421.25
2203	预收账款	平	0	平	0	0	0	24 594.00	24 594.00	平	0
2211	应付职工薪酬	贷	120 275.28	贷	120 275.28	116 369.40	113 141.40	1 134 642.00	1 131 414.00	贷	117 047.28
2221	应交税费	贷	10 444.09	贷	64 424.96	126 238.81	78 366.25	1 846 452.78	1 852 561.09	贷	16 552.40
2241	其他应付款	贷	20 470.50	贷	20 470.50	17 350.50	17 350.50	176 625.00	176 625.00	贷	20 470.50
2314	受托代销商品款	平	0	贷	120 000.00	0	0	60 000.00	180 000.00	贷	120 000.00
2801	预计负债	平	0	平	0	200	200	200	200	平	0
4001	实收资本（股本）	贷	1 800 000.00	贷	1 800 000.00	0	50 000.00	0	50 000.00	贷	1 850 000.00
4103	本年利润	平	0	贷	697 451.17	445 577.85	475 395.00	6 573 287.98	7 300 556.30	贷	727 268.32
4104	利润分配	贷	1 328 290.64	贷	812 040.64	0	0	516 250.00	0	贷	812 040.64
6001	主营业务收入	平	0	平	0	472 395.00	472 395.00	7 279 159.00	7 279 159.00	平	0
6051	其他业务收入	平	0	平	0	3 000.00	3 000.00	21 000.00	21 000.00	平	0
6301	营业外收入	平	0	平	0	0	0	397.3	397.3	平	0
6401	主营业务成本	平	0	平	0	323 315.00	323 315.00	5 296 627.00	5 296 627.00	平	0
6402	其他业务成本	平	0	平	0	2 119.89	2 119.89	8 479.56	8 479.56	平	0
6403	税金及附加	平	0	平	0	1 925.79	1 925.79	39 169.04	39 169.04	平	0

续表

科目编号	科目名称	年初余额		期初余额		本期发生		本年累计		期末余额	
		方向	金额余额	方向	金额余额	借方金额	贷方金额	借方金额	贷方金额	方向	金额余额
6601	销售费用	平	0	平	0	42 939.20	42 939.20	430 889.02	430 889.02	平	0
6602	管理费用	平	0	平	0	75 277.97	75 277.97	761 845.55	761 845.55	平	0
6603	财务费用	平	0	平	0	0	0	430.15	430.15	平	0
6801	所得税费用	平	0	平	0	0	0	36 707.96	36 707.96	平	0
6901	以前年度损益调整	平	0	平	0	0	0	516 250.00	516 250.00	平	0
合计		借	4 162 853.81	借	4 882 093.04	2 598 895.76	2 598 895.76	43 300 568.52	43 300 568.52	借	5 287 796.55
		贷	4 162 853.81	贷	4 882 093.04					贷	5 287 796.55

审核：戴瑞旺   制表：刘洪波

▶▶▶ （七）十月份资产负债表

十月份资产负债表如表 7-4 所示。

表 7-4 资产负债表

编制单位：天津森研致和商贸有限公司　　20××年10月31日　　单位：元

资 产	期末余额	上年年末余额	负债和所有者权益（或股东权益）	期末余额	上年年末余额
流动资产			流动负债		
货币资金	3 285 658.79	2 339 298.81	短期借款	0.00	0.00
以公允价值计量且其变动计入当期损益的金融资产	0.00	0.00	以公允价值计量且其变动计入当期损益的金融负债	0.00	0.00
衍生金融资产	0.00	0.00	衍生金融负债	0.00	0.00
应收票据	0.00	0.00	应付票据	0.00	0.00
应收账款	702 119.76	182 460.00	应付账款	1 550 421.25	700 990.00
预付款项	8 000.00	0.00	预收款项	0.00	0.00
其他应收款	0.00	0.00	应付职工薪酬	117 047.28	120 275.28
存货	1 169 333.00	1 441 895.00	应交税费	16 552.40	10 444.09
持有待售资产	0.00	0.00	其他应付款	20 470.50	20 470.50
一年内到期的非流动资产	0.00	0.00	持有待售负债	0.00	0.00
其他流动资产	0.00	0.00	一年内到期的非流动负债	0.00	0.00
流动资产合计	5 165 111.55	3 963 653.81	其他流动负债	120 000.00	0.00
非流动资产：	0.00	0.00	流动负债合计	1 824 491.43	852 179.87
可供出售金融资产	0.00	0.00	非流动负债：	0.00	0.00
持有至到期投资	0.00	0.00	长期借款	0.00	0.00
长期应收款	0.00	0.00	应付债券	0.00	0.00
长期股权投资	0.00	0.00	其中：优先股	0.00	0.00

续表

资　产	期末余额	上年年末余额	负债和所有者权益（或股东权益）	期末余额	上年年末余额
投资性房地产	0.00	0.00	永续债	0.00	0.00
固定资产	48 688.84	16 816.70	长期应付款	0.00	0.00
在建工程	0.00	0.00	预计负债	0.00	0.00
生产性生物资产	0.00	0.00	递延收益	0.00	0.00
油气资产	0.00	0.00	递延所得税负债	0.00	0.00
无形资产	0.00	0.00	其他非流动负债	0.00	0.00
开发支出	0.00	0.00	非流动负债合计	0.00	0.00
商誉	0.00	0.00	负债合计	1 824 491.43	852 179.87
长期待摊费用	0.00	0.00	所有者权益（或股东权益）：	0.00	0.00
递延所得税资产	0.00	0.00	实收资本（或股本）	1 850 000.00	1 800 000.00
其他非流动资产	0.00	0.00	其他权益工具	0.00	0.00
非流动资产合计	48 688.84	16 816.70	其中：优先股	0.00	0.00
			永续债	0.00	0.00
			资本公积	0.00	0.00
			减：库存股	0.00	0.00
			其他综合收益	0.00	0.00
			专项储备	0.00	0.00
			盈余公积	0.00	0.00
			未分配利润	1 539 308.96	1 328 209.64
			所有者权益（或股东权益）合计	3 389 308.96	3 128 290.64
资产合计	5 213 800.39	3 980 470.51	负债和所有者权益（或股东权益）总计	5 213 800.39	3 980 470.51

审核：戴瑞旺　　　　　　　制表：刘洪波

▶▶▶ （八）十月份利润表

十月份利润表如表 7-5 所示。

表 7-5　利润表

编制单位：天津森研致和商贸有限公司　20××年 10 月 31 日　　　单位：元

项　目	本期金额	上期金额
一、营业收入	7 300 159.00	—
减：营业成本	5 305 106.56	—
税金及附加	39 169.04	—
销售费用	430 889.02	—
管理费用	761 845.55	—

续表

项　　目	本期金额	上期金额
研发费用	—	—
财务费用	−430.15	—
其中：利息费用	—	—
利息收入	—	—
加：其他收益	—	—
投资收益（损失以"−"号填列）	—	—
其中：对联营企业和合营企业的投资收益	—	—
公允价值变动收益（损失以"−"号填列）	—	—
资产减值损失（损失以"−"号填列）	—	—
资产处置收益（损失以"−"号填列）	—	—
二、营业利润（亏损以"−"号填列）	763 578.98	—
加：营业外收入	397.30	—
减：营业外支出		—
三、利润总额（亏损总额以"−"号填列）	763 976.28	—
减：所得税费用	36 707.96	—
四、净利润（净亏损以"−"号填列）	727 268.32	—
（一）持续经营净利润（净亏损以"−"号填列）		
（二）终止经营净利润（净亏损以"−"号填列）		
五、其他综合收益的税后净额		
（一）不能重分类进损益的其他综合收益		
1. 重新计量设定受益计划变动额		
2. 权益法下不能转损益的其他综合收益		
……		
（二）将重分类进损益的其他综合收益		
1. 权益法下可转损益的其他综合收益		
2. 可供出售金融资产公允价值变动损益		
3. 持有至到期投资重分类为可供出售金融资产损益		
4. 现金流量套期损益的有效部分		
5. 外币财务报表折算差额		
……		
六、综合收益总额		
七、每股收益：		
（一）基本每股收益		
（二）稀释每股收益		

审核：戴瑞旺　　　　　　　　　　　　制表：刘洪波

二、十一月份会计业务处理

▶▶▶ （一）销售退回的会计处理

【经济业务81】

20××年11月23日，由于不可预知原因，天津诺心远商贸有限公司退回10月购买的空气净化器两台，开具红字增值税专用发票。

【附件】天津增值税专用发票（红字）如图7-13所示。

1200739420	天津增值税专用发票	No 03202514	1200739420
销项负数	此联不作报销和税证凭证使用		03202514

开票日期：20××年11月23日

购买方	名　称：天津市诺心远商贸有限公司 纳税人识别号：911201040825836260 地址、电话：天津市南开区黄河道77号 022-83550011 开户行及账号：华夏银行天津滨海新区支行 12351000001428276	密码区	97108709++243-<2*/*84/430263 8468509888791>*691761/--<5*< 0*2/86871074/719*29112<61+0/ <98<5/8>/+80*-+72>4237*1><01

货物或应税劳务、服务名称	规格型号	单位	数量	单价	金额	税率	税额
*通用设备*空气净化器	TP04 SILVER	台	-2	4 099.00	-8 198.00	13%	-1 065.74
合　计					￥-8 198.00		￥-1 065.74

价税合计（大写）　⊗（负数）玖仟贰佰陆拾叁元柒角肆分　　（小写）￥9 263.74

销售方	名　称：天津森研致和商贸有限公司 纳税人识别号：911201023286038510 地址、电话：河东区新开路15号 022-24320511 开户行及账号：中国工商银行天津新开路支行 0302011251462087642	备注	对应正数发票代码：1200739420 号码：03191480

收款人：付强旭　　复核：戴瑞旺　　开票人：刘洪波　　销售方：（章）

第一联：记账联 销售方记账凭证

图7-13　天津增值税专用发票（红字）

【会计分录】如下：

借：应收账款——天津科瑞恩机电设备商贸有限公司　　　　－9 263.74

　贷：主营业务收入　　　　　　　　　　　　　　　　　　－8 198

　　　应交税费——应交增值税——销项税额　　　　　　　－1 065.74

【解析】

见【经济业务55】解析。

【经济业务82】

20××年11月30日，冲减销售退回的主营业务成本。

【附件】退货单如图7-14所示。

退货单

退货单位：天津诺心远商贸有限公司　　　20××年11月30日　　　　　　　　　　单位：元

产品名称	规格	型号	单位	数量	单价	金额	备注
空气净化器			台	2	2 899.00	5 798.00	
合计（大写）：伍仟柒佰玖拾捌元整					合计（小写）：5 798.00		

客户签字：天津诺心远商贸有限公司　　　　　　　　　　　　　　经手人：刘洪波

图 7-14　退货单

【会计分录】如下：

借：主营业务成本　　　　　　　　　　　　　　　　　　　　　　　　　－5 798

　　贷：库存商品——空气净化器　　　　　　　　　　　　　　　　　　－5 798

【解析】

《企业会计准则应用指南——会计科目和主要账务处理》规定，本期（月）发生的销售退回，如已结转销售成本的，借记"库存商品"等科目，贷记"主营业务成本"科目。

▶▶▶　（二）购货单位拒付货款和拒收商品的会计处理

【经济业务83】

20××年11月5日，公司销售给天津科瑞恩机电设备商贸有限公司10把沙发椅，每把2 700元，计货款27 000元、增值税额3 510元，货款未支付。

【附件1】天津增值税专用发票如图7-15所示。

图 7-15　天津增值税专用发票

【附件2】销售出库单如图7-16所示。

【会计分录】如下：

借：应收账款——天津科瑞恩机电设备商贸有限公司　　　　　　　　30 510

　　贷：主营业务收入　　　　　　　　　　　　　　　　　　　　　　27 000

　　　　应交税费——应交增值税——销项税额　　　　　　　　　　　3 510

销售出库单

客户名称：　天津科瑞恩机电设备商贸有限公司　　联系电话：　022-26672101　　　No. 20××110500062

客户地址：　天津市北辰区光荣道409号　　　　　　　　　　　　　　　　　　　　制单日期：20××年11月05日

序号	批号	品 名 / 规 格	单位	数量	单价	金额	有效期	备注
01		沙发椅	台	10	2 700.00	27 000.00		
总额（大写）：贰万柒仟元整				总额（小写）：￥27 000.00				

制单：王玉良　　　库管：王玉良　　　业务：刘洪波　　　复核：孙春英　　　经理审核：刘力卓　　　客户验收：陈玲

图 7-16　销售出库单

【解析】

见【经济业务22】解析。

【经济业务84】

20××年11月20日，收到"拒绝付款理由书"，天津科瑞恩机电设备商贸有限公司拒付其中1把沙发椅货款、增值税税额合计3 051元。查明该沙发椅是质量不好，同意商品退回，业务部门转来红字专用发票。

【附件】天津增值税专用发票（红字）如图7-17所示。

1200739420　　　　　　　**天津增值税专用发票**　　　No 03202511　　1200739420
销项负数　　　　　　　　此联不作报销和税凭证使用　　　　　　　　　　03202511
　　　　　　　　　　　　　　　　　　　　　　　　开票日期：20××年11月20日

购买方	名　称：天津科瑞恩机电设备商贸有限公司			密码区	57238309++243-<2*/*84/626478
	纳税人识别号：911201130093941318				5822927718791)*701601/--<9*<
	地址、电话：天津市北辰区光荣道409号 022-26672101				5*2/24611574/719*29112<31+1/
	开户行及账号：中国工商银行天津中北假日支行 0302011209100019030				<94<4/7)/+80*-+72)1644*1)<24

货物或应税劳务、服务名称	规格型号	单位	数 量	单 价	金 额	税率	税 额
*商用设备*沙发椅	JA111-C	个	-1	2 700.00	-2 700.00	13%	-351.00
合　　计					￥-2 700.00		￥-351.00

价税合计（大写）　⊗（负数）叁仟零伍拾壹元整　　　　　　　　（小写）￥3 051.00

销售方	名　称：天津森研致和商贸有限公司	备注	对应正数发票代码：1200739420
	纳税人识别号：911201023286038510		号码：03202510
	地址、电话：河东区新开路15号 022-24320511		
	开户行及账号：中国工商银行天津新开路支行 0302011251462087642		

收款人：付强旭　　　　复核：戴瑞旺　　　　开票人：刘洪波　　　销售方：（章）

图 7-17　天津增值税专用发票（红字）

【会计分录】如下：

贷：应交税费——应交增值税——销项税额　　　　　　　　　－351
　　主营业务收入　　　　　　　　　　　　　　　　　　　　－2 700
　　应收账款——天津科瑞恩机电设备商贸有限公司　　　　　3 051

【解析】

见【经济业务 54】解析。

【经济业务 85】

20××年 11 月 20 日，天津科瑞恩机电设备商贸有限公司支付 9 把沙发椅货款、增值税额合计 27 459 元，前欠货款 45 000 元，两项共计 72 459 元。

【附件】 中国工商银行业务回单（收款）凭证如图 7-18 所示。

ICBC　中国工商银行　　　　　　　　　　　　　凭证

业务回单（收款）

日期：20××年11月20日　　　　　　回单编号：09432705

付款人户名：天津市科瑞恩机电设备商贸有限公司
付款人账号（卡号）：0302011209100019030
收款人户名：天津森研致和商贸有限公司
收款人账号（卡号）：0302011251462087642
金额：柒万贰仟肆佰伍拾玖元整
业务（产品）种类：跨行收报　　凭证种类：000000000
摘要：货款　　　　用途：销售沙发椅货款
交易机构：0030200150　记账柜员：00023　交易代码：52093
附言：
支付交易序号：12563255　报文种类：　　委托日期：20××-11-20
业务类型（种类）：

付款人开户行：中国工商银行天津中北假日支行
收款人开户行：中国工商银行天津新开路支行

小写：¥72 459.00
凭证号码：00000000000000000
币种：人民币
渠道：其他

本回单为第1次打印，注意重复　　打印日期：20××-11-20　　打印柜员：9　　验证码：124DC42B2006

图 7-18　中国工商银行业务回单（收款）凭证

【会计分录】如下：

借：银行存款——基本户——中国工商银行天津新开路支行（642）　72 459
　　贷：应收账款——天津科瑞恩机电设备商贸有限公司　　　　　　　72 459

【解析】

见【经济业务 45】解析。

【经济业务 86】

20××年 11 月 22 日，退回商品入库。

【附件】 退货单如图 7-19 所示。

退货单

退货单位：天津科瑞恩机电设备商贸有限公司　　20××年 11 月 22 日　　　　单位：元

产品名称	规格	型号	单位	数量	单价	金额	备注
空气净化器			把	1	1 625.00	1 625.00	
合计（大写）：壹仟陆佰贰拾伍元整					合计（小写）：1 625.00		

客户签字：天津科瑞恩机电设备商贸有限公司　　　　　　　　经手人：刘洪波

图 7-19　退货单

【会计分录】 如下：

借：主营业务成本 　　　　　　　　　　　　　　　　　　　　 −1 625

　　贷：库存商品——沙发椅 　　　　　　　　　　　　　　　　 −1 625

【解析】

见 **【经济业务 82】** 解析。

▶▶▶ ┌ **（三）十一月份科目余额表** ┐

十一月份科目余额表如表 7-6 所示。

表 7-6　科目余额表

编制单位：天津森研致和商贸有限公司　　20××年 11 月 30 日　　　　　　　金额单位：元

科目编号	科目名称	年初余额		期初余额		本期发生		本年累计		期末余额	
		方向	金额余额	方向	金额余额	借方金额	贷方金额	借方金额	贷方金额	方向	金额余额
1001	库存现金	借	6 241.93	借	21 975.29	8 390.00	1 098.79	595 772.16	572 747.59	借	29 266.50
1002	银行存款	借	2 333 056.88	借	3 263 683.50	803 303.00	2 356 011.14	8 640 670.66	9 262 752.18	借	1 710 975.36
1122	应收账款	借	182 460.00	借	702 119.76	21 246.26	100 104.00	1 961 481.12	1 520 679.10	借	623 262.02
1123	预付账款	平	0	借	8 000.00	0	3 400.00	42 000.00	37 400.00	借	4 600.00
1221	其他应收款	平	0	平	0	0	0	4 000.00	4 000.00	平	0
1321	受托代销商品	平	0	借	120 000.00	0	0	180 000.00	60 000.00	借	120 000.00
1402	在途物资	平	0	平	0	0	0	562 735.00	562 735.00	平	0
1403	原材料	平	0	借	16 000.00	0	0	16 000.00	0	借	16 000.00
1405	库存商品	借	1 617 895.00	借	1 033 333.00	591 950.00	504 827.00	5 096 500.00	5 593 939.00	借	1 120 456.00
1406	发出商品	平	0	借	56 000.00	0	0	84 000.00	28 000.00	借	56 000.00
1407	商品进销差价	贷	176 000.00	贷	56 000.00	0	0	183 000.00	63 000.00	贷	56 000.00
1601	固定资产	借	23 200.00	借	66 685.00	3 500.00	0	50 185.00	3 200.00	借	70 185.00
1602	累计折旧	贷	6 383.30	贷	17 996.16	0	2 628.22	1 950.00	16 191.08	贷	20 624.38
1606	固定资产清理	平	0	平	0	0	0	1 500.00	1 500.00	平	0
1901	待处理财产损溢	平	0	平	0	0	0	147.3	147.3	平	0
2202	应付账款	贷	700 990.00	贷	1 550 421.25	2 219 324.75	668 903.50	4 806 195.25	4 105 205.25	平	0
2203	预收账款	平	0	平	0	0	0	24 594.00	24 594.00	平	0
2211	应付职工薪酬	贷	120 275.28	贷	117 047.28	111 527.40	113 141.40	1 246 169.40	1 244 555.40	贷	118 661.28
2221	应交税费	贷	10 444.09	贷	16 552.40	100 285.66	91 332.35	1 946 738.44	1 943 893.44	贷	7 599.09
2241	其他应付款	贷	20 470.50	贷	20 470.50	17 350.50	17 350.50	193 975.50	193 975.50	贷	20 470.50
2314	受托代销商品款	平	0	贷	120 000.00	0	0	60 000.00	180 000.00	贷	120 000.00
2801	预计负债	平	0	平	0	0	0	200	200	平	0
4001	实收资本（股本）	贷	1 800 000.00	贷	1 850 000.00	0	0	0	50 000.00	贷	1 850 000.00
4103	本年利润	平	0	贷	727 268.32	626 021.33	644 102.00	7 199 309.31	7 944 658.30	贷	745 348.99
4104	利润分配	贷	1 328 290.64	贷	812 040.64	0	0	516 250.00	0	贷	812 040.64

续表

科目编号	科目名称	年初余额		期初余额		本期发生		本年累计		期末余额	
		方向	金额余额	方向	金额余额	借方金额	贷方金额	借方金额	贷方金额	方向	金额余额
6001	主营业务收入	平	0	平	0	641 102.00	641 102.00	7 920 261.00	7 920 261.00	平	0
6051	其他业务收入	平	0	平	0	3 000.00	3 000.00	24 000.00	24 000.00	平	0
6301	营业外收入	平	0	平	0	0	0	397.3	397.3	平	0
6401	主营业务成本	平	0	平	0	504 827.00	504 827.00	5 801 454.00	5 801 454.00	平	0
6402	其他业务成本	平	0	平	0	2 119.89	2 119.89	10 599.45	10 599.45	平	0
6403	税金及附加	平	0	平	0	1 017.27	1 017.27	40 186.31	40 186.31	平	0
6601	销售费用	平	0	平	0	42 289.20	42 289.20	473 178.22	473 178.22	平	0
6602	管理费用	平	0	平	0	75 767.97	75 767.97	837 613.52	837 613.52	平	0
6603	财务费用	平	0	平	0	0	0	430.15	430.15	平	0
6801	所得税费用	平	0	平	0	0	0	36 707.96	36 707.96	平	0
6901	以前年度损益调整	平	0	平	0	0	0	516 250.00	516 250.00	平	0
	合计	借：4 162 853.81		借：5 287 796.55		5 773 022.23	5 773 022.23	49 073 590.75	49 073 590.75	借：3 750 744.88	
		贷：4 162 853.81		贷：5 287 796.55						贷：3 750 744.88	

审核：戴瑞旺　　　　　　　　　　　　制表：刘洪波

▶▶▶ （四）十一月份资产负债表

十一月份资产负债表如表 7-7 所示。

表 7-7　资产负债表

编制单位：天津森研致和商贸有限公司　　20××年 11 月 30 日　　　　　　单位：元

资　产	期末余额	上年年末余额	负债和所有者权益（或股东权益）	期末余额	上年年末余额
流动资产			流动负债		
货币资金	1 740 241.86	2 339 298.81	短期借款	0.00	0.00
以公允价值计量且其变动计入当期损益的金融资产	0.00	0.00	以公允价值计量且其变动计入当期损益的金融负债	0.00	0.00
衍生金融资产	0.00	0.00	衍生金融负债	0.00	0.00
应收票据	0.00	0.00	应付票据	0.00	0.00
应收账款	623 262.02	182 460.00	应付账款		700 990.00
预付款项	4 600.00	0.00	预收款项	0.00	0.00
其他应收款	0.00	0.00	应付职工薪酬	118 661.28	120 275.28
存货	1 256 456.00	1 441 895.00	应交税费	7 599.09	10 444.09
持有待售资产	0.00	0.00	其他应付款	20 470.50	20 470.50
一年内到期的非流动资产	0.00	0.00	持有待售负债	0.00	0.00
其他流动资产	0.00	0.00	一年内到期的非流动负债	0.00	0.00
流动资产合计	3 624 559.88	3 963 653.81	其他流动负债	120 000.00	0.00
非流动资产：	0.00	0.00	流动负债合计	266 730.87	852 179.87
可供出售金融资产	0.00	0.00	非流动负债：	0.00	0.00

续表

资　产	期末余额	上年年末余额	负债和所有者权益（或股东权益）	期末余额	上年年末余额
持有至到期投资	0.00	0.00	长期借款	0.00	0.00
长期应收款	0.00	0.00	应付债券	0.00	0.00
长期股权投资	0.00	0.00	其中：优先股	0.00	0.00
投资性房地产	0.00	0.00	永续债	0.00	0.00
固定资产	49 560.62	16 816.70	长期应付款	0.00	0.00
在建工程	0.00	0.00	预计负债	0.00	0.00
生产性生物资产	0.00	0.00	递延收益	0.00	0.00
油气资产	0.00	0.00	递延所得税负债	0.00	0.00
无形资产	0.00	0.00	其他非流动负债	0.00	0.00
开发支出	0.00	0.00	非流动负债合计	0.00	0.00
商誉	0.00	0.00	负债合计	266 730.87	852 179.87
长期待摊费用	0.00	0.00	所有者权益（或股东权益）：	0.00	0.00
递延所得税资产	0.00	0.00	实收资本（或股本）	1 850 000.00	1 800 000.00
其他非流动资产	0.00	0.00	其他权益工具	0.00	0.00
非流动资产合计	49 560.62	16 816.70	其中：优先股	0.00	0.00
			永续债	0.00	0.00
			资本公积	0.00	0.00
			减：库存股	0.00	0.00
			其他综合收益	0.00	0.00
			专项储备	0.00	0.00
			盈余公积	0.00	0.00
			未分配利润	1 557 389.63	1 328 209.64
			所有者权益（或股东权益）合计	3 407 389.63	3 128 290.64
资产合计	3 674 120.50	3 980 470.51	负债和所有者权益（或股东权益）总计	3 674 120.50	3 980 470.51

审核：戴瑞旺　　　　　　　　　　　　　　　制表：刘洪波

▶▶▶ （五）十一月份利润表

十一月份利润表如表 7-8 所示。

表 7-8　利润表

编制单位：天津森研致和商贸有限公司　　20××年 11 月 30 日　　　　　　　单位：元

项　目	本期金额	上期金额
一、营业收入	7 944 261.00	—
减：营业成本	5 812 053.45	—
税金及附加	40 186.31	—
销售费用	473 178.22	—
管理费用	837 613.52	—

续表

项　目	本期金额	上期金额
研发费用	—	—
财务费用	−430.15	—
其中：利息费用	—	—
利息收入	—	—
加：其他收益	—	—
投资收益（损失以"－"号填列）	—	—
其中：对联营企业和合营企业的投资收益	—	—
公允价值变动收益（损失以"－"号填列）	—	—
资产减值损失（损失以"－"号填列）	—	—
资产处置收益（损失以"－"号填列）	—	—
二、营业利润（亏损以"－"号填列）	781 659.65	—
加：营业外收入	397.30	—
减：营业外支出	—	—
三、利润总额（亏损总额以"－"号填列）	782 056.95	—
减：所得税费用	36 707.96	—
四、净利润（净亏损以"－"号填列）	745 348.99	—
（一）持续经营净利润（净亏损以"－"号填列）		
（二）终止经营净利润（净亏损以"－"号填列）		
五、其他综合收益的税后净额		
（一）不能重分类进损益的其他综合收益		
1. 重新计量设定受益计划变动额		
2. 权益法下不能转损益的其他综合收益		
……		
（二）将重分类进损益的其他综合收益		
1. 权益法下可转损益的其他综合收益		
2. 可供出售金融资产公允价值变动损益		
3. 持有至到期投资重分类为可供出售金融资产损益		
4. 现金流量套期损益的有效部分		
5. 外币财务报表折算差额		
……		
六、综合收益总额		
七、每股收益：		
（一）基本每股收益		
（二）稀释每股收益		

审核：戴瑞旺　　　　　　　　　　　　　　　制表：刘洪波

三、十二月份会计业务处理

▶▶▶ （一）非货币型职工薪酬的会计处理

【经济业务87】

20××年12月1日企业决定将外购的5台足疗仪作为福利向优秀员工发放，进价820元。

【附件】发放福利明细表如表7-9所示。

表7-9　发放福利明细表

编制单位：天津森研致和商贸有限公司　　　　　　　　　　　　　　　　单位：元

序号	姓名	部门	领用数量	领用金额	领取人签名
01	刘力卓	管理部门	2	1 640.00	刘力卓
02	刘伟	销售部门	2	1 640.00	刘伟
03	王哲	销售部门	1	820.00	王哲
	合计		5	4 100.00	

审核：戴瑞旺　　　　　　　　　　　　　　　制表：刘洪波

【会计分录】如下：

借：管理费用——职工薪酬　　　　　　　　　　　　　　　1 853.2

　　销售费用——职工薪酬　　　　　　　　　　　　　　　2 779.8

　　贷：应付职工薪酬——非货币性福利　　　　　　　　　　　　　4 633

【解析】

《企业会计准则第9号——职工薪酬》应用指南（2014年修订）规定，企业以外购商品发放给职工作为福利的，购入时，借记"库存商品"科目和"应交税费——应交增值税（进项税额）"科目，贷记"银行存款"科目。决定发放非货币福利时，借记"生产成本""管理费用""在建工程"科目或"研发支出"科目，贷记"应付职工薪酬——非货币性福利"科目。

【经济业务88】

20××年12月1日企业实际将外购的5台足疗仪作为福利向优秀员工发放，进价820元。

【附件】发放福利明细表参见表7-9。

【会计分录】如下：

借：应付职工薪酬——非货币性福利　　　　　　　　　　　4 633

　　贷：库存商品——足疗仪　　　　　　　　　　　　　　　　4 100

　　　　应交税费——应交增值税——进项税额转出　　　　　　　　533

【解析】

《企业会计准则第9号——职工薪酬》应用指南（2014年修订）规定，企业以外购商品发放给职工作为福利的，实际发放时，借记"应付职工薪酬——非货币性福利"科目，贷记"库存商品"科目和"应交税费——应交增值税（进项税额转出）"科目。

（二）年终奖的会计处理

【经济业务89】

20××年12月，按本企业考核要求，崔连应得年终奖20 000元，刘力卓和戴瑞旺应得年终奖分别为18 000元，刘伟、高峡和刘洪波应得年终奖分别为5 000元，王哲和付强旭应得年终奖均为4 000元，艾雪应得年终奖为2 500元，孙春英应得年终奖为1 500元，白佳艳和王玉良应得年终奖均为1 000元。12月15日，计提年终奖。

【附件】年终奖计提表如表7-10所示。

表 7-10　年终奖计提表

编制单位：天津森研致和商贸有限公司

20××年12月15日

单位：元

部门	姓名	工资	外出补贴	通信补助	交通补助	其他	奖金	收入合计	养老	医疗	失业	工伤	生育	合计	大病医疗(个人)	养老	医疗	失业	大额救助	合计	公积金	个人所得税	扣款合计	实发年终奖
			补贴、补助、奖金						社会保险（单位）							社会保险（个人）								
管理部门	崔连						20 000.00	20 000.00														600.00	600.00	19 400.00
管理部门	刘力卓						18 000.00	18 000.00														540.00	540.00	17 460.00
管理部门	戴瑞旺						18 000.00	18 000.00														540.00	540.00	17 460.00
销售部门	刘伟						5 000.00	5 000.00														150.00	150.00	4 850.00
销售部门	高峡						5 000.00	5 000.00														150.00	150.00	4 850.00
销售部门	王哲						4 000.00	4 000.00														106.59	106.59	3 893.41
财务部门	刘洪波						5 000.00	5 000.00														134.24	134.24	4 865.76
财务部门	付强旭						4 000.00	4 000.00														90.11	90.11	3 909.89
采购部门	艾雪						2 500.00	2 500.00														38.04	38.04	2 461.96
采购部门	白佳艳						1 000.00	1 000.00																1 000.00
仓库	孙春英						1 500.00	1 500.00																1 500.00
仓库	王玉良						1 000.00	1 000.00																1 000.00
合计							85 000.00	85 000.00														2 348.98	2 348.98	82 651.02

审核：戴瑞旺　　制表：刘洪波

【会计分录】如下：

借：管理费用——职工薪酬　67 500

　销售费用——职工薪酬　17 500

　　贷：应付职工薪酬——奖金、津贴和补贴　85 000

【解析】

《企业会计准则应用指南——会计科目和主要账务处理》规定，企业发生应付职工薪酬时，生产部门人员的职工薪酬，借记"生产成本""制造费用""劳务成本"等科目，贷记"应付职工薪酬"科目。应由在建工程、研发支出负担的职工薪酬，借记"在建工程""研发支出"等科目，贷记"应付职工薪酬"科目。管理部门人员、销售人员的职工薪酬，借记"管理费用"或"销售费用"科目，贷记"应付职工薪酬"科目。

【经济业务 90】

20××年 12 月 31 日，实际发放员工年终奖并代扣代缴个人所得税，款项通过银行存款支付。

【附件 1】年终奖发放表如表 7-11 所示。

表 7-11　年终奖发放表

编制单位：天津森研致和商贸有限公司　20××年 12 月 31 日

部门	姓名	基本工资	应发年终奖	个税	实发年终奖
管理部门	崔连	10 500.00	20 000.00	600.00	19 400.00
管理部门	刘力卓	10 200.00	18 000.00	540.00	17 460.00
管理部门	戴瑞旺	9 800.00	18 000.00	540.00	17 460.00
销售部门	刘伟	7 600.00	5 000.00	150.00	4 850.00
销售部门	高峡	7 800.00	5 000.00	150.00	4 850.00
销售部门	王哲	5 800.00	4 000.00	106.59	3 893.41
财务部门	刘洪波	5 700.00	5 000.00	134.24	4 865.76
财务部门	付强旭	5 100.00	4 000.00	90.11	3 909.89
采购部门	艾雪	4 800.00	2 500.00	38.04	2 461.96
采购部门	白佳艳	1 000.00	1 000.00		1 000.00
仓库	孙春英	4 500.00	1 500.00		1 500.00
仓库	王玉良	4 300.00	1 000.00		1 000.00
合计		77 100.00	85 000.00	2 348.98	82 651.02

财务主管：戴瑞旺　　出纳：付强旭　　制单：刘洪波

【附件 2】转账支票存根如图 7-20 所示。

图7-20 转账支票存根

【会计分录】如下：

借：应付职工薪酬——奖金、津贴和补贴　　　　　　　　　　　　 85 000

　　贷：银行存款——基本户——中国工商银行天津新开路支行（642）　 82 651.02

　　　　应交税费——应交个人所得税　　　　　　　　　　　　　　 2 348.98

【解析】

（1）《企业会计准则应用指南——会计科目和主要账务处理》规定，向职工支付工资、奖金、津贴、福利费等，从应付职工薪酬中扣还的各种款项（代垫的家属药费、个人所得税等）等，借记"应付职工薪酬"科目，贷记"银行存款""库存现金""其他应收款""应交税费——应交个人所得税"等科目。

（2）《国家税务总局关于调整个人取得全年一次性奖金等计算征收个人所得税方法问题的通知》（国税发〔2005〕9号）规定："纳税人取得全年一次性奖金，应单独作为一个月工资、薪金所得计算纳税。"

员工当月的工资薪金超过5 000元，再发放的年终奖单独作为一个月的工资计算缴纳个人所得税。全年一次性奖金，单独作为一个月计算时，除以12找税率，但计算税额时，速算扣除数只允许扣除一次。

员工当月的工资薪金不超过5 000元，再发放的年终奖单独作为一个月的工资计算缴纳个人所得税。但可以将全年一次性奖金减除"雇员当月工资薪金所得与费用扣除额的差额"后的余额，作为应纳税所得额。其中"雇员当月工资薪金所得"以收入额扣除规定标准的免税所得（如按规定缴纳的社会保险和住房公积金等）后的数额。

工资、薪金所得适用个人所得税累进税率（月度）如表7-12所示。

表 7-12　工资、薪金所得适用个人所得税累进税率表

级数	月应纳税所得额	税率（%）	速算扣除数
1	不超过 3 000 元的部分	3	0
2	超过 3 000 元至 12 000 元的部分	10	210
3	超过 12 000 元至 25 000 元的部分	20	1 410
4	超过 25 000 元至 35 000 元的部分	25	2 660
5	超过 35 000 元至 55 000 元的部分	30	4 410
6	超过 55 000 元至 80 000 元的部分	35	7 160
7	超过 80 000 元的部分	45	15 160

该经济业务中对应的个人所得税计算过程如表 7-13 所示。

表 7-13　个人所得税计算过程

部门	人员	员工当月应税所得	年终奖	奖金除以 12	适用税率	个人所得税
管理部门	崔连	8 242.50	20 000.00	1 666.67	3%	600.00
	刘力卓	8 007.00	18 000.00	1 500.00	3%	540.00
	戴瑞旺	7 693.00	18 000.00	1 500.00	3%	540.00
销售部门	刘伟	5 966.00	5 000.00	416.67	3%	150.00
	高峡	6 123.00	5 000.00	416.67	3%	150.00
	王哲	4 553.00	4 000.00	333.33	3%	106.59
财务部门	刘洪波	4 474.50	5 000.00	416.67	3%	134.24
	付强旭	4 003.50	4 000.00	333.33	3%	90.11
采购部门	艾雪	3 768.00	2 500.00	208.33	3%	38.04
	白佳艳	3 611.00	1 000.00			
仓库	孙春英	3 532.50	1 500.00			
	王玉良	3 375.50	1 000.00			
合计		63 349.50	85 000.00			

▶▶▶ （三）计提第四季度企业所得税和结转所得税费用

计提季度企业所得税和结转所得税费用会计处理方法同三月份，计提第四季度企业所得税和结转所得税费用为 8 671.83 元。

▶▶▶ （四）十二月份科目余额表

十二月份科目余额表如表 7-14 所示。

表7-14　科目余额表

编制单位：天津森研致和商贸有限公司　　20××年12月31日　　　　　　　　　　　　　　金额单位：元

科目编号	科目名称	年初余额		期初余额		本期发生		本年累计		期末余额	
		方向	金额余额	方向	金额余额	借方金额	贷方金额	借方金额	贷方金额	方向	金额余额
1001	库存现金	借	6 241.93	借	29 266.50	3 390.00	579.39	599 162.16	573 326.98	借	32 077.11
1002	银行存款	借	2 333 056.88	借	1 710 975.36	112 865.76	257 929.10	8 753 536.42	9 520 681.28	借	1 565 912.02
1122	应收账款	借	182 460.00	借	623 262.02	1 036 808.90	45 065.76	2 998 290.02	1 565 744.86	借	1 615 005.16
1123	预付账款	平	0	借	4 600.00	0	3 400.00	42 000.00	40 800.00	借	1 200.00
1221	其他应收款	平	0	平	0	0	0	4 000.00	4 000.00	平	0
1321	受托代销商品	平	0	借	120 000.00	0	0	180 000.00	60 000.00	借	120 000.00
1402	在途物资	平	0	平	0	0	0	562 735.00	562 735.00	平	0
1403	原材料	平	0	借	16 000.00	0	0	16 000.00	0	借	16 000.00
1405	库存商品	借	1 617 895.00	借	1 120 456.00	703 940.00	651 630.00	5 800 440.00	6 245 569.00	借	1 172 766.00
1406	发出商品	平	0	借	56 000.00	0	0	84 000.00	28 000.00	借	56 000.00
1407	商品进销差价	贷	176 000.00	贷	56 000.00	8 863.64	30 000.00	191 863.64	93 000.00	贷	77 136.36
1601	固定资产	借	23 200.00	借	70 185.00	0	0	50 185.00	3 200.00	借	70 185.00
1602	累计折旧	贷	6 383.30	贷	20 624.38	0	2 683.22	1 950.00	18 874.30	贷	23 307.60
1606	固定资产清理	平	0	平	0	0	0	1 500.00	1 500.00	平	0
1901	待处理财产损溢	平	0	平	0	0	0	147.3	147.3	平	0
2202	应付账款	贷	700 990.00	平	0	0	705 052.20	4 806 195.25	4 810 257.45	贷	705 052.20
2203	预收账款	平	0	平	0	0	0	24 594.00	24 594.00	平	0
2211	应付职工薪酬	贷	120 275.28	贷	118 661.28	201 160.40	204 474.40	1 447 329.80	1 449 029.80	贷	121 975.28
2221	应交税费	贷	10 444.09	贷	7 599.09	135 600.99	184 948.76	2 082 339.43	2 128 842.20	贷	56 946.86
2241	其他应付款	贷	20 470.50	贷	20 470.50	17 350.50	17 350.50	211 326.00	211 326.00	贷	20 470.50
2314	受托代销商品款	平	0	贷	120 000.00	0	0	60 000.00	180 000.00	贷	120 000.00
2801	预计负债	平	0	平	0	0	0	200	200	平	0
4001	实收资本（股本）	贷	1 800 000.00	贷	1 850 000.00	0	0	0	50 000.00	贷	1 850 000.00
4101	盈余公积	平	0	平	0	0	129 332.38	0	129 332.38	贷	129 332.38
4103	本年利润	平	0	贷	745 348.99	1 725 878.99	980 530.00	8 925 188.30	8 925 188.30	平	0
4104	利润分配	贷	1 328 290.64	贷	812 040.64	258 664.76	991 548.23	774 914.76	991 548.23	贷	1 544 924.11
6001	主营业务收入	平	0	平	0	977 530.00	977 530.00	8 897 791.00	8 897 791.00	平	0
6051	其他业务收入	平	0	平	0	3 000.00	3 000.00	27 000.00	27 000.00	平	0

续表

科目编号	科目名称	年初余额		期初余额		本期发生		本年累计		期末余额	
		方向	金额余额	方向	金额余额	借方金额	贷方金额	借方金额	贷方金额	方向	金额余额
6301	营业外收入	平	0	平	0	0	0	397.3	397.3	平	0
6401	主营业务成本	平	0	平	0	638 666.36	638 666.36	6 440 120.36	6 440 120.36	平	0
6402	其他业务成本	平	0	平	0	2 119.89	2 119.89	12 719.34	12 719.34	平	0
6403	税金及附加	平	0	平	0	5 249.89	5 249.89	45 436.20	45 436.20	平	0
6601	销售费用	平	0	平	0	62 569.00	62 569.00	535 747.22	535 747.22	平	0
6602	管理费用	平	0	平	0	146 386.17	146 386.17	983 999.69	983 999.69	平	0
6603	财务费用	平	0	平	0	0	0	430.15	430.15	平	0
6801	所得税费用	平	0	平	0	8 671.83	8 671.83	45 379.79	45 379.79	平	0
6901	以前年度损益调整	平	0	平	0	0	0	516 250.00	516 250.00	平	0
	合计	借:	4 162 853.81	借:	3 750 744.88	6 048 717.08	6 048 717.08	55 122 307.83	55 122 307.83	借:	4 649 145.29
		贷:	4 162 853.81	贷:	3 750 744.88					贷:	4 649 145.29

审核：戴瑞旺　　　　　　　　　　　制表：刘洪波

▶▶▶ （五）十二月份资产负债表

十二月份资产负债表如表 7-15 所示。

表 7-15　资产负债表

编制单位：天津森研致和商贸有限公司　　　20××年12月31日　　　　　　　单位：元

资　产	期末余额	上年年末余额	负债和所有者权益（或股东权益）	期末余额	上年年末余额
流动资产			流动负债		
货币资金	1 597 989.13	2 339 298.81	短期借款	0.00	0.00
以公允价值计量且其变动计入当期损益的金融资产	0.00	0.00	以公允价值计量且其变动计入当期损益的金融负债	0.00	0.00
衍生金融资产	0.00	0.00	衍生金融负债	0.00	0.00
应收票据	0.00	0.00	应付票据	0.00	0.00
应收账款	1 615 005.16	182 460.00	应付账款	705 052.20	700 990.00
预付款项	1 200.00	0.00	预收款项	0.00	0.00
其他应收款	0.00	0.00	应付职工薪酬	121 975.28	120 275.28
存货	1 287 629.64	1 441 895.00	应交税费	56 946.86	10 444.09
持有待售资产	0.00	0.00	其他应付款	20 470.50	20 470.50
一年内到期的非流动资产	0.00	0.00	持有待售负债	0.00	0.00

续表

资　　产	期末余额	上年年末余额	负债和所有者权益（或股东权益）	期末余额	上年年末余额
其他流动资产	0.00	0.00	一年内到期的非流动负债	0.00	0.00
流动资产合计	4 501 823.93	3 963 653.81	其他流动负债	120000.00	0.00
非流动资产：	0.00	0.00	流动负债合计	1 024 444.84	852 179.87
可供出售金融资产	0.00	0.00	非流动负债：	0.00	0.00
持有至到期投资	0.00	0.00	长期借款	0.00	0.00
长期应收款	0.00	0.00	应付债券	0.00	0.00
长期股权投资	0.00	0.00	其中：优先股	0.00	0.00
投资性房地产	0.00	0.00	永续债	0.00	0.00
固定资产	46 877.40	16 816.70	长期应付款	0.00	0.00
在建工程	0.00	0.00	预计负债	0.00	0.00
生产性生物资产	0.00	0.00	递延收益	0.00	0.00
油气资产	0.00	0.00	递延所得税负债	0.00	0.00
无形资产	0.00	0.00	其他非流动负债	0.00	0.00
开发支出	0.00	0.00	非流动负债合计	0.00	0.00
商誉	0.00	0.00	负债合计	1 024 444.84	852 179.87
长期待摊费用	0.00	0.00	所有者权益（或股东权益）：	0.00	0.00
递延所得税资产	0.00	0.00	实收资本（或股本）	1 850 000.00	1 800 000.00
其他非流动资产	0.00	0.00	其他权益工具	0.00	0.00
非流动资产合计	46 877.40	16 816.70	其中：优先股	0.00	0.00
			永续债	0.00	0.00
			资本公积	0.00	0.00
			减：库存股	0.00	0.00
			其他综合收益	0.00	0.00
			专项储备	0.00	
			盈余公积	129 332.38	0.00
			未分配利润	1 544 924.11	1 328 209.64
			所有者权益（或股东权益）合计	3 524 256.49	3 128 290.64
资产合计	4 548 701.33	3 980 470.51	负债和所有者权益（或股东权益）总计	4 548 701.33	3 980 470.51

审核：戴瑞旺　　　　　　　　　　　　制表：刘洪波

▶▶▶　（六）十二月份利润表

十二月份利润表如表 7-16 所示。

表 7 - 16 利润表

编制单位：天津森研致和商贸有限公司　　20××年 12 月 31 日　　　　　　　　　　　单位：元

项　目	本期金额	上期金额
一、营业收入	8 924 791.00	—
减：营业成本	6 452 839.70	—
税金及附加	45 436.20	—
销售费用	535 747.22	—
管理费用	983 999.69	—
研发费用	—	—
财务费用	−430.15	—
其中：利息费用		
利息收入		
加：其他收益		
投资收益（损失以"—"号填列）		
其中：对联营企业和合营企业的投资收益		
公允价值变动收益（损失以"—"号填列）		
资产减值损失（损失以"—"号填列）		
资产处置收益（损失以"—"号填列）		
二、营业利润（亏损以"—"号填列）	907 198.34	—
加：营业外收入	397.30	—
减：营业外支出	—	—
三、利润总额（亏损总额以"—"号填列）	907 595.64	—
减：所得税费用	45 379.79	—
四、净利润（净亏损以"—"号填列）	862 215.85	—
（一）持续经营净利润（净亏损以"—"号填列）		
（二）终止经营净利润（净亏损以"—"号填列）		
五、其他综合收益的税后净额		
（一）不能重分类进损益的其他综合收益		
1. 重新计量设定受益计划变动额		
2. 权益法下不能转损益的其他综合收益		
……		
（二）将重分类进损益的其他综合收益		
1. 权益法下可转损益的其他综合收益		
2. 可供出售金融资产公允价值变动损益		
3. 持有至到期投资重分类为可供出售金融资产损益		
4. 现金流量套期损益的有效部分		

续表

项　　目	本期金额	上期金额
5.外币财务报表折算差额		
……		
六、综合收益总额		
七、每股收益：		
（一）基本每股收益		
（二）稀释每股收益		

审核：戴瑞旺　　　　　　　　　　　　　　　　制表：刘洪波

项目八

企业所得税汇算清缴实务

实训目的

通过实训能够处理商品流通业企业所得税汇算清缴。

实训内容

年度汇算清缴报表及相关附表的填写。

实训方法

实训教学。

实训要求

学会年度汇算清缴报表及相关附表的填写。

一、企业所得税年度纳税申报表封面

企业所得税年度纳税申报表封面如图8-1所示。

中华人民共和国企业所得税年度纳税申报表
（A类，20××年版）

税款所属时间：20×1年1月1日至20×1年12月31日

纳税人识别号（统一社会信用代码）：9112010023286038510
纳税人名称（公章）：天津森研致和商贸有限公司
金额单位：人民币元（列至角分）

谨声明：本纳税申报表是根据国家税收法律法规及相关规定填报的，是真实的、可靠的、完整的。

纳税人（签章）：   20×2年5月1日

经办人：	受理人：
经办人身份证号：	受理税务机关（章）：
代理机构签章：	受理日期：　　年　月　日

国家税务总局监制

图8-1 企业所得税年度纳税申报表封面

二、企业所得税年度纳税申报表填报表单

企业所得税年度纳税申报表填报表单如表8-1所示。

表8-1　企业所得税年度纳税申报表填报表单

表单编号	表单名称	是否填报
A000000	企业所得税年度纳税申报基础信息表	√
A100000	中华人民共和国企业所得税年度纳税申报表（A类）	√
A101010	一般企业收入明细表	√
A101020	金融企业收入明细表	
A102010	一般企业成本支出明细表	√
A102020	金融企业支出明细表	
A103000	事业单位、民间非营利组织收入、支出明细表	
A104000	期间费用明细表	√
A105000	纳税调整项目明细表	√
A105010	视同销售和房地产开发企业特定业务纳税调整明细表	
A105020	未按权责发生制确认收入纳税调整明细表	
A105030	投资收益纳税调整明细表	
A105040	专项用途财政性资金纳税调整明细表	
A105050	职工薪酬支出及纳税调整明细表	√
A105060	广告费和业务宣传费跨年度纳税调整明细表	√
A105070	捐赠支出及纳税调整明细表	
A105080	资产折旧、摊销及纳税调整明细表	√
A105090	资产损失税前扣除及纳税调整明细表	
A105100	企业重组及递延纳税事项纳税调整明细表	
A105110	政策性搬迁纳税调整明细表	
A105120	特殊行业准备金及纳税调整明细表	
A106000	企业所得税弥补亏损明细表	√
A107010	免税、减计收入及加计扣除优惠明细表	
A107011	符合条件的居民企业之间的股息、红利等权益性投资收益优惠明细表	
A107012	研发费用加计扣除优惠明细表	
A107020	所得减免优惠明细表	
A107030	抵扣应纳税所得额明细表	
A107040	减免所得税优惠明细表	√
A107041	高新技术企业优惠情况及明细表	
A107042	软件、集成电路企业优惠情况及明细表	
A107050	税额抵免优惠明细表	
A108000	境外所得税收抵免明细表	

续表

表单编号	表单名称	是否填报
A108010	境外所得纳税调整后所得明细表	
A108020	境外分支机构弥补亏损明细表	
A108030	跨年度结转抵免境外所得税明细表	
A109000	跨地区经营汇总纳税企业年度分摊企业所得税明细表	
A109010	企业所得税汇总纳税分支机构所得税分配表	
受控外国企业信息报告表	受控外国企业信息报告表	
非货币性资产投资递延纳税调整明细表	非货币性资产投资递延纳税调整明细表	
居民企业资产（股权）划转特殊性税务处理申报表	居民企业资产（股权）划转特殊性税务处理申报表	
企业重组所得税特殊性税务处理报告表	企业重组所得税特殊性税务处理报告表-主表	
研发项目可加计扣除研究开发费用情况归集表	研发项目可加计扣除研究开发费用情况归集表	
海上油气生产设施弃置费情况表	海上油气生产设施弃置费情况表	
汇总纳税企业分支机构已备案优惠事项清单	汇总纳税企业分支机构已备案优惠事项清单	

说明：企业应当根据实际情况选择需要填报的表单。

三、企业基础信息表

企业所得税年度纳税申报基础信息表如表8-2所示。

表8-2　企业所得税年度纳税申报基础信息表

基本经营情况（必填项目）					
101 纳税申报企业类型（填写代码）	000 非跨地区经营企业	102 分支机构就地纳税比例（％）	0.000000%		
103 资产总额（填写平均值，单位：万元）	488.10	104 从业人数（填写平均值，单位：人）	12		
105 所属国民经济行业（填写代码）	5211 商品流通业	106 从事国家限制或禁止行业	□是		☑ 否
107 适用会计准则或会计制度（填写代码）	110 企业会计准则	108 采用一般企业财务报表格式（20××年版）	√是		否
109 小型微利企业	☑ 是　□否	110 上市公司	□境内	□境外	☑ 否
有关涉税事项情况（存在或者发生下列事项时必填）					
201 从事股权投资业务	□是	202 存在境外关联交易	□是		
203 选择采用的境外所得抵免方式	□分国（地区）不分期	□不分国（地区）不分项	□否		

续表

204 有限合伙制创业投资企业的法人合伙人			□是	205 创业投资企业		□是	
206 技术先进型服务企业类型（填写代码）				207 非营利组织		□是	
208 软件、集成电路企业类型（填写代码）				209 集成电路生产项目类型		□130 纳米	□65 纳米
210 科技型中小企业	210 - 1	2018	年（申报所属期年度）入库编号 1			210 - 2 入库时间 1	
	210 - 3	2019	年（所属期下一年度）入库编号 2			210 - 4 入库时间 2	
211 高新技术企业申报所属期年度有效的高新技术企业证书		211 - 1 证书编号 1				211 - 2 发证时间 1	
		211 - 3 证书编号 2				211 - 4 发证时间 2	
212 重组事项税务处理方式			□一般性　□特殊性	213 重组交易类型（填写代码）			
214 重组当事方类型（填写代码）				215 政策性搬迁开始时间			
216 发生政策性搬迁且停止生产经营无所得年度			□是	217 政策性搬迁损失分期扣除年度		□是	
218 发生非货币性资产对外投资递延纳税事项			□是	219 非货币性资产对外投资转让所得递延纳税年度		□是	
220 发生技术成果投资入股递延纳税事项			□是	221 技术成果投资入股递延纳税年度		□是	
222 发生资产（股权）划转特殊性税务处理事项			□是	223 债务重组所得递延纳税年度		□是	

主要股东及分红情况（必填项目）					
股东名称	证件种类	证件号码	投资比例（％）	当年（决议日）分配的股息、红利等权益性投资收益金额	国籍（注册地址）
崔连	身份证	530126198408137633	44.44%	0.00	
刘力卓	身份证	131081196804133825	27.78%	0.00	
戴瑞旺	身份证	51152519650912718X	27.78%	0.00	
其余股东合计	—	—	0.0000%	0.00	

四、中华人民共和国企业所得税年度纳税申报表（A 类）

企业所得税年度纳税申报表（A 类）如表 8 - 3 所示。

表 8-3　中华人民共和国企业所得税年度纳税申报表（A 类）

行次	类别	项　目	金额
1	利润总额计算	一、营业收入（填写 A101010\101020\103000）	8 924 791.00
2		减：营业成本（填写 A102010\102020\103000）	6 452 839.70
3		减：税金及附加	45 436.20
4		减：销售费用（填写 A104000）	535 747.22
5		减：管理费用（填写 A104000）	983 999.69
6		减：财务费用（填写 A104000）	-430.15
7		减：资产减值损失	0.00
8		加：公允价值变动收益	0.00
9		加：投资收益	0.00
10		二、营业利润（1-2-3-4-5-6-7+8+9）	907 198.34
11		加：营业外收入（填写 A101010\101020\103000）	397.30
12		减：营业外支出（填写 A102010\102020\103000）	0.00
13		三、利润总额（10+11-12）	907 595.64
14	应纳税所得额计算	减：境外所得（填写 A108010）	0.00
15		加：纳税调整增加额（填写 A105000）	545 000.00
16		减：纳税调整减少额（填写 A105000）	560.00
17		减：免税、减计收入及加计扣除（填写 A107010）	0.00
18		加：境外应税所得抵减境内亏损（填写 A108000）	0.00
19		四、纳税调整后所得（13-14+15-16-17+18）	1 452 035.64
20		减：所得减免（填写 A107020）	0.00
21		减：弥补以前年度亏损（填写 A106000）	0.00
22		减：抵扣应纳税所得额（填写 A107030）	0.00
23		五、应纳税所得额（19-20-21-22）	1 452 035.64
24	应纳税额计算	税率（25%）	25%
25		六、应纳所得税额（23×24）	363 008.91
26		减：减免所得税额（填写 A107040）	267 805.35
27		减：抵免所得税额（填写 A107050）	0.00
28		七、应纳税额（25-26-27）	95 203.56
29		加：境外所得应纳所得税额（填写 A108000）	0.00
30		减：境外所得抵免所得税额（填写 A108000）	0.00
31		八、实际应纳所得税额（28+29-30）	95 203.56
32		减：本年累计实际已缴纳的所得税额	45 379.79
33		九、本年应补（退）所得税额（31-32）	49 823.77
34		其中：总机构分摊本年应补（退）所得税额（填写 A109000）	0.00
35		财政集中分配本年应补（退）所得税额（填写 A109000）	0.00
36		总机构主体生产经营部门分摊本年应补（退）所得税额（填写 A109000）	0.00

五、一般企业收入明细表

一般企业收入明细表如表 8-4 所示。

表 8-4　一般企业收入明细表

行次	项　目	金　额
1	一、营业收入（2＋9）	8 924 791.00
2	（一）主营业务收入（3＋5＋6＋7＋8）	8 897 791.00
3	1. 销售商品收入	8 897 791.00
4	其中：非货币性资产交换收入	0.00
5	2. 提供劳务收入	0.00
6	3. 建造合同收入	0.00
7	4. 让渡资产使用权收入	0.00
8	5. 其他	0.00
9	（二）其他业务收入（10＋12＋13＋14＋15）	27 000.00
10	1. 销售材料收入	0.00
11	其中：非货币性资产交换收入	0.00
12	2. 出租固定资产收入	27 000.00
13	3. 出租无形资产收入	0.00
14	4. 出租包装物和商品收入	0.00
15	5. 其他	0.00
16	二、营业外收入（17＋18＋19＋20＋21＋22＋23＋24＋25＋26）	397.30
17	（一）非流动资产处置利得	250.00
18	（二）非货币性资产交换利得	0.00
19	（三）债务重组利得	0.00
20	（四）政府补助利得	0.00
21	（五）盘盈利得	147.30
22	（六）捐赠利得	0.00
23	（七）罚没利得	0.00
24	（八）确实无法偿付的应付款项	0.00
25	（九）汇兑收益	0.00
26	（十）其他	0.00

六、一般企业成本支出明细表

一般企业成本支出明细表如表8-5所示。

表8-5　一般企业成本支出明细表

行次	项　目	金　额
1	一、营业成本（2+9）	6 452 839.70
2	（一）主营业务成本（3+5+6+7+8）	6 440 120.36
3	1. 销售商品成本	6 440 120.36
4	其中：非货币性资产交换成本	0.00
5	2. 提供劳务成本	0.00
6	3. 建造合同成本	0.00
7	4. 让渡资产使用权成本	0.00
8	5. 其他	0.00
9	（二）其他业务成本（10+12+13+14+15）	12 719.34
10	1. 销售材料成本	0.00
11	其中：非货币性资产交换成本	0.00
12	2. 出租固定资产成本	12 719.34
13	3. 出租无形资产成本	0.00
14	4. 包装物出租成本	0.00
15	5. 其他	0.00
16	二、营业外支出（17+18+19+20+21+22+23+24+25+26）	0.00
17	（一）非流动资产处置损失	0.00
18	（二）非货币性资产交换损失	0.00
19	（三）债务重组损失	0.00
20	（四）非常损失	0.00
21	（五）捐赠支出	0.00
22	（六）赞助支出	0.00
23	（七）罚没支出	0.00
24	（八）坏账损失	0.00
25	（九）无法收回的债券股权投资损失	0.00
26	（十）其他	0.00

七、期间费用明细表

期间费用明细表如表 8-6 所示。

表 8-6　期间费用明细表

行次	项目	销售费用	其中：境外支付	管理费用	其中：境外支付	财务费用	其中：境外支付
		1	2	3	4	5	6
1	一、职工薪酬	527 750.20	*	921 279.60	*	*	*
2	二、劳务费	0.00	0.00	0.00	0.00	*	*
3	三、咨询顾问费	0.00	0.00	0.00	0.00	*	*
4	四、业务招待费	1 400.00	*	0.00	*	*	*
5	五、广告费和业务宣传费	985.00	*	0.00	*	*	*
6	六、佣金和手续费	0.00	0.00	0.00	0.00	0.00	0.00
7	七、资产折旧摊销费	0.00	*	6 154.96	*	*	*
8	八、财产损耗、盘亏及毁损损失	0.00	*	0.00	*	*	*
9	九、办公费	0.00	*	666.67	*	*	*
10	十、董事会费	0.00	*	0.00	*	*	*
11	十一、租赁费	0.00	0.00	40 800.00	0.00	*	*
12	十二、诉讼费	0.00	*	0.00	*	*	*
13	十三、差旅费	742.02	*	0.00	*	*	*
14	十四、保险费	0.00	*	0.00	*	*	*
15	十五、运输、仓储费	0.00	0.00	0.00	0.00	*	*
16	十六、修理费	0.00	0.00	0.00	0.00	*	*
17	十七、包装费	0.00	*	0.00	*	*	*
18	十八、技术转让费	0.00	0.00	0.00	0.00	*	*
19	十九、研究费用	0.00	0.00	0.00	0.00	*	*
20	二十、各项税费	0.00	*	0.00	*	*	*
21	二十一、利息收支	*	*	*	*	−1 009.15	0.00
22	二十二、汇兑差额	*	*	*	*	0.00	0.00
23	二十三、现金折扣	*	*	*	*	204.00	*
24	二十四、党组织工作经费	*	*	0.00	*	*	*
25	二十五、其他	4 870.00	0.00	15 098.46	0.00	375.00	0.00
26	合计（1+2+3+…25）	535 747.22	0.00	983 999.69	0.00	−430.15	0.00

八、纳税调整项目明细表

纳税调整项目明细表如表 8-7 所示。

表 8-7　纳税调整项目明细表

行次	项目	账载金额	税收金额	调增金额	调减金额
		1	2	3	4
1	一、收入类调整项目（2+3+…8+10+11）	＊	＊	0.00	0.00
2	（一）视同销售收入（填写 A105010）	＊	0.00	0.00	＊
3	（二）未按权责发生制原则确认的收入（填写 A105020）	0.00	0.00	0.00	0.00
4	（三）投资收益（填写 A105030）	0.00	0.00	0.00	0.00
5	（四）按权益法核算长期股权投资对初始投资成本调整确认收益	＊	＊	＊	0.00
6	（五）交易性金融资产初始投资调整	＊	＊	0.00	＊
7	（六）公允价值变动净损益	0.00	＊	0.00	0.00
8	（七）不征税收入	＊	＊	0.00	0.00
9	其中：专项用途财政性资金（填写 A105040）	＊	＊	0.00	0.00
10	（八）销售折扣、折让和退回	0.00	0.00	0.00	0.00
11	（九）其他	0.00	0.00	0.00	0.00
12	二、扣除类调整项目（13+14+…24+26+27+28+29+30）	＊	＊	560.00	0.00
13	（一）视同销售成本（填写 A105010）	＊	0.00	＊	0.00
14	（二）职工薪酬（填写 A105050）	1 449 029.80	1 494 029.80	0.00	45 000.00
15	（三）业务招待费支出	1 400.00	840.00	560.00	＊
16	（四）广告费和业务宣传费支出（填写 A105060）	＊	＊	0.00	500 000.00
17	（五）捐赠支出（填写 A105070）	0.00	0.00	0.00	0.00
18	（六）利息支出	0.00	0.00	0.00	0.00
19	（七）罚金、罚款和被没收财物的损失	0.00	＊	0.00	＊
20	（八）税收滞纳金、加收利息	0.00	＊	0.00	＊
21	（九）赞助支出	0.00	＊	0.00	＊
22	（十）与未实现融资收益相关在当期确认的财务费用	0.00	0.00	0.00	0.00

续表

行次	项目	账载金额	税收金额	调增金额	调减金额
		1	2	3	4
23	（十一）佣金和手续费支出	0.00	0.00	0.00	*
24	（十二）不征税收入用于支出所形成的费用	*	*	0.00	*
25	其中：专项用途财政性资金用于支出所形成的费用（填写 A105040）	*	*	0.00	*
26	（十三）跨期扣除项目	0.00	0.00	0.00	0.00
27	（十四）与取得收入无关的支出	0.00	*	0.00	*
28	（十五）境外所得分摊的共同支出	*	*	0.00	*
29	（十六）党组织工作经费	0.00	0.00	0.00	0.00
30	（十七）其他	0.00	0.00	0.00	0.00
31	三、资产类调整项目（32＋33＋34＋35）	*	*	0.00	0.00
32	（一）资产折旧、摊销（填写 A105080）	18 874.30	18 874.30	0.00	0.00
33	（二）资产减值准备金	0.00	*	0.00	0.00
34	（三）资产损失（填写 A105090）	0.00	0.00	0.00	0.00
35	（四）其他	0.00	0.00	0.00	0.00
36	四、特殊事项调整项目（37＋38＋…＋42）	*	*	0.00	0.00
37	（一）企业重组及递延纳税事项（填写 A105100）	0.00	0.00	0.00	0.00
38	（二）政策性搬迁（填写 A105110）	*	*	0.00	0.00
39	（三）特殊行业准备金（填写 A105120）	0.00	0.00	0.00	0.00
40	（四）房地产开发企业特定业务计算的纳税调整额（填写 A105010）	*	0.00	0.00	0.00
41	（五）合伙企业法人合伙人应分得的应纳税所得额	0.00	0.00	0.00	0.00
42	（六）其他	*	*	0.00	0.00
43	五、特别纳税调整应税所得	*	*	0.00	0.00
44	六、其他	*	*	0.00	0.00
45	合计（1＋12＋31＋36＋43＋44）	*	*	560.00	545 000.00

九、职工薪酬支出及纳税调整明细表

职工薪酬支出及纳税调整明细表如表 8-8 所示。

表8-8 职工薪酬支出及纳税调整明细表

行次	项目	账载金额 1	实际发生额 2	税收规定扣除率 3	以前年度累计结转扣除额 4	税收金额 5	纳税调整金额 6（1-5）	累计结转以后年度扣除额 7（2+4-5）
1	一、工资薪金支出	1 053 400.00	1 053 400.00	*	*	1 053 400.00	0.00	*
2	其中：股权激励	0.00	0.00	*	*	0.00	0.00	*
3	二、职工福利费支出	4 633.00	4 633.00	14.00%	*	4 633.00	0.00	*
4	三、职工教育经费支出	0.00	0.00	*	45 000.00	45 000.00	-45 000.00	0.00
5	其中：按税收规定比例扣除的职工教育经费	0.00	0.00	8.00%	45 000.00	45 000.00	-45 000.00	0.00
6	按税收规定全额扣除的职工培训费用	0.00	0.00	100.00%	*	0.00	0.00	*
7	四、工会经费支出	21 068.00	21 068.00	2.00%	*	21 068.00	0.00	*
8	五、各类基本社会保障性缴款	263 404.80	263 404.80	*	*	263 404.80	0.00	*
9	六、住房公积金	106 524.00	106 524.00	*	*	106 524.00	0.00	*
10	七、补充养老保险	0.00	0.00	5.00%	*	0.00	0.00	*
11	八、补充医疗保险	0.00	0.00	5.00%	*	0.00	0.00	*
12	九、其他	0.00	0.00	*	*	0.00	0.00	*
13	合计（1+3+4+7+8+9+10+11+12）	1 449 029.80	1 449 029.80	*	45 000.00	1 494 029.80	-45 000.00	0.00

十、广告费和业务宣传费跨年度纳税调整明细表

广告费和业务宣传费跨年度纳税调整明细表如表8-9所示。

表8-9 广告费和业务宣传费跨年度纳税调整明细表

行次	项目	金额
1	一、本年广告费和业务宣传费支出	985.00
2	减：不允许扣除的广告费和业务宣传费支出	0.00
3	二、本年符合条件的广告费和业务宣传费支出（1-2）	985.00
4	三、本年计算广告费和业务宣传费扣除限额的销售（营业）收入	8 924 791.00
5	乘：税收规定扣除率	15.00%
6	四、本企业计算的广告费和业务宣传费扣除限额（4×5）	1 338 718.65
7	五、本年结转以后年度扣除额（3>6，本行＝3-6；3≤6，本行＝0）	0.00
8	加：以前年度累计结转扣除额	500 000.00
9	减：本年扣除的以前年度结转额［3>6，本行＝0；3≤6，本行＝8与（6-3）孰小值］	500 000.00
10	六、按照分摊协议归集至其他关联方的广告费和业务宣传费（10≤3与6孰小值）	0.00
11	按照分摊协议从其他关联方归集至本企业的广告费和业务宣传费	0.00
12	七、本年广告费和业务宣传费支出纳税调整金额（3>6，本行＝2+3-6+10-11；3≤6，本行＝2+10-11-9）	−500 000.00
13	八、累计结转以后年度扣除额（7+8-9）	0.00

十一、资产折旧、摊销情况及纳税调整明细表

资产折旧、摊销情况及纳税调整明细表如表8-10所示。

十二、企业所得税弥补亏损明细表

企业所得税弥补亏损明细表如表8-11所示。

表8-10　资产折旧、摊销情况及纳税调整明细表

行次	项目	账载金额 资产原值 1	账载金额 本年折旧、摊销额 2	账载金额 累计折旧、摊销额 3	资产计税基础 4	税收金额 税收折旧、摊销额 5	税收金额 享受加速折旧政策的资产按税收一般规定计算的折旧、摊销额 6	加速折旧、摊销统计额 7=5-6	累计折旧、摊销额 8	纳税调整金额 9（2-5）
1	一、固定资产（2+3+4+5+6+7）	70 185.00	18 874.30	23 307.60	70 185.00	18 874.30	*	*	23 307.60	0.00
2	（一）房屋、建筑物	0.00	0.00	0.00	0.00	0.00	*	*	0.00	0.00
3	（二）飞机、火车、轮船、机器、机械和其他生产设备	0.00	0.00	0.00	0.00	0.00	*	*	0.00	0.00
4	（三）与生产经营活动有关的器具、工具、家具等	43 485.00	12 719.34	12 719.34	43 485.00	12 719.34	*	*	12 719.34	0.00
5	（四）飞机、火车、轮船以外的运输工具	0.00	0.00	0.00	0.00	0.00	*	*	0.00	0.00
6	（五）电子设备	26 700.00	6 154.96	10 588.26	26 700.00	6 154.96	*	*	10 588.26	0.00
7	（六）其他	0.00	0.00	0.00	0.00	0.00	0.00	*	0.00	0.00
8	其中：享受固定资产加速折旧额大于一般折旧额的部分　（一）重要行业固定资产加速折旧（不含一次性扣除）	0.00	0.00	0.00	0.00	0.00	0.00	0.00	0.00	*
9	（二）其他行业研发设备加速折旧	0.00	0.00	0.00	0.00	0.00	0.00	0.00	0.00	*
10	（三）固定资产一次性扣除	0.00	0.00	0.00	0.00	0.00	0.00	0.00	0.00	*
11	（四）技术进步、更新换代固定资产	0.00	0.00	0.00	0.00	0.00	0.00	0.00	0.00	*
12	（五）常年强震动、高腐蚀固定资产	0.00	0.00	0.00	0.00	0.00	0.00	0.00	0.00	*
13	（六）外购软件折旧	0.00	0.00	0.00	0.00	0.00	0.00	0.00	0.00	*
14	（七）集成电路企业生产设备	0.00	0.00	0.00	0.00	0.00	*	0.00	0.00	*
15	二、生产性生物资产（16+17）	0.00	0.00	0.00	0.00	0.00	*	*	0.00	0.00
16	（一）林木类	0.00	0.00	0.00	0.00	0.00	*	*	0.00	0.00
17	（二）畜类	0.00	0.00	0.00	0.00	0.00	*	*	0.00	0.00

续表

行次	项目	账载金额			税收金额					纳税调整金额
		资产原值	本年折旧、摊销额	累计折旧、摊销额	资产计税基础	税收折旧、摊销额	享受加速折旧政策的资产按税收一般规定计算的折旧、摊销额	享受加速折旧政策的资产加速折旧、摊销统计额	累计折旧、摊销额	
		1	2	3	4	5	6	7=5－6	8	9(2－5)
18	三、无形资产(19+20+21+22+23+24+25+27)	0.00	0.00	0.00	0.00	0.00	*	*	0.00	0.00
19	(一)专利权	0.00	0.00	0.00	0.00	0.00	*	*	0.00	0.00
20	(二)商标权	0.00	0.00	0.00	0.00	0.00	*	*	0.00	0.00
21	(三)著作权	0.00	0.00	0.00	0.00	0.00	*	*	0.00	0.00
22	(四)土地使用权	0.00	0.00	0.00	0.00	0.00	*	*	0.00	0.00
23	(五)非专利技术	0.00	0.00	0.00	0.00	0.00	*	*	0.00	0.00
24	(六)特许权使用费	0.00	0.00	0.00	0.00	0.00	*	*	0.00	0.00
25	(七)软件	0.00	0.00	0.00	0.00	0.00	*	*	0.00	0.00
26	其中:享受企业外购软件加速摊销政策	0.00	0.00	0.00	0.00	0.00	0.00	0.00	0.00	*
27	(八)其他	0.00	0.00	0.00	0.00	0.00	*	*	0.00	0.00
28	四、长期待摊费用(29+30+31+32+33)	0.00	0.00	0.00	0.00	0.00	*	*	0.00	0.00
29	(一)已足额提取折旧的固定资产的改建支出	0.00	0.00	0.00	0.00	0.00	*	*	0.00	0.00
30	(二)租入固定资产的改建支出	0.00	0.00	0.00	0.00	0.00	*	*	0.00	0.00
31	(三)固定资产的大修理支出	0.00	0.00	0.00	0.00	0.00	*	*	0.00	0.00
32	(四)开办费	0.00	0.00	0.00	0.00	0.00	*	*	0.00	0.00
33	(五)其他	0.00	0.00	0.00	0.00	0.00	*	*	0.00	0.00
34	五、油气勘探投资	0.00	0.00	0.00	0.00	0.00	*	*	0.00	0.00
35	六、油气开发投资	0.00	0.00	0.00	0.00	0.00	*	*	0.00	0.00
36	合计(1+15+18+28+34+35)	70 185.00	18 874.00	23 307.60	70 185.00	18 874.30	·0.00	0.00	23 307.60	0.00
附列资料	全民所有制企业公司制改制资产评估增值政策资产	0.00	0.00	0.00	0.00	0.00	*		0.00	0.00

表 8-11　企业所得税弥补亏损明细表

行次	项目	年度	当年境内所得额	分立转出的亏损额	合并、分立转入的亏损额 可弥补年限5年	合并、分立转入的亏损额 可弥补年限10年	弥补亏损企业类型	当年亏损额	当年待弥补的亏损额	用本年度所得额弥补的以前年度亏损额 使用境内所得弥补	用本年度所得额弥补的以前年度亏损额 使用境外所得弥补	当年可结转以后年度弥补的亏损额
		1	2	3	4	5	6	7	8	9	10	11
1	前十年度		0.00	0.00	0.00	0.00		0.00	0.00	0.00	0.00	0.00
2	前九年度		0.00	0.00	0.00	0.00		0.00	0.00	0.00	0.00	0.00
3	前八年度		0.00	0.00	0.00	0.00			0.00	0.00	0.00	0.00
4	前七年度		0.00	0.00	0.00	0.00		0.00	0.00	0.00	0.00	0.00
5	前六年度		0.00	0.00	0.00	0.00		0.00	0.00	0.00	0.00	0.00
6	前五年度		0.00	0.00	0.00	0.00		0.00	0.00	0.00	0.00	0.00
7	前四年度		0.00	0.00	0.00	0.00		0.00	0.00	0.00	0.00	0.00
8	前三年度		0.00	0.00	0.00	0.00		0.00	0.00	0.00	0.00	0.00
9	前二年度		0.00	0.00	0.00	0.00		0.00	0.00	0.00	0.00	0.00
10	前一年度		0.00	0.00	0.00	0.00		0.00	0.00	0.00	0.00	0.00
11	本年度	至	1 452 035.64	0.00	0.00	0.00		0.00	0.00	0.00	0.00	0.00
12	可结转以后年度弥补的亏损额合计											0.00

十三、减免所得税优惠明细表

减免所得税优惠明细表如表 8－12 所示。

表 8－12　减免所得税优惠明细表

行次	项目	金额
1	一、符合条件的小型微利企业减免企业所得税	267 805.35
2	二、国家需要重点扶持的高新技术企业减按 15% 的税率征收企业所得税（填写 A107041）	0.00
3	三、经济特区和上海浦东新区新设立的高新技术企业在区内取得的所得定期减免企业所得税（填写 A107041）	0.00
4	四、受灾地区农村信用社免征企业所得税	0.00
5	五、动漫企业自主开发、生产动漫产品定期减免企业所得税	0.00
6	六、线宽小于 0.8 微米（含）的集成电路生产企业减免企业所得税（填写 A107042）	0.00
7	七、线宽小于 0.25 微米的集成电路生产企业减按 15% 税率征收企业所得税（填写 A107042）	0.00
8	八、投资额超过 80 亿元的集成电路生产企业减按 15% 税率征收企业所得税（填写 A107042）	0.00
9	九、线宽小于 0.25 微米的集成电路生产企业减免企业所得税（填写 A107042）	0.00
10	十、投资额超过 80 亿元的集成电路生产企业减免企业所得税（填写 A107042）	0.00
11	十一、新办集成电路设计企业减免企业所得税（填写 A107042）	0.00
12	十二、国家规划布局内集成电路设计企业可减按 10% 的税率征收企业所得税（填写 A107042）	0.00
13	十三、符合条件的软件企业减免企业所得税（填写 A107042）	0.00
14	十四、国家规划布局内重点软件企业可减按 10% 的税率征收企业所得税（填写 A107042）	0.00
15	十五、符合条件的集成电路封装、测试企业定期减免企业所得税（填写 A107042）	0.00
16	十六、符合条件的集成电路关键专用材料生产企业、集成电路专用设备生产企业定期减免企业所得税（填写 A107042）	0.00
17	十七、经营性文化事业单位转制为企业的免征企业所得税	0.00
18	十八、符合条件的生产和装配伤残人员专门用品企业免征企业所得税	0.00
19	十九、技术先进型服务企业减按 15% 的税率征收企业所得税	0.00
20	二十、服务贸易类技术先进型服务企业减按 15% 的税率征收企业所得税	0.00
21	二十一、设在西部地区的鼓励类产业企业减按 15% 的税率征收企业所得税	0.00
22	二十二、新疆困难地区新办企业定期减免企业所得税	0.00

续表

行次	项目				金额
23	二十三、新疆喀什、霍尔果斯特殊经济开发区新办企业定期免征企业所得税				0.00
24	二十四、广东横琴、福建平潭、深圳前海等地区的鼓励类产业企业减按 15% 税率征收企业所得税				0.00
25	二十五、北京冬奥组委、北京冬奥会测试赛赛事组委会免征企业所得税				0.00
26	二十六、线宽小于 130 纳米的集成电路生产企业减免企业所得税（填写 A107042）				0.00
27	二十七、线宽小于 65 纳米或投资额超过 150 亿元的集成电路生产企业减免企业所得税（填写 A107042）				0.00
28	二十八、其他				0.00
29	二十九、减：项目所得额按法定税率减半征收企业所得税叠加享受减免税优惠				0.00
30	三十、支持和促进重点群体创业就业企业限额减征企业所得税（30.1＋30.2）				0.00
30.1	（一）下岗失业人员再就业				0.00
30.2	（二）高校毕业生就业				0.00
31	三十一、扶持自主就业退役士兵创业就业企业限额减征企业所得税				0.00
32	三十二、民族自治地方的自治机关对本民族自治地方的企业应缴纳的企业所得税中属于地方分享的部分减征或免征	0	0	0.00%	0.00
33	合计（1＋2＋…＋28－29＋30＋31＋32）				267 805.35

说明：本表第 1 行"一、符合条件的小型微利企业减免企业所得税"金额栏，依据"财政部、税务总局《关于实施小微企业普惠性税收减免政策的通知》要求填写：企业应纳税所得额 1 452 035.64 元，分成 100 万元（含）以下和 100 万元以上部分分别计算减免税额，即 1 000 000×20％＋452 035.64×15％－267 805.35。"

商品流通企业税务问题汇编

一、商品流通企业增值税问题汇编

（一）商业企业对外销售货物，以美元结算销售额是否需要换算为人民币？

答：销售额需要折合成人民币计算。

依据：《财政部 国家税务总局关于全面推开营业税改征增值税试点的通知》（财税〔2016〕36 号）附件 1《营业税改征增值税试点实施办法》第三十八条规定，销售额以人民币计算。纳税人按照人民币以外的货币结算销售额的，应当折合成人民币计算，折合率可以选择销售额发生的当天或者当月 1 日的人民币汇率中间价。纳税人应当在事先确定采用何种折合率，确定后 12 个月内不得变更。

（二）商业企业属于增值税一般纳税人，向其他企业销售货物，2019 年 4 月 1 日以后适用税率是多少？

答：增值税一般纳税人发生增值税应税销售行为或者进口货物，原适用 16% 税率的，税率调整为 13%。

依据：《财政部 税务总局 海关总署关于深化增值税改革有关政策的公告》（财政部 税务总局 海关总署公告 2019 年第 39 号）第一条规定，增值税一般纳税人（以下称纳税人）发生增值税应税销售行为或者进口货物，原适用 16% 税率的，税率调整为 13%；原适用 10% 税率的，税率调整为 9%。

（三）商业企业购进国内旅客运输服务，取得增值税电子普通发票，能否抵扣进项税额？

答：自 2019 年 4 月 1 日起，纳税人购进国内旅客运输服务符合抵扣条件，其进项税额允许从销项税额中抵扣。纳税人未取得增值税专用发票的，暂按照以下规定确定进项税额：取得增值税电子普通发票的，为发票上注明的税额。

依据：《财政部 税务总局 海关总署关于深化增值税改革有关政策的公告》（财政部 税务总局 海关总署公告 2019 年第 39 号）第六条第（一）款第 1 项规定，纳税人购进国内旅客运输服务，其进项税额允许从销项税额中抵扣。纳税人未取得增值税专用发票的，暂按照以下规定确定进项税额：取得增值税电子普通发票的，为发票上注明的税额。

第六条第（二）款规定，《营业税改征增值税试点实施办法》（财税〔2016〕36 号印发）第二十七条第（六）项和《营业税改征增值税试点有关事项的规定》（财税〔2016〕36 号印发）第二条第（一）项第 5 点中"购进的旅客运输服务、贷款服务、餐饮服务、居民日常服务和娱乐服务"修改为"购进的贷款服务、餐饮服务、居民日常服务和娱乐服务"。

同时，依据：《营业税改征增值税试点实施办法》（财税〔2016〕36 号印发）第二十七条规定，下列项目的进项税额不得从销项税额中抵扣：

1. 用于简易计税方法计税项目、免征增值税项目、集体福利或者个人消费的购进货物、加工修理修配劳务、服务、无形资产和不动产。其中涉及的固定资产、无形资产、不动产，仅指专用于上述项目的固定资产、无形资产（不包括其他权益性无形资产）、不动产。

纳税人的交际应酬消费属于个人消费。

2. 非正常损失的购进货物，以及相关的加工修理修配劳务和交通运输服务。

3. 非正常损失的在产品、产成品所耗用的购进货物（不包括固定资产）、加工修理修配劳务和交通运输服务。

4. 非正常损失的不动产，以及该不动产所耗用的购进货物、设计服务和建筑服务。

5. 非正常损失的不动产在建工程所耗用的购进货物、设计服务和建筑服务。

纳税人新建、改建、扩建、修缮、装饰不动产，均属于不动产在建工程。

6. 购进的贷款服务、餐饮服务、居民日常服务和娱乐服务。

7. 财政部和国家税务总局规定的其他情形。

（四）商业企业属于小规模纳税人，转为一般纳税人的标准是否还为年应税销售额超过 80 万元？

答：工业企业的小规模纳税人转为一般纳税人的标准为年应税销售额 500 万元。

依据：《财政部 税务总局关于统一增值税小规模纳税人标准的通知》（财税〔2018〕33 号）第一条规定，增值税小规模纳税人标准为年应征增值税销售额 500 万元及以下。

（五）商业企业的增值税小规模纳税人转为一般纳税人是按照自然年计算年应税销售额吗？

答：不是，年应税销售额是指纳税人在连续不超过 12 个月或四个季度的经营期内累计应征增值税销售额。

依据：《增值税一般纳税人登记管理办法》（国家税务总局令第 43 号）第二条第（二）款规定，本办法所称年应税销售额，是指纳税人在连续不超过 12 个月或四个季度的经营期内累计应征增值税销售额，包括纳税申报销售额、稽查查补销售额、纳税评估调整销售额。

（六）商业企业的小规模纳税人超过 500 万元标准，但不经常发生应税行为，能否不办理一般纳税人登记手续？

答：年应税销售额超过规定标准但不经常发生应税行为的单位和个体工商户可选择按照小规模纳税人纳税。

依据：《增值税一般纳税人登记管理办法》（国家税务总局令第 43 号）第四条第（一）款规定，下列纳税人不办理一般纳税人登记：按照政策规定，选择按照小规模纳税人纳税的。

同时，依据：《财政部 国家税务总局关于全面推开营业税改征增值税试点的通知》（财税〔2016〕36 号）附件 1《营业税改征增值税试点实施办法》第三条规定，年应税销售额超过规定标准的其他个人不属于一般纳税人。年应税销售额超过规定标准但不经常发生应税行为的单位和个体工商户可选择按照小规模纳税人纳税。

（七）商业企业的一般纳税人，证明其为一般纳税人的凭据是什么？

答：经税务机关核对后退还纳税人留存的"增值税一般纳税人登记表"，可以作为证明纳税人成为增值税一般纳税人的凭据。

依据：《国家税务总局关于增值税一般纳税人登记管理若干事项的公告》（国家税务总局公告 2018 年第 6 号）第八条规定，经税务机关核对后退还纳税人留存的《增值税一般纳税人登记表》，可以作为证明纳税人成为增值税一般纳税人的凭据。

（八）商业企业销售自己使用过的固定资产，适用简易征收的优惠政策，是否可以放弃减税，开具增值税专用发票？

答：纳税人销售自己使用过的固定资产，适用简易办法依照 3% 征收率减按 2% 征收增值税政策的，可以放弃减税，按照简易办法依照 3% 征收率缴纳增值税，并可以开具增值税专用发票。

依据：《国家税务总局关于营业税改征增值税试点期间有关增值税问题的公告》（国家税务总局公告 2015 年第 90 号）第二条规定，纳税人销售自己使用过的固定资产，适用简易办法依照 3% 征收率减按 2% 征收增值税政策的，可以放弃减税，按照简易办法依照 3% 征收率缴纳增值税，并可以开具增值税专用发票。

（九）商业企业购买非保本理财产品取得的收益是否征收增值税？

答：金融商品持有期间（含到期）取得的非保本的收益，不属于利息或利息性质的收入，不征收增值税。

依据：《财政部 国家税务总局关于明确金融 房地产开发 教育辅助服务等增值税政策的通知》（财税〔2016〕140 号）第一条规定，《销售服务、无形资产、不动产注释》（财税〔2016〕36 号）第一条第（五）项第 1 点所称"保本收益、报酬、资金占用费、补偿金"，是指合同中明确承诺到期本金可全部收回的投资收益。金融商品持有期间（含到期）

取得的非保本的上述收益，不属于利息或利息性质的收入，不征收增值税。

（十）商业企业的一般纳税人，员工因公出差，发生的餐饮费能否抵扣进项税额？

答： 营改增一般纳税人，员工因公出差，发生的餐饮费不得抵扣进项税额。

依据： 《财政部 国家税务总局关于全面推开营业税改征增值税试点的通知》（财税〔2016〕36号）附件1《营业税改征增值税试点实施办法》第二十五条第（一）款及第二十七条第（六）款规定，下列进项税额准予从销项税额中抵扣：从销售方取得的增值税专用发票（含税控机动车销售统一发票，下同）上注明的增值税额。下列项目的进项税额不得从销项税额中抵扣：购进的旅客运输服务、贷款服务、餐饮服务、居民日常服务和娱乐服务。

（十一）商业企业的小规模纳税人按季申报增值税，既有销售货物业务又有提供服务业务，若当季度应税货物销售额超过30万元，但应税服务销售额未达30万元，企业能否享受小微企业增值税免税政策？

答： 纳税人以所有增值税应税销售行为（包括销售货物、劳务、服务、无形资产和不动产）合并计算销售额，判断是否达到免税标准。所以，上述小规模纳税人当季度增值税应税销售额超过30万元，无法享受小微企业增值税免税政策。

依据： 《国家税务总局关于小规模纳税人免征增值税政策有关征管问题的公告》（国家税务总局公告2019年第4号）第一条第（一）款规定，小规模纳税人发生增值税应税销售行为，合计月销售额未超过10万元（以1个季度为1个纳税期的，季度销售额未超过30万元）的，免征增值税。

同时，依据：《关于〈国家税务总局关于小规模纳税人免征增值税政策有关征管问题的公告〉的解读》第一条规定，明确纳税人以所有增值税应税销售行为（包括销售货物、劳务、服务、无形资产和不动产）合并计算销售额，判断是否达到免税标准。

（十二）商业企业的一般纳税人，2019年能否转为小规模纳税人？

答： 转登记日前连续12个月（以1个月为1个纳税期）或者连续4个季度（以1个季度为1个纳税期）累计销售额未超过500万元的一般纳税人，在2019年12月31日前，可选择转登记为小规模纳税人。

一般纳税人转登记为小规模纳税人的其他事宜，按照《国家税务总局关于统一小规模纳税人标准等若干增值税问题的公告》（国家税务总局公告2018年第18号）、《国家税务总局关于统一小规模纳税人标准有关出口退（免）税问题的公告》（国家税务总局公告2018年第20号）的相关规定执行。

依据： 《国家税务总局关于小规模纳税人免征增值税政策有关征管问题的公告》（国家税务总局公告2019年第4号）第五条规定，转登记日前连续12个月（以1个月为1个纳税期）或者连续4个季度（以1个季度为1个纳税期）累计销售额未超过500万元的一般纳税人，在2019年12月31日前，可选择转登记为小规模纳税人。

一般纳税人转登记为小规模纳税人的其他事宜，按照《国家税务总局关于统一小规模纳税人标准等若干增值税问题的公告》（国家税务总局公告2018年第18号）、《国家税务总局关于统一小规模纳税人标准有关出口退（免）税问题的公告》（国家税务总局公告2018年第20号）的相关规定执行。

（十三）商业企业的一般纳税人，从农业生产者手中购进农产品，取得农产品销售发票，按照多少扣除率抵扣进项税额？

答：纳税人购进农产品，原适用 10% 扣除率的，扣除率调整为 9%。纳税人购进用于生产或者委托加工 13% 税率货物的农产品，按照 10% 的扣除率计算进项税额。

依据：《财政部 税务总局 海关总署关于深化增值税改革有关政策的公告》（财政部 税务总局 海关总署公告 2019 年第 39 号）第二条规定，纳税人购进农产品，原适用 10% 扣除率的，扣除率调整为 9%。纳税人购进用于生产或者委托加工 13% 税率货物的农产品，按照 10% 的扣除率计算进项税额。

（十四）商业企业之间的无息借款，需要缴纳增值税吗？

答：企业无偿提供贷款服务除用于公益事业或者以社会公众为对象的外，需要视同销售服务缴纳增值税。

依据：《财政部 国家税务总局关于全面推开营业税改征增值税试点的通知》（财税〔2016〕36 号）附件 1《营业税改征增值税试点实施办法》第十四条第（一）款规定，下列情形视同销售服务、无形资产或者不动产：单位或者个体工商户向其他单位或者个人无偿提供服务，但用于公益事业或者以社会公众为对象的除外。

（十五）商业企业的一般纳税人将单位工装拿到洗衣店进行清洗，取得了增值税专用发票，进项税额可以抵扣吗？

答：洗衣服务属于居民日常服务，一般纳税人购进居民日常服务的进项税额不得抵扣。

依据：《财政部 国家税务总局关于全面推开营业税改征增值税试点的通知》（财税〔2016〕36 号）附件 1《营业税改征增值税试点实施办法》第二十七条第（六）款规定，下列项目的进项税额不得从销项税额中抵扣：购进的旅客运输服务、贷款服务、餐饮服务、居民日常服务和娱乐服务。

同时，依据：《财政部 国家税务总局关于全面推开营业税改征增值税试点的通知》（财税〔2016〕36 号）附件《销售服务、无形资产、不动产注释》第一条第（七）款第 5 项规定，居民日常服务，是指主要为满足居民个人及其家庭日常生活需求提供的服务，包括市容市政管理、家政、婚庆、养老、殡葬、照料和护理、救助救济、美容美发、按摩、桑拿、氧吧、足疗、沐浴、洗染、摄影扩印等服务。

（十六）商业企业的一般纳税人对外销售货物并开具增值税专用发票后，购买方取得并已经进行认证抵扣，现在因增值税专用发票开具信息有误需要开具红字增值税专用发票，应如何处理？

答：购买方取得专用发票已用于申报抵扣的，购买方可在增值税发票管理新系统中填开并上传"开具红字增值税专用发票信息表"（以下简称"信息表"），在填开"信息表"时不填写相对应的蓝字专用发票信息，应暂依"信息表"所列增值税税额从当期进项税额中转出，待取得销售方开具的红字专用发票后，与"信息表"一并作为记账凭证。主管税务机关通过网络接收纳税人上传的"信息表"，系统自动校验通过后，生成带有"红字发票信息表编号"的"信息表"，并将信息同步至纳税人端系统中。销售方凭税务机关系统校验通过的"信息表"开具红字专用发票，在新系统中以销项负数开具。红字专用发票应与"信息表"一一对应。

依据：《国家税务总局关于红字增值税发票开具有关问题的公告》（国家税务总局公告2016年第47号）第一条规定，增值税一般纳税人开具增值税专用发票（以下简称专用发票）后，发生销货退回、开票有误、应税服务中止等情形但不符合发票作废条件，或者因销货部分退回及发生销售折让，需要开具红字专用发票的，按以下方法处理：

1. 购买方取得专用发票已用于申报抵扣的，购买方可在增值税发票管理新系统（以下简称新系统）中填开并上传"信息表"，在填开"信息表"时不填写相对应的蓝字专用发票信息，应暂依"信息表"所列增值税税额从当期进项税额中转出，待取得销售方开具的红字专用发票后，与"信息表"一并作为记账凭证。

2. 主管税务机关通过网络接收纳税人上传的"信息表"，系统自动校验通过后，生成带有"红字发票信息表编号"的"信息表"，并将信息同步至纳税人端系统中。

3. 销售方凭税务机关系统校验通过的"信息表"开具红字专用发票，在新系统中以销项负数开具。红字专用发票应与"信息表"一一对应。

（十七）商业企业销售货物适用一般计税方法，于2019年1月租入一栋办公大楼，其中第一层用于职工食堂，第二至三层作为办公楼，企业支付的租赁费取得增值税专用发票能否从销项税额中全额抵扣？

答：一般纳税人企业租入不动产既用于一般计税项目，又用于集体福利的，其进项税额准予从销项税额中全额抵扣。

依据：《关于租入固定资产进项税额抵扣等增值税政策的通知》（财税〔2017〕90号）第一条规定，自2018年1月1日起，纳税人租入固定资产、不动产，既用于一般计税方法计税项目，又用于简易计税方法计税项目、免征增值税项目、集体福利或者个人消费的，其进项税额准予从销项税额中全额抵扣。

（十八）商业企业的一般纳税人购进不动产作为办公楼，取得的进项税额是否需要分两年进行抵扣？

答：自2019年4月1日起，《营业税改征增值税试点有关事项的规定》（财税〔2016〕36号印发）第一条第（四）项第1点、第二条第（一）项第1点停止执行，纳税人取得不动产或者不动产在建工程的进项税额不再分2年抵扣。此前按照上述规定尚未抵扣完毕的待抵扣进项税额，可自2019年4月税款所属期起从销项税额中抵扣。

依据：《财政部 税务总局 海关总署关于深化增值税改革有关政策的公告》（财政部 税务总局 海关总署公告2019年第39号）第五条规定，自2019年4月1日起，《营业税改征增值税试点有关事项的规定》（财税〔2016〕36号印发）第一条第（四）项第1点、第二条第（一）项第1点停止执行，纳税人取得不动产或者不动产在建工程的进项税额不再分2年抵扣。此前按照上述规定尚未抵扣完毕的待抵扣进项税额，可自2019年4月税款所属期起从销项税额中抵扣。

（十九）商业企业的一般纳税人取得的银行存款利息收入需要缴纳增值税吗？

答：对于企业取得的银行存款利息不征收增值税。

依据：《财政部 国家税务总局关于全面推开营业税改征增值税试点的通知》（财税〔2016〕36号）附件2《营业税改征增值税试点有关事项的规定》第一条第（二）款第2

项规定，存款利息属于不征收增值税项目。

（二十）商业企业对外销售货物，定期会给客户一定的折扣优惠，开票时已将全部价款与折扣额开在同一张发票上，那么计算缴纳增值税时，是以折扣价之前的价款计算还是折扣之后的价款计算销售额？

答： 纳税人发生应税行为，将价款和折扣额在同一张发票上分别注明的，以折扣后的价款为销售额。

销售额和折扣额在同一张发票上分别注明是指销售额和折扣额在同一张发票上的"金额"栏分别注明的，可按折扣后的销售额征收增值税。未在同一张发票"金额"栏注明折扣额，而仅在发票的"备注"栏注明折扣额的，折扣额不得从销售额中减除。

依据： 《财政部 国家税务总局关于全面推开营业税改征增值税试点的通知》（财税〔2016〕36号）附件1《营业税改征增值税试点实施办法》第四十三条规定，纳税人发生应税行为，将价款和折扣额在同一张发票上分别注明的，以折扣后的价款为销售额；未在同一张发票上分别注明的，以价款为销售额，不得扣减折扣额。

同时，依据：《国家税务总局关于折扣额抵减增值税应税销售额问题通知》（国税函〔2010〕56号）的规定，纳税人采取折扣方式销售货物，销售额和折扣额在同一张发票上分别注明是指销售额和折扣额在同一张发票上的"金额"栏分别注明的，可按折扣后的销售额征收增值税。未在同一张发票"金额"栏注明折扣额，而仅在发票的"备注"栏注明折扣额的，折扣额不得从销售额中减除。

（二十一）商业企业的一般纳税人，从银行贷款支付的贷款利息能否抵扣进项税额？支付的贷款手续费能否抵扣进项税额？

答： 从事广告服务的一般纳税人从银行贷款，支付的贷款利息及手续费不允许抵扣进项税额。

依据： 《财政部 国家税务总局关于全面推开营业税改征增值税试点的通知》（财税〔2016〕36号）附件1《营业税改征增值税试点实施办法》第二十七条第（六）款规定，下列项目的进项税额不得从销项税额中抵扣：购进的贷款服务、餐饮服务、居民日常服务和娱乐服务。

纳税人接受贷款服务向贷款方支付的与该笔贷款直接相关的投融资顾问费、手续费、咨询费等费用，其进项税额不得从销项税额中抵扣。

二、商品流通企业企业所得税问题汇编

（一）商业企业发生违约金支出，进行企业所得税税前扣除时对扣除凭证该如何准备？

答： 违约金是合同一方当事人不履行合同或者履行合同不符合约定时，由违约的一方对另一方当事人支付的用于赔偿损失的金额。属于增值税应税范围的违约金可凭发票、当事双方签订的合同协议在税前扣除，对方为依法无须办理税务登记的单位或者从事小额零星经营业务的个人，其支出以税务机关代开的发票或者收款凭证及内部凭证作为税前扣除凭证，收款凭证应载明收款单位名称、个人姓名及身份证号、支出项目、收款金额等相关信息。不属于增值税应税范围的违约金可凭当事双方签订的合同协议、非现金支付凭证、

收款方开具的收款凭证在税前扣除，对方为个人的，以内部凭证作为税前扣除凭证。

依据：《国家税务总局关于发布〈企业所得税税前扣除凭证管理办法〉的公告》（国家税务总局公告 2018 年第 28 号）第八条规定，税前扣除凭证按照来源分为内部凭证和外部凭证。

内部凭证是指企业自制用于成本、费用、损失和其他支出核算的会计原始凭证。内部凭证的填制和使用应当符合国家会计法律、法规等相关规定。

外部凭证是指企业发生经营活动和其他事项时，从其他单位、个人取得的用于证明其支出发生的凭证，包括但不限于发票（包括纸质发票和电子发票）、财政票据、完税凭证、收款凭证、分割单等。

第九条规定，企业在境内发生的支出项目属于增值税应税项目（以下简称应税项目）的，对方为已办理税务登记的增值税纳税人，其支出以发票（包括按照规定由税务机关代开的发票）作为税前扣除凭证；对方为依法无须办理税务登记的单位或者从事小额零星经营业务的个人，其支出以税务机关代开的发票或者收款凭证及内部凭证作为税前扣除凭证，收款凭证应载明收款单位名称、个人姓名及身份证号、支出项目、收款金额等相关信息。小额零星经营业务的判断标准是个人从事应税项目经营业务的销售额不超过增值税相关政策规定的起征点。税务总局对应税项目开具发票另有规定的，以规定的发票或者票据作为税前扣除凭证。

第十条规定，企业在境内发生的支出项目不属于应税项目的，对方为单位的，以对方开具的发票以外的其他外部凭证作为税前扣除凭证；对方为个人的，以内部凭证作为税前扣除凭证。

企业在境内发生的支出项目虽不属于应税项目，但按税务总局规定可以开具发票的，可以发票作为税前扣除凭证。

（二）商业企业为新员工入职体检发生的费用能否在所得税税前扣除？

答：企业为员工进行体检（含新员工入职体检）实际发生的费用作为企业职工福利费在税前扣除。

依据：《国家税务总局关于企业工资薪金及职工福利费扣除问题的通知》（国税函〔2009〕3 号）第三条第（二）款规定，《中华人民共和国企业所得税法实施条例》第四十条规定的企业职工福利费，包括以下内容：为职工卫生保健、生活、住房、交通等所发放的各项补贴和非货币性福利，包括企业向职工发放的因公外地就医费用、未实行医疗统筹企业职工医疗费用、职工供养直系亲属医疗补贴、供暖费补贴、职工防暑降温费、职工困难补贴、救济费、职工食堂经费补贴、职工交通补贴等。

（三）商业企业，认定为小型微利企业的确认标准和工业企业的标准一样吗？享受哪些企业所得税优惠？

答：目前工业企业和其他企业的小型微利企业标准是一样的，即小型微利企业是指从事国家非限制和禁止行业，且同时符合年度应纳税所得额不超过 300 万元、从业人数不超过 300 人、资产总额不超过 5 000 万元等三个条件的企业。

自 2019 年 1 月 1 日至 2021 年 12 月 31 日，对小型微利企业年应纳税所得额不超过 100 万元的部分，减按 25% 计入应纳税所得额，按 20% 的税率缴纳企业所得税；对年应纳税所得额超过 100 万元但不超过 300 万元的部分, 减按 50% 计入应纳税所得额, 按 20% 的税率缴纳企业所得税。

依据:《国家税务总局关于实施小型微利企业普惠性所得税减免政策有关问题的公告》(国家税务总局公告 2019 年第 2 号) 第一条规定, 自 2019 年 1 月 1 日至 2021 年 12 月 31 日, 对小型微利企业年应纳税所得额不超过 100 万元的部分, 减按 25% 计入应纳税所得额, 按 20% 的税率缴纳企业所得税; 对年应纳税所得额超过 100 万元但不超过 300 万元的部分, 减按 50% 计入应纳税所得额, 按 20% 的税率缴纳企业所得税。

小型微利企业无论按查账征收方式或核定征收方式缴纳企业所得税, 均可享受上述优惠政策。

第二条规定, 本公告所称小型微利企业是指从事国家非限制和禁止行业, 且同时符合年度应纳税所得额不超过 300 万元、从业人数不超过 300 人、资产总额不超过 5 000 万元等三个条件的企业。

(四) 商业企业发生的通信费、职工交通补贴如何进行税前扣除?

答:企业为职工提供的通信、交通待遇, 实行货币化改革的, 按月按标准发放或支付的通信、交通补贴, 应纳入职工工资总额准予扣除; 尚未实行货币化改革的, 企业发生的相关支出作为职工福利费管理。

依据:《2018 年度企业所得税汇算清缴问题解答》第八条规定, 企业为职工提供的通信、交通待遇, 实行货币化改革的, 按月按标准发放或支付的通信、交通补贴, 应纳入职工工资总额准予扣除; 尚未实行货币化改革的, 企业发生的相关支出作为职工福利费管理。

(五) 商业企业发生工伤、意外伤害等支付的一次性补偿如何进行税前扣除?

答:企业员工发生工伤、意外伤害等事故, 由企业通过银行转账方式向其支付的经济补偿, 凭生效的法律文书和银行划款凭证、收款人收款凭证, 可在税前扣除。

依据:《2018 年度企业所得税汇算清缴问题解答》第七条规定, 企业员工发生工伤、意外伤害等事故, 由企业通过银行转账方式向其支付的经济补偿, 凭生效的法律文书和银行划款凭证、收款人收款凭证, 可在税前扣除。

(六) 商业企业发生的取暖费、防暑降温费如何进行税前扣除?

答:企业发放的冬季取暖补贴、集中供热采暖补助费、防暑降温费, 在职工福利费中列支。按职务或职称发放的集中供热采暖补贴应纳入职工工资总额, 准予扣除。

依据:《2018 年度企业所得税汇算清缴问题解答》第九条规定, 企业发放的冬季取暖补贴、集中供热采暖补助费、防暑降温费, 在职工福利费中列支。按职务或职称发放的集中供热采暖补贴应纳入职工工资总额, 准予扣除。

(七) 商业企业发生的房屋装修费的如何税前扣除?

答:企业对房屋、建筑物进行装修发生的支出, 应作为长期待摊费用, 自支出发生月份的次月起, 分期摊销, 摊销年限不得低于 3 年。若实际使用年限少于 3 年的, 依据相关凭证, 将剩余尚未摊销的装修费余额在停止使用当年一次性扣除。

依据:《2018 年度企业所得税汇算清缴问题解答》第二十一条规定, 企业对房屋、建筑物进行装修发生的支出, 应作为长期待摊费用, 自支出发生月份的次月起, 分期摊销,摊销年限不得低于 3 年。若实际使用年限少于 3 年的，依据相关凭证，将剩余尚未摊销的装修费余额在停止使用当年一次性扣除。

（八）商业企业丢失增值税发票如何进行税前扣除？

答： 一是企业丢失增值税专用发票，可按照《国家税务总局关于简化增值税发票领用和使用程序有关问题的公告》（国家税务总局公告 2014 年第 19 号）的有关规定执行。

二是企业丢失增值税普通发票、通用机打发票，购买方企业暂凭加盖销货方公章或财务专用章的增值税普通发票存根联复印件及通过税务部门网站"发票查验系统"查询的增值税普通发票票面信息结果在税前扣除。

依据： 《2018 年度企业所得税汇算清缴问题解答》第三十条规定，一是企业丢失增值税专用发票，可按照《国家税务总局关于简化增值税发票领用和使用程序有关问题的公告》（国家税务总局公告 2014 年第 19 号）有关规定执行。

二是企业丢失增值税普通发票、通用机打发票，购买方企业暂凭加盖销货方公章或财务专用章的增值税普通发票存根联复印件及通过税务部门网站"发票查验系统"查询的增值税普通发票票面信息结果在税前扣除。

（九）商业企业购置 5 000 元以下的固定资产是否可以一次性扣除？如果一次性扣除，是否需要去税务机关办理备案手续？

答： 对所有行业企业持有的单位价值不超过 5 000 元的固定资产，允许一次性计入当期成本费用在计算应纳税所得额时扣除，不再分年度计算折旧。

企业享受优惠事项采取"自行判别、申报享受、相关资料留存备查"的办理方式。企业应当根据经营情况以及相关税收规定自行判断是否符合优惠事项规定的条件，符合条件的可以按照《企业所得税优惠事项管理目录（2017 年版）》列示的时间自行计算减免税额，并通过填报企业所得税纳税申报表享受税收优惠。同时，按照本办法的规定归集和留存相关资料备查。

依据： 《财政部 国家税务总局关于完善固定资产加速折旧企业所得税政策的通知》（财税〔2014〕75 号）第三条规定，对所有行业企业持有的单位价值不超过 5 000 元的固定资产，允许一次性计入当期成本费用在计算应纳税所得额时扣除，不再分年度计算折旧。

同时，依据：《国家税务总局关于发布修订后的〈企业所得税优惠政策事项办理办法〉的公告》（国家税务总局公告 2018 年第 23 号）第四条规定，企业享受优惠事项采取"自行判别、申报享受、相关资料留存备查"的办理方式。企业应当根据经营情况以及相关税收规定自行判断是否符合优惠事项规定的条件，符合条件的可以按照《企业所得税优惠事项管理目录（2017 年版）》列示的时间自行计算减免税额，并通过填报企业所得税纳税申报表享受税收优惠。同时，按照本办法的规定归集和留存相关资料备查。

（十）商业企业发生的差旅费支出如何税前扣除？

答： 一是纳税人可根据企业生产经营实际情况，自行制定本企业的差旅费报销制度，其发生的与其经营活动相关的、合理的差旅费支出允许在税前扣除。

二是纳税人发生的与其经营活动有关的合理的差旅费，应能够提供证明其真实性的有效凭证和相关证明材料，否则，不得在税前扣除。差旅费的证明材料应包括：出差人员姓名、地点、时间、工作任务、支付凭证等。

依据：《2018年度企业所得税汇算清缴问题解答》第十五条规定，一是纳税人可根据企业生产经营实际情况，自行制定本企业的差旅费报销制度，其发生的与其经营活动相关的、合理的差旅费支出允许在税前扣除。

二是纳税人发生的与其经营活动有关的合理的差旅费，应能够提供证明其真实性的有效凭证和相关证明材料，否则，不得在税前扣除。差旅费的证明材料应包括：出差人员姓名、地点、时间、工作任务、支付凭证等。

（十一）商业企业职工食堂经费的税前扣除问题？

答：企业自办职工食堂经费补贴或未办职工食堂统一供应午餐支出，在职工福利费中列支。未统一供餐而按月发放的午餐费补贴，应纳入职工工资总额，准予扣除。

依据：《2018年度企业所得税汇算清缴问题解答》第十四条规定，企业自办职工食堂经费补贴或未办职工食堂统一供应午餐支出，在职工福利费中列支。未统一供餐而按月发放的午餐费补贴，应纳入职工工资总额，准予扣除。

（十二）商业企业持有2019—2023年发行的铁路债券取得的利息收入如何缴纳企业所得税？

答：对企业投资者持有2019—2023年发行的铁路债券取得的利息收入，减半征收企业所得税。

铁路债券是指以中国铁路总公司为发行和偿还主体的债券，包括中国铁路建设债券、中期票据、短期融资券等债务融资工具。

依据：《财政部 税务总局关于铁路债券利息收入所得税政策的公告》（财政部 税务总局公告2019年第57号）第一条规定，对企业投资者持有2019—2023年发行的铁路债券取得的利息收入，减半征收企业所得税。

第三条规定，铁路债券是指以中国铁路总公司为发行和偿还主体的债券，包括中国铁路建设债券、中期票据、短期融资券等债务融资工具。

（十三）商业企业将外购的货物用于职工福利，是否需要视同销售处理？

答：企业将外购的货物用于职工福利，在企业所得税上应当视同销售进行处理。

依据：《中华人民共和国企业所得税法实施条例》（中华人民共和国国务院令第512号）第二十五条规定，企业发生非货币性资产交换，以及将货物、财产、劳务用于捐赠、偿债、赞助、集资、广告、样品、职工福利或者利润分配等用途的，应当视同销售货物、转让财产或者提供劳务，但国务院财政、税务主管部门另有规定的除外。

同时，依据：《关于企业处置资产所得税处理问题的通知》（国税函〔2008〕828号）第二条规定，企业将资产移送他人的下列情形，因资产所有权属已发生改变而不属于内部处置资产，应按规定视同销售确定收入。

（1）用于市场推广或销售；

（2）用于交际应酬；

（3）用于职工奖励或福利；

（4）用于股息分配；

（5）用于对外捐赠；

(6) 其他改变资产所有权属的用途。

（十四）商业企业按照合同约定收取的违约金，是否需要确认收入？

答： 企业按照合同约定收取的违约金需要缴纳企业所得税。

依据：《中华人民共和国企业所得税法》（中华人民共和国主席令第 63 号）第六条第（九）款规定，企业以货币形式和非货币形式从各种来源取得的收入，为收入总额。包括：其他收入。

同时，依据：《中华人民共和国企业所得税法实施条例》（中华人民共和国国务院令第512 号）第二十二条规定，企业所得税法第六条第九项所称其他收入，是指企业取得的除企业所得税法第六条第一项至第八项规定的收入外的其他收入，包括企业资产溢余收入、逾期未退包装物押金收入、确实无法偿付的应付款项、已作坏账损失处理后又收回的应收款项、债务重组收入、补贴收入、违约金收入、汇兑收益等。

（十五）商业企业的小规模纳税人按季不超过 30 万元免征的增值税税款是否需要确认收入？

答： 小规模纳税人按季不超过 30 万元免征的增值税税款应计入企业当年收入总额按规定缴纳企业所得税。

依据：《财政部 国家税务总局关于财政性资金行政事业性收费 政府性基金有关企业所得税政策问题的通知》（财税〔2008〕151 号）第一条第（一）款规定，企业取得的各类财政性资金，除属于国家投资和资金使用后要求归还本金的以外，均应计入企业当年收入总额。

本条所称财政性资金，是指企业取得的来源于政府及其有关部门的财政补助、补贴、贷款贴息，以及其他各类财政专项资金，包括直接减免的增值税和即征即退、先征后退、先征后返的各种税收，但不包括企业按规定取得的出口退税款。

（十六）商业企业给员工定制的工作服，发生的费用能否扣除？

答： 给员工定制的工作服，发生的费用是可以扣除的。

依据：《国家税务总局关于企业所得税若干问题的公告》（国家税务总局公告 2011 年第 34 号）第二条规定，企业根据其工作性质和特点，由企业统一制作并要求员工工作时统一着装所发生的工作服饰费用，根据《实施条例》第二十七条的规定，可以作为企业合理的支出给予税前扣除。

（十七）商业企业间支付的管理费能否扣除？

答： 企业间的管理费不允许税前扣除。

依据：《中华人民共和国企业所得税法实施条例》（中华人民共和国国务院令第 512号）第四十九条规定，企业之间支付的管理费、企业内营业机构之间支付的租金和特许权使用费，以及非银行企业内营业机构之间支付的利息，不得扣除。

（十八）商业企业年底聚餐，计入福利费还是招待费，如何扣除？

答： 公司聚餐的支出可以作为福利费按比例扣除。

依据：《国家税务总局关于企业工资薪金及职工福利费扣除问题的通知》（国税函〔2009〕3 号）第三条规定，关于职工福利费扣除问题：《实施条例》第四十条规定的企业职工福利费，包括以下内容：

　　（1）尚未实行分离办社会职能的企业，其内设福利部门所发生的设备、设施和人员费用，包括职工食堂、职工浴室、理发室、医务所、托儿所、疗养院等集体福利部门的设备、设施及维修保养费用和福利部门工作人员的工资薪金、社会保险费、住房公积金、劳务费等。

　　（2）为职工卫生保健、生活、住房、交通等所发放的各项补贴和非货币性福利，包括企业向职工发放的因公外地就医费用、未实行医疗统筹企业职工医疗费用、职工供养直系亲属医疗补贴、供暖费补贴、职工防暑降温费、职工困难补贴、救济费、职工食堂经费补贴、职工交通补贴等。

　　（3）按照其他规定发生的其他职工福利费，包括丧葬补助费、抚恤费、安家费、探亲假路费等。

　　同时，依据：《中华人民共和国企业所得税法实施条例》（中华人民共和国国务院令第512号）第四十条规定，企业发生的职工福利费支出，不超过工资薪金总额14%的部分，准予扣除。

　　（十九）商业企业外购符合无形资产确认条件的财务软件，折旧或摊销年限是否可以缩短？

　　答：企业外购的软件，凡符合固定资产或无形资产确认条件的，可以按照固定资产或无形资产进行核算，其折旧或摊销年限可以适当缩短，最短可为2年（含）。

　　依据：《财政部　国家税务总局关于进一步鼓励软件产业和集成电路产业发展企业所得税政策的通知》（财税〔2012〕27号）第七条规定，企业外购的软件，凡符合固定资产或无形资产确认条件的，可以按照固定资产或无形资产进行核算，其折旧或摊销年限可以适当缩短，最短可为2年（含）。

　　（二十）商业企业员工因出差乘坐交通工具发生的人身意外保险支出，是否可以扣除？

　　答：员工出差乘坐交通工具发生的人身意外保险支出，准予扣除。

　　依据：《国家税务总局关于企业所得税有关问题的公告》（国家税务总局公告2016年第80号）第一条规定，关于企业差旅费中人身意外保险费支出税前扣除问题：企业职工因公出差乘坐交通工具发生的人身意外保险支出，准予企业在计算应纳税所得额时扣除。

　　（二十一）商业企业将旧的机动车交由政府部门处理，取得政府部门给予的一定补贴，该补贴收入是否需要缴纳所企业所得税？

　　答：企业将旧的机动车交由政府部门处理，取得政府部门给予的一定补贴，该补贴收入如果符合不征税收入条件，可在计算应纳税所得额时从收入总额中减除。不符合不征税收入条件的，应作为应税收入处理，按规定缴纳企业所得税。

　　依据：《财政部　国家税务总局关于财政性资金行政事业性收费 政府性基金有关企业所得税政策问题的通知》（财税〔2008〕151号）第一条第（三）款规定，本条所称财政性资金是指企业取得的来源于政府及其有关部门的财政补助、补贴、贷款贴息，以及其他各类财政专项资金，包括直接减免的增值税和即征即退、先征后退、先征后返的各种税收，但不包括企业按规定取得的出口退税款。

　　同时，依据：《财政部　国家税务总局关于专项用途财政性资金企业所得税处理问题的通知》（财税〔2011〕70号）第一条规定，企业从县级以上各级人民政府财政部门及其他部门取得的应计入收入总额的财政性资金，凡同时符合以下条件的，可以作为不征税收入，在计算应纳税所得额时从收入总额中减除：

（1）企业能够提供规定资金专项用途的资金拨付文件；

（2）财政部门或其他拨付资金的政府部门对该资金有专门的资金管理办法或具体管理要求；

（3）企业对该资金以及以该资金发生的支出单独进行核算。

（二十二）商业企业持有的固定资产评估增值是否需要缴纳企业所得税？

答：企业持有的固定资产评估增值不需要缴纳企业所得税。

依据：《国家税务总局关于确认企业所得税收入若干问题的通知》（国税函〔2008〕875号）第一条第（一）款规定，除企业所得税法及实施条例另有规定外，企业销售收入的确认，必须遵循权责发生制原则和实质重于形式原则。

企业销售商品同时满足下列条件的，应确认收入的实现：

（1）商品销售合同已经签订，企业已将商品所有权相关的主要风险和报酬转移给购货方；

（2）企业对已售出的商品既没有保留通常与所有权相联系的继续管理权，也没有实施有效控制；

（3）收入的金额能够可靠地计量；

（4）已发生或将发生的销售方的成本能够可靠地核算。

（二十三）商业企业发生政策性搬迁情形，取得的土地补偿款收入，是否属于搬迁收入？

答：企业取得的土地补偿款属于搬迁收入。

依据：《国家税务总局关于发布企业政策性搬迁所得税管理办法的公告》（国家税务总局公告2012年第40号）第六条规定，企业取得的搬迁补偿收入，是指企业由于搬迁取得的货币性和非货币性补偿收入。具体包括：

（1）对被征用资产价值的补偿；

（2）因搬迁、安置而给予的补偿；

（3）对停产停业形成的损失而给予的补偿；

（4）资产搬迁过程中遭到毁损而取得的保险赔款；

（5）其他补偿收入。

（二十四）商业企业接受股东赠予的资产，作为企业注册资金，是否需要确认收入？

答：企业接收股东划入资产（包括股东赠予资产、上市公司在股权分置改革过程中接收原非流通股股东和新非流通股股东赠予的资产、股东放弃本企业的股权，下同），凡合同、协议约定作为资本金（包括资本公积）且在会计上已做实际处理的，不计入企业的收入总额，企业应按公允价值确定该项资产的计税基础。

依据：《国家税务总局关于企业所得税应纳税所得额若干问题的公告》（国家税务总局公告2014年第29号）第二条第（一）款规定，企业接收股东划入资产（包括股东赠予资产、上市公司在股权分置改革过程中接收原非流通股股东和新非流通股股东赠予的资产、股东放弃本企业的股权，下同），凡合同、协议约定作为资本金（包括资本公积）且在会计上已做实际处理的，不计入企业的收入总额，企业应按公允价值确定该项资产的计税基础。

三、商品流通企业征收管理问题汇编

（一）新设立的商业企业，是没有纳税信用等级吗？

答：增设 M 级纳税信用级别，纳税信用级别由 A、B、C、D 四级变更为 A、B、M、C、D 五级。未发生《信用管理办法》第二十条所列失信行为的下列企业适用 M 级纳税信用：新设立企业。

依据：《国家税务总局关于纳税信用评价有关事项的公告》（国家税务总局公告 2018 年第 8 号）第三条第（一）款规定，增设 M 级纳税信用级别，纳税信用级别由 A、B、C、D 四级变更为 A、B、M、C、D 五级。未发生《信用管理办法》第二十条所列失信行为的下列企业适用 M 级纳税信用：新设立企业。

同时，依据：《国家税务总局关于发布〈纳税信用管理办法（试行）〉的公告》（国家税务总局公告 2014 年第 40 号）第二十条规定，有下列情形之一的纳税人，本评价年度直接判为 D 级：

（1）存在逃避缴纳税款、逃避追缴欠税、骗取出口退税、虚开增值税专用发票等行为，经判决构成涉税犯罪的；

（2）存在前项所列行为，未构成犯罪，但偷税（逃避缴纳税款）金额 10 万元以上且占各税种应纳税总额 10% 以上，或者存在逃避追缴欠税、骗取出口退税、虚开增值税专用发票等税收违法行为，已缴纳税款、滞纳金、罚款的；

（3）在规定期限内未按税务机关处理结论缴纳或者足额缴纳税款、滞纳金和罚款的；

（4）以暴力、威胁方法拒不缴纳税款或者拒绝、阻挠税务机关依法实施税务稽查执法行为的；

（5）存在违反增值税发票管理规定或者违反其他发票管理规定的行为，导致其他单位或者个人未缴、少缴或者骗取税款的；

（6）提供虚假申报材料享受税收优惠政策的；

（7）骗取国家出口退税款，被停止出口退（免）税资格未到期的；

（8）有非正常户记录或者由非正常户直接责任人员注册登记或者负责经营的；

（9）由 D 级纳税人的直接责任人员注册登记或者负责经营的；

（10）存在税务机关依法认定的其他严重失信情形的。

（二）商业企业存在欠缴税款情形，是否影响其法定代表人出境？

答：欠缴税款的纳税人或者他的法定代表人需要出境的，应当在出境前向税务机关结清应纳税款、滞纳金或者提供担保。未结清税款、滞纳金，又不提供担保的，税务机关可以通知出境管理机关阻止其出境。

依据：《中华人民共和国税收征收管理法》（中华人民共和国主席令第 49 号）第四十四条规定，欠缴税款的纳税人或者他的法定代表人需要出境的，应当在出境前向税务机关结清应纳税款、滞纳金或者提供担保。未结清税款、滞纳金，又不提供担保的，税务机关可以通知出境管理机关阻止其出境。

四、商品流通企业个人所得税问题汇编

（一）商业企业给员工发放的 2019 年全年一次性奖金，如何为其代扣代缴个人所得税？

答： 居民个人取得全年一次性奖金，符合《国家税务总局关于调整个人取得全年一次性奖金等计算征收个人所得税方法问题的通知》（国税发〔2005〕9 号）规定的，在 2021 年 12 月 31 日前，不并入当年综合所得，以全年一次性奖金收入除以 12 个月得到的数额，按照本通知所附按月换算后的综合所得税率表，确定适用税率和速算扣除数，单独计算纳税。计算公式为：

应纳税额＝全年一次性奖金收入×适用税率－速算扣除数

居民个人取得全年一次性奖金，也可以选择并入当年综合所得计算纳税。

自 2022 年 1 月 1 日起，居民个人取得全年一次性奖金，应并入当年综合所得计算缴纳个人所得税。

依据：《财政部 税务总局关于个人所得税法修改后有关优惠政策衔接问题的通知》（财税〔2018〕164 号）第一条第（一）款规定，关于全年一次性奖金、中央企业负责人年度绩效薪金延期兑现收入和任期奖励的政策：

居民个人取得全年一次性奖金，符合《国家税务总局关于调整个人取得全年一次性奖金等计算征收个人所得税方法问题的通知》（国税发〔2005〕9 号）规定的，在 2021 年 12 月 31 日前，不并入当年综合所得，以全年一次性奖金收入除以 12 个月得到的数额，按照本通知所附按月换算后的综合所得税率表（以下简称月度税率表），确定适用税率和速算扣除数，单独计算纳税。计算公式为：

应纳税额＝全年一次性奖金收入×适用税率－速算扣除数

居民个人取得全年一次性奖金，也可以选择并入当年综合所得计算纳税。

自 2022 年 1 月 1 日起，居民个人取得全年一次性奖金，应并入当年综合所得计算缴纳个人所得税。

（二）商业企业是否需要对员工提供的专项附加扣除信息的真实性、准确性、完整性负责？

答： 纳税人首次享受专项附加扣除，应当将专项附加扣除相关信息提交扣缴义务人或者税务机关，扣缴义务人应当及时将相关信息报送税务机关，纳税人对所提交信息的真实性、准确性、完整性负责。

依据：《国务院关于印发个人所得税专项附加扣除暂行办法的通知》（国发〔2018〕41 号）第二十五条规定，纳税人首次享受专项附加扣除，应当将专项附加扣除相关信息提交扣缴义务人或者税务机关，扣缴义务人应当及时将相关信息报送税务机关，纳税人对所提交信息的真实性、准确性、完整性负责。专项附加扣除信息发生变化的，纳税人应当及时向扣缴义务人或者税务机关提供相关信息。

（三）商业企业是否需要将员工报送的"扣除信息表"留存备查？

答： 纳税人报送给扣缴义务人的"扣除信息表"，扣缴义务人应当自预扣预缴年度的次年起留存五年。

依据：《国家税务总局关于发布〈个人所得税专项附加扣除操作办法（试行）〉的公告》（国家税务总局公告 2018 年第 60 号）规定，纳税人应当将"扣除信息表"及相关留存备查资料，自法定汇算清缴期结束后保存五年。

纳税人报送给扣缴义务人的"扣除信息表"，扣缴义务人应当自预扣预缴年度的次年起留存五年。

主要参考文献

［1］全国人大常委会法制工作委员会．中华人民共和国现行法律法规汇编．上海：立信会计出版社，2017.

［2］白利燕．浅析商品流通企业的会计核算特色．商场现代化，2011（17）：141－142.

［3］张立志．浅析商品流通企业的税收筹划．江苏商论，2008（30）：253－254.

［4］杜燕．商品流通企业进货费用会计处理方法选择．财会通讯，2008（6）：67－68.

［5］朱荣珍，鲁天婵．商品流通企业增值税税基的纳税筹划．中国证券期货，2011（3）.

［6］周茂春，王一哲．商品流通企业中几个会计问题的探讨．中国集体经济，2015（10）：100－101.

［7］张文斌．新会计准则下商品流通企业购进商品的核算方法．财会月刊，2008（13）.

［8］蔡维灿，朴克明．商品流通企业会计实务．北京：清华大学出版社，2015.

［9］沈亚香，周陈莲，孙华．新编会计模拟实习．商品流通企业分册．上海：立信会计出版社，2016.

［10］蒋泽生．基础会计模拟实训．5版．北京：中国人民大学出版社，2019.